Alles Mythos!

16 populäre Irrtümer über Frankreich

Ralf Nestmeyer

Alles Mythos!

16 populäre Irrtümer über Frankreich

THEISS

Die Deutsche Nationalbibliothek verzeichnet diese Publikation in der Deutschen Nationalbibliografie; detaillierte bibliografische Daten sind im Internet über http://dnb.d-nb.de abrufbar.

Der Konrad Theiss Verlag ist ein Imprint der WBG.

Die Herausgabe des Werkes wurde durch die Vereinsmitglieder der WBG ermöglicht.
Lektorat: Thomas Theise, Regensburg
Satz: Satzpunkt Ursula Ewert GmbH, Bayreuth
Einbandabbildung: © plainpicture/Mira; Georgios Kollidas/fotolia.com
Einbandgestaltung: Stefan Schmid Design, Stuttgart
Gedruckt auf säurefreiem und alterungsbeständigem Papier
Printed in Germany

Besuchen Sie uns im Internet: www.wbg-wissenverbindet.de

ISBN 978-3-8062-2748-2

Elektronisch sind folgende Ausgaben erhältlich:
eBook (PDF): 978-3-8062-2921-9
eBook (epub): 978-3-8062-2922-6

Inhalt

Frankreich – die Summe seiner Mythen? 7

IRRTUM 1: Alle Franzosen sind Gallier 9

IRRTUM 2: Alle Franzosen sind Brüder 19

IRRTUM 3: Karl der Große ist Franzose 36

IRRTUM 4: Die Tour de France ist ein Radrennen 46

IRRTUM 5: Jeanne d' Arc ist die Retterin Frankreichs 60

IRRTUM 6: Der Rhein ist Frankreichs „natürliche“ Grenze 74

IRRTUM 7: Napoleon ist sterblich 86

IRRTUM 8: Frankreich ist Deutschlands Erbfeind 98

IRRTUM 9: Alle Franzosen waren in der Résistance 111

IRRTUM 10: Die Franzosen lieben die Revolution 125

IRRTUM 11: Paris ist (nur) eine Stadt 140

IRRTUM 12: Die französische Küche war der deutschen schon immer überlegen 152

IRRTUM 13: Frankreich ist eine Großmacht 168

IRRTUM 14: Frankreich ist ein katholisches Land 181

IRRTUM 15: Versailles ist ein Schloss 191

IRRTUM 16: Frankreichs Provinz ist eine kulturelle Wüste 199

Weiterführende Literatur 207

Register 209

Frankreich – die Summe seiner Mythen?

Wie kein anderes Land ist Frankreich in seine Geschichte verliebt. Und die französische Geschichte ist reich an Mythen, sie strukturieren nicht nur die Vergangenheit, sondern reichen mit ihrer Strahlkraft weit in die Gegenwart hinein. Angefangen bei den Galliern als gemeinsamen Urahnen über Charlemagne bis hin zur Revolution von 1789, die den Mythos von Frankreich als dem Land der Freiheit und der Menschenrechte begründete. Mythen und Legenden sind Formen des kulturellen Gedächtnisses einer Nation, mit deren Hilfe Erinnerungen weitergegeben werden, um so verschiedene soziale und ethische Gruppierungen zu einer Wertegemeinschaft zu vereinen. Jeder Mythos gewinnt seine Faszination zu einem großen Teil erst durch das stete Fort- und Umerzählen, das die Geschichtlichkeit in Frage stellt. Mythen sind, wie Roland Barthes feststellte, mit „falschen Augenscheinlichkeiten" verbunden, die geradezu herausfordern, hinterfragt zu werden. War Charlemagne wirklich ein Franzose? Ist der Rhein die natürliche Grenze Frankreichs? Ist Frankreich eine Großmacht? Und waren wirklich alle Franzosen in der Résistance? Einzig der Mythos Paris erstrahlt unangetastet weit über Frankreich hinaus.

Für die Franzosen ist Geschichte identitätsstiftend; sie ist eine Art „Leitkultur", auch wenn die Geschichtsmythen bröckeln. Selbst die durch Doping in Verruf geratene Tour de France eint das Land, indem sie die landschaftliche Vielfalt ebenso vor Augen führt, wie man sich der eigenen Geschichte anhand der zahlreichen historischen Monumente, die das Peloton passiert, auf liebevolle Weise vergewissert. Immer wieder bemühten die Franzosen in Krisensituationen die identitätsstiftende Kraft des nationalen Gedächtnisses, bis die Historie selbst zum Mythos wurde. Der Mythos des „Retters“ bestimmt von Charlemagne über Jeanne d’ Arc und Napoleon bis hin zu Charles de Gaulle die Geschichte Frankreichs – auch wenn die Mythen manchmal schwer von hartnäckigen Klischees zu trennen sind. In Frankreich gibt es kaum Gedenkfeierlichkeiten oder Wahlkampfreden, bei denen nicht auf die Fixpunkte der eigenen Geschichte verwiesen wird. Allzu oft werden die Mythen der französischen Geschichte von bestimmten politischen Gruppierungen ausgeschlachtet und in ihrem Sinne interpretiert. Daher lässt sich entlang der Mythen und ihren unterschiedlichen Konnotationen auch eine Mentalitätsgeschichte Frankreichs erzählen. In glücklichen Momenten gelingt es den Mythen, die gemeinsame Identität in ein einzigartiges Lebensgefühl zu transformieren, so wenn sich das französische *Savoir vivre* nicht nur in der Kochkunst, sondern auch in einer liberalen Grundeinstellung wie dem Laizismus niederschlägt.

Die Vorstellung, dass alle Franzosen Gitanes rauchend mit einer Baskenmütze auf dem Kopf und einer Baguette unter dem Arm durch die Straßen laufen, gilt auch in Deutschland inzwischen als überholt, doch noch immer halten sich manche Vorurteile hartnäckig, so die Mär, Frankreich sei Deutschlands Erbfeind. Nicht nur Charlemagne und Napoleon haben im deutschen und französischen Bewusstsein ein Eigenleben entwickelt, auch die Vorzüge einer Revolution werden unterschiedlich beurteilt. In diesem Sinne soll dieses Buch dazu beitragen, nicht nur manche Mythen zu erhellen, sondern auch das mitunter schwierige deutsch-französische Verhältnis beleuchten.

Ralf Nestmeyer

IRRTUM 1:

Alle Franzosen sind Gallier

„Wir befinden uns im Jahre 50 vor Christus. Ganz Gallien ist von den Römern besetzt. Ganz Gallien? Nein! Ein von unbeugsamen Galliern bevölkertes Dorf hört nicht auf, dem Eindringling Widerstand zu leisten." Mit diesen bekannten Worten und der auf die Bretagne fokussierten Lupe beginnt jeder Asterix-Band. Als am 29. Oktober 1959 der erste Asterix-Comic in der französischen Jugendzeitschrift *Pilote* erschien, hat wohl niemand geahnt, dass der Zeichner Albert Uderzo und der Texter René Goscinny damit innerhalb weniger Jahre ein modernes französisches Nationalepos schaffen würden. Bis heute sind die Abenteuer des schnauzbärtigen kleinen Galliers und seines wohlbeleibten Freundes Obelix in mehr als 80 Sprachen übersetzt worden und haben eine Auflage von über 300 Millionen erreicht. Hinzu kamen ein knappes Dutzend Zeichentrick- und Spielfilme, die weltweit im Kino und Fernsehen gezeigt wurden. Unter dem Titel „Astérix le Gaulois" kam 1961 das erste Einzelheft auf den Markt, dem bis heute 34 weitere zusammenhängende Asterix-Geschichten folgten. Und mit jedem Heft und mit jedem Film wurde weiter an dem Mythos der unbesiegbaren Gallier gestrickt, wobei, wie in den Heften „Tour de France" oder „Asterix und die Normannen" geschehen, immer wieder auf andere nationale Mythen eingegangen wird. Zudem erfolgen durch die Charakterisierung der Nebenfiguren Anspielungen auf typische Klischees und historische Ereignisse der französischen Geschichte. Asterix ist längst zu einem Botschafter der französischen Lebenskultur und zu einem Symbol für den Kampf Davids gegen Goliath geworden. Asterix verkörpert den provinziellen Franzosen, der mit seiner Prinzipientreue die Usurpatoren in die Schranken verweist. Nicht nur die Franzosen identifizieren sich mit den rebellischen Comic-Galliern, die sich der römischen Übermacht mit viel Mut, Bauernschläue, Humor und einer Dosis Zaubertrank zu erwehren wissen. Was natürlich auch insofern leicht fällt, als die Sympathien der Leser stets den Unterdrückten und um ihre Autonomie Kämpfenden gehören.

Die Geschichten von Asterix und Obelix sind nicht nur geprägt von einem verklärenden Blick auf die eigenen Wurzeln, sie bieten durch verschiedene Bezüge und Querverweise auch viel Interpretationsspielraum. So kann der Kampf der unbeugsamen Gallier gegen die römischen Besatzer auch als Anspielung auf den Widerstand gegen die Deutschen im Zweiten Weltkrieg oder gegen die militärische Übermacht und den kulturellen Einfluss der Vereinigten Staaten von Amerika verstanden werden. Und lassen sich nicht auch Parallelen zwischen dem Zaubertrank und dem französischen Atommachtstreben erkennen? Atomare Schlagkraft erachtete nicht nur Charles de Gaulle als existenziell für die Verteidigung und Unabhängigkeit des Landes. Vor diesem Hintergrund verwundert es auch nicht, dass der erste französische Satellit, den man am 26. November 1965 in den Weltraum geschickt hatte, auf den Namen „Astérix" getauft wurde.

Allzu gerne wird in der modernen globalisierten Welt der Mythos der wackeren Gallier beschworen, deren ideelle Nachfahren immer wieder für Aufsehen sorgen: So steht mit José Bové seit Jahren ein Schafzüchter, der auf der kargen Hochebene des südfranzösischen Larzac lebt, an der Spitze der Globalisierungsgegner. Bové, der mit seinem besendicken Schnurrbart, den blauen Augen und den vielen Lachfältchen aussieht wie der leibhaftige Asterix, hat in den letzten Jahren durch mehrere Aktionen von sich Reden gemacht. So verwüsteten er und seine Anhänger ein genmanipuliertes Maisfeld, ein anderes Mal demolierten sie die Baustelle einer neuen McDonald's-Filiale in Millau, um „gegen die Vorreiter des Industriefraßes" vorzugehen. Als ihn das Gericht in Millau zu einer dreimonatigen Haftstrafe ohne Bewährung verurteilte, funktionierte Bové seinen Haftantritt zum Triumphzug um: Als er mit seinem Traktor von seinem Bauernhof direkt zum Gefängnis fuhr, protestierten 100 000 Unterstützer am Straßenrand gegen seine Inhaftierung.

Dieses ominöse Gallien steht am Anfang der französischen Geschichte. Seit Jahrhunderten wird immer wieder auf die gallischen Wurzeln Bezug genommen, wobei die Gallier zum eigentlichen Ursprungsvolk erklärt werden, obwohl sich der Name des Landes (*La France*) ebenso wie die Benennung seiner Könige (*Rex Francorum*) auf fränkische Ursprünge beziehen. In der Werbung und selbst im Straßenbild sind vermeintliche gallische Symbole wie der gallische Hahn präsent, der sich wahrscheinlich von der Doppelsinnigkeit des lateinischen Wortes *Gallus* – „Hahn" und zugleich „Gallier" – ableitet. Der *Mythe Gaulois* zeigt sich auch im ahistorischen Flügelhelm, der die blauen Zigarettenpackungen der Marke *Gauloises* verziert. Ähnlich verhält es sich mit den Darstellungen des berühmten Gallierfürsten Vercingetorix. Fast immer wird er in keltifizierender Weise mit einem mächtigen herabhängenden Schnurrbart dargestellt, obwohl er auf vielen erhaltenen antiken Goldmünzen als bartloser Jüngling abgebildet ist. Touristisch wird der Mythos mit dem *Parc Asterix*, einem nördlich von Paris gelegenen Freizeitpark, ebenso bedient wie mit dem *MuséoParc Alésia*. Der erst 2012 im Burgund am Schauplatz des letzten Kampfes zwischen den Galliern und Caesar eröffnete Museumspark widmet sich in didaktisch ansprechender Weise nicht nur den damaligen kriegerischen Ereignissen, sondern beleuchtet auch den daraus entstandenen Mythos. Doch wer waren diese mythischen Gallier eigentlich?

Gallier oder Kelten?

Zwischen Galliern und Kelten zu unterscheiden ist nicht einfach. Die Kelten sind das älteste namentlich bekannte Volk, das den gesamten Raum nördlich der Alpen von Dalmatien über Südengland bis hinunter nach Spanien besiedelt hat. Während die Griechen von *Keltoi* (Herodot) oder *Keltai* (Strabon) sprachen, nannten die Römer die in Gallien ansässigen Stämme *Galli*. Caesar führte in seinem *Bellum Galli-*

cum noch eine Differenzierung ein: *Gallia est omnis divisa in partes tres*, lautet der berühmte, allen Lateinschülern bekannte Anfangssatz, den Caesar noch spezifizierte: „Einen Teil bewohnen die Belger, den zweiten die Aquitaner, den dritten das in der Landessprache Kelten, bei uns Gallier genannte Volk." Dieser mittlere, von Caesar als *Gallia Celtica* bezeichnete Teil reichte vom Atlantik bis an den Rhein und in die Schweiz hinein. Anscheinend müssen sich die Bewohner „Galliens" für einen Außenstehenden deutlich von den Ligurern in Norditalien und den Keltiberern in Spanien unterschieden haben. Diese unter dem Namen „Gallien" vollzogene territoriale Eingrenzung führte allerdings fälschlicherweise dazu, dass Nicht-Kelten in „Gallien" zu „Galliern" erklärt wurden, während echte Kelten jenseits des von Caesar definierten Gebietes zu Nicht-Galliern gemacht wurden. Wie auch immer: Für die spätere Selbststilisierung der Franzosen spielte Caesars *Bellum Gallicum* eine ähnliche Rolle wie die *Germania* des Tacitus für Deutschland.

Vergessen wird hingegen gern, dass Caesars Kriegszug bei weitem nicht das erste Zusammentreffen der Römer mit den Galliern war. Rund vier Jahrhunderte zuvor hatten keltische Stämme große Teile des heutigen Norditaliens von den Etruskern erobert. Erst nach mehreren empfindlichen Niederlagen gelang es den Römern, die dortigen Gallier zu besiegen; das später als *Gallia cisalpina* bezeichnete Siedlungsgebiet wurde zur römischen Provinz erklärt. Jenseits der Alpen kamen dann mit der *Gallia transalpina* seit dem Jahr 121 vor unserer Zeitrechnung erstmals Gebiete im heutigen Frankreich hinzu. Die nach ihrer späteren Hauptstadt in *Gallia Narbonensis* umbenannte Provinz am Mittelmeer wurde schnell romanisiert, so dass schon Plinius der Ältere davon sprach, sie sei Rom ähnlicher als einer Provinz. Ein Urteil, das von dem spätrömischen Historiker Justinus dahingehend differenziert wurde, dass er behauptete, die Gallier hätte bereits von den Griechen einen zivilisierten Lebensstil übernommen. „Ihr Fortschritt in Verhalten und Wohlstand war so großartig, daß es aussah, als wäre Gallien ein Teil Griechenlands, und nicht, als hätte Griechenland Gallien kolonisiert."

Gestützt auf die *Gallia Narbonensis* begann Caesar dann seine im *Bellum Gallicum* beschriebene Eroberung Galliens, die ihn auch an das rechte Rheinufer und sogar bis nach Britannien führte. Dieses „Gallien" war indes kein einheitliches politisch-militärisches Gebilde, sondern setzte sich aus 60 bis 80 unabhängigen „Stämmen" zusammen, die unter dem Druck der Belger teilweise ihre angestammten Siedlungsgebiete verlassen und ihren Einflussbereich bis ans Mittelmeer ausgedehnt hatten. In ethnisch-kultureller Hinsicht gab es aber viele Gemeinsamkeiten, angefangen bei der Sprache bis hin zu den Wohnformen. Gleichwohl gab es für Cicero nichts Hässlicheres als die gallischen *Oppida* – wobei sich sein Urteil wahrscheinlich gegen die einfache Fachwerkbauweise richtete, die sich von den komfortablen römischen Quaderbauten abhob. Die Bezeichnung *Oppidum* geht auf Caesar zurück, der in seinem *Bellum Gallicum* mit diesem Namen die befestigten Siedlungen der Gallier charakterisierte, wobei man darunter ebenso eine kleine Bergsiedlung wie eine nahezu urbane Ansiedlung in der Ebene verstehen konnte.

Die Neuordnung Galliens wäre ohne die außergewöhnlichen Amtsbefugnisse Caesars und seinen unbedingten Willen, sich seine politische Laufbahn durch eine Großtat zu sichern, niemals innerhalb weniger Jahre erfolgt. Caesar wusste, dass die gallischen Stämme größtenteils miteinander verfeindet waren, und nutzte diese innere Zerrissenheit, um mit drei Siegen innerhalb von zwei Jahren zum unumstrittenen Herrscher Galliens zu werden. Die schnelle Eroberung zeigt auch, dass die Römer auf ein relativ dichtes Straßennetz und ausreichende landwirtschaftliche Ressourcen zurückgreifen konnten, denn Gallien war ein reiches Land – nicht nur die Landwirtschaft stand in voller Blüte. Durch die Verkettung einiger aus römischer Sicht unglücklicher Umstände kam es ein paar Jahre später zu einem Aufstand gegen die römische Herrschaft, der von dem Arvernerfürsten Vercingetorix angeführt wurde. Caesar musste bei Gergovia sogar eine kränkende Niederlage einstecken, wodurch sich weitere Stämme an dem Aufstand beteiligten. Vercingetorix bevorzugte die Strategie der verbrannten Erde und ließ seine Städte lieber in Flammen aufgehen, als sie den Römern zu übergeben. Die aufständischen Gallier vermieden eine offene Feldschlacht gegen die überlegenen römischen Legionen, doch schließlich gelang es Caesar, Vercingetorix und seine Truppen im Oppidum Alesia einzuschließen. Zwar wurde Caesar durch nachrückende Gallier ebenfalls belagert, doch konnte er sich behaupten und das gallische Heer in die Flucht schlagen. Der Widerstand brach zusammen, und die ausgehungerten Bewohner Alesias lieferten Vercingetorix dem Sieger aus. Der Arvernerfürst wurde als Gefangener nach Rom überführt, wo er sechs Jahre in einem Kerker schmachtete; danach wurde er bei einem Triumphzug Caesars in Ketten mitgeführt und der römischen Tradition entsprechend hingerichtet.

Seit der Niederschlagung des Aufstandes herrschte in Gallien weitgehend Friede. Wer sich nicht mit der römischen Herrschaft anfreunden konnte, wanderte nach Britannien oder in die Donauländer aus. Der größte Teil der von dem verlustreichen Kampf geschwächten Stämme akzeptierte die römische Herrschaft, und die keltische Bevölkerung ging innerhalb weniger Generationen vollkommen im römischen Kulturkreis auf. Bereits Caesar hatte die gallischen Veteranen mit dem römischen Bürgerrecht belohnt, das ihnen nach Ende ihres Kriegsdienstes verliehen wurde. Unter römischem Einfluss kamen auch die für die keltischen Stämme so typischen Wanderbewegungen zum Stillstand, wobei sich die Namen der verschiedenen Volksgruppen bis heute in den Bezeichnungen der französischen Orte und Regionen erhalten haben: Die *Andegaves* siedelten bei der Stadt Angers im Anjou, die *Turoni* rund um Tours, die *Pictones* bei Poitiers, die *Remer* rund um Reims und die *Parisii* in Paris.

Von der Rhône bis zur Seine nahm man römische Eigennamen an, die unaussprechlich gewordenen keltischen Namen verschwanden. Die Kinder gingen zur Schule, die Toten wurden nach römischer Sitte bestattet, auf die Grabsteine kamen Inschriften, welche die römischen Götter anriefen. Gallien prosperierte, und die führenden Männer der neu gegründeten Städte, deren Einwohnerschaft sich zum großen Teil aus der alteingesessenen Bevölkerung und angesiedelten Veteranen zusammensetzte, nahmen bald wichtige Positionen im politischen Leben des Römischen Reiches ein. Latein setzte sich relativ schnell als Umgangssprache durch, selbst die Bezeichnung *Galli* wurde von den

Bewohnern umstandslos übernommen. Zeitgleich entwickelte sich ein ethnisches Bewusstsein für die eigene Heimat – selbst bei längeren Aufenthalten in Rom fühlten sich die Bewohner als Gallier.

Der von Vercingetorix angeführte Aufstand der Arverner bedeutete dennoch in keiner Weise die Herausbildung oder Vorwegnahme einer französischen Nation. Zwar gelang es Vercingetorix, zahlreiche gallische Stämme unter seinem Oberbefehl zu vereinen, doch blieb die gegenseitige Solidarität einzig von dem jeweiligen Unabhängigkeitsstreben geprägt. So seltsam es klingen mag – es war letztlich das Verdienst der Römer, dass sich der lose Verband keltischer Stämme im Laufe der nächsten Jahrhunderte zu einer eigenständigen Nation entwickeln konnte.

Ein gallischer Held – Vercingetorix

Vercingetorix, der tragische Held des Aufstandes gegen die Römer, blieb lange Zeit vergessen. Erst als die Humanisten im 16. Jahrhundert antike Autoren wie Caesar ins Französische übersetzten, begann man sich wieder an die Gallier und ihren wackeren Anführer zu erinnern. Als Begleiterscheinung der Französischen Revolution erkannten dann die Republikaner die Vorzüge der gallischen Vorfahren: Während das Königshaus und der Adel seine Abstammung auf den Franken Chlodwig zurückführten, um ihre ererbte Macht zu legitimieren, konnten sich die Republikaner mit den Galliern nicht nur auf die „älteren" Vorfahren berufen, sondern sich in die Tradition eines freiheitsliebenden Volkes stellen. Ein geschickter Schachzug, denn schon bald betrachtete man die Gallier statt der Franken als Begründer Frankreichs.

Im Zeitalter des Nationalismus begann man sich auf beiden Seiten des Rheins für die Geschichte der eigenen Nation zu interessieren. So wie man sich in Deutschland an Hermann den Cherusker und seinen Kampf gegen die Römer erinnerte, wurde Vercingetorix zur Symbolfigur des französischen Unabhängigkeitswillens stilisiert. Mehrere Autoren schrieben Bücher mit dem Titel „Geschichte Frankreichs", so beispielsweise Jules Michelet, der sein Werk mit einem Zitat des griechischen Geographen und Historikers Strabon über die „gallische Rasse“ begann, oder Henri Martins, der Vercingetorix in seiner vielgelesenen „Histoire de France“ von 1834 mit poetischen Worten glorifizierte: „Damals lebte in Arvernia ein junger Mann, der alle Blicke auf sich zog …“. Der Mythos um den mutigen Arvernerfürsten Vercingetorix, der mit seinem Suffix „-ix“ auch die Asterix-Autoren inspirierte und in ihren Geschichten fortlebt, erreichte in der zweiten Hälfte des 19. Jahrhunderts seinen Höhepunkt.

Innerhalb weniger Jahrzehnte wurde Vercingetorix zu einem Vorbild für die französische Nation: Die wiedererwachende Begeisterung für die Gallier und Vercingetorix führte dazu, dass sich 1861 die archäologischen Interessen Frankreichs auf Alesia konzentrierten: Rund fünf Jahre dauerten die von Napoleon III. initiierten Grabungen bei Alise-Sainte-Reine, die von kontroversen Diskussionen begleitet wurden, da auch andere Orte als Schlachtfeld in Frage kamen. Auch ein Denkmal für den Arvernerfürsten durfte nicht fehlen. Die knapp sieben Meter hohe Statue, die auf dem Mont-Auxois in den Himmel ragt, hat zwei auffällige Merkmale: Während man sich bei der Anlage des Denkmals, wie schon Friedrich Engels vermutete, am Hermannsdenkmal orientierte, nahm sich der Bildhauer Aimé Millet die Physiognomie seines Kaisers zum Vorbild, denn die melancholischen Gesichtszüge des legendären Gallierführers ähneln denen Napoleons III., der das Denkmal aus seinem persönlichen Vermögen bezahlt hat. Vercingetorix wurde zum Franzosen wie Arminius zum deutschen Herrmann. Auf dem mächtigen Sockel des Denkmals ist jene von Caesar übermittelte Rede eingemeißelt, die Vercingetorix vor der Schlacht gehalten haben soll: *La Gaule unie, formant une seule nation, animée d'un même esprit, peut défier l'univers*. „Das vereinigte Gallien, das eine einheitliche Nation bildet, die von demselben Geist beseelt ist, kann der ganzen Welt trotzen.“ Der Versuch Napoleons III., sein Land in Vercingetorix' Namen auf bevorstehende Herausforderungen einzuschwören, war jedoch vergeblich. Im Krieg gegen Deutschland musste Frankreich 1870/71 eine bittere Niederlage hinnehmen: Der Kaiser wurde gefangen genommen und verbrachte seinen Lebensabend im englischen Exil.

Der Vercingetorix-Mythos indessen ging aus der Niederlage gestärkt hervor. Die Politiker der Dritten Republik wurden nicht müde, die Gallier vor den nationalistischen Triumphwagen zu spannen – in deren Namen beschworen sie Freiheitsliebe, Treue zum Vaterland und Opferbereitschaft. In diesem Zusammenhang verwundert es auch nicht, dass 1874 eine unweit des Gare Montparnasse gelegene Straße den Namen *Rue Vercingétorix* erhielt, während zwei benachbarte Straßen *Rue de Gergovie* und *Rue d'Alésia* heißen. Gleichzeitig wurden die Gallier, die in früheren Geschichtsbüchern noch unzivilisiert durch die Wälder streiften, von den Historikern in der Dritten Republik zu *nos ancêtres les Gaulois* („unsere Vorfahren, die Gallier") aufgewertet. Den eigenen Vorfahren begegnete man trotz ihrer barbarischen Sitten fortan nicht nur mit Milde, sondern zollte ihnen in der Figur des Vercingetorix mehr und mehr Respekt. Der Arvernerfürst wurde in den Schul- und Geschichtsbüchern zum Nationalhelden und demokratischen Freiheitskämpfer stilisiert – schließlich hatte er in den Augen der Republikaner wichtige Entscheidungen an einen Volksrat abgegeben, zu dem jeder Gallier Zutritt hatte.

So wie ihre gallischen Vorfahren nach der Niederlage gegen Caesar ihren Stolz und ihre Würde behielten, sollte Vercingetorix an die Opferbereitschaft der französischen Nation erinnern und diese nach dem Verlust von Elsaß-Lothringen einen und stärken. Eindrucksvoll spiegelt sich diese Haltung in dem Historiengemälde von Lionel Royer wider, das jene berühmte Szene zeigt, als ein furchtloser Vercingetorix seine Waffen streckt und auf den sitzenden Caesar herunterblickt. Der Asterix-Band „Asterix und der Arvernerschild" spielt ebenfalls auf diese Szene an, allerdings wirft dort ein stolzer Vercingetorix seine Waffen „auf" die Füße Caesars.

Während Hermann der Cherusker in Deutschland nur noch als charismatischer Germane gesehen wird, der die Römer besiegt hat, ist der Mythos des Vercingetorix in Frankreich lebendig geblieben. So weihte der französische Staatspräsident François Mitterrand im September 1985 auf dem Mont Beuvray bei Autun einen Gedenkstein ein und verkündete, der Berg, auf dem sich die gallischen Fürsten unter Vercingetorix zusammengeschlossen hatten, sei eine nationale Gedenkstätte. Anschließend forderte er seine Landsleute zum „nationalen Zusammenhalt“ auf und beschwor „Vaterland, Nation, Staat, schließlich Frankreich“. Zuvor hatte Mitterrand noch ein europäisches Ausgrabungsprogramm in die Wege geleitet, um die Geschichte des Oppidums auf dem Mont Beuvray zu erforschen. Ähnlich symbolträchtig eröffneten Jacques Chirac und Valéry Giscard d’Estaing vier Jahre später ihren Europa-Wahlkampf in Gergovia. Die in der Auvergne gelegene einstige Hauptstadt der Arverner erschien den beiden konservativen Politikern als der geeignete Ort, um zu unterstreichen, dass man bei allem europäischen Wohlwollen stets auch die Wahrung der französischen Identität im Auge habe.

IRRTUM 2:

Alle Franzosen sind Brüder

Jedes französische Kind, egal, ob die eigenen Eltern aus Réunion oder dem Maghreb stammen, lernt in der Schule, dass seine Ahnen Gallier waren. Dabei ist Frankreich ein multikulturelles Land, was man nicht nur in den großen Städten tagtäglich erleben kann. Migranten, wohin man auch sieht: Die Concierge stammt aus Portugal, der Besitzer des Gemüseladens aus Algerien, der Taxifahrer hat armenische Wurzeln, die Verkäuferin des Modeladens kommt aus Martinique und der Wachmann aus Kamerun. Selbstverständlich fühlt man sich der französischen Tradition verpflichtet, und so verwundert es nicht, dass das knusprige Baguette-Brot des aus Senegal stammenden Bäckers Djibril Bodian 2010 als „Meilleure baguette de Paris" ausgezeichnet wurde. Als Wettbewerbssieger durfte er ein Jahr lang den Elysée-Palast beliefern – seine Baguettes gelangten auf den Frühstückstisch von Präsident Nicolas Sarkozy und seiner aus Turin stammenden Ehefrau Carla Bruni. Sarkozy ist übrigens auch kein „Gallier", sondern hat einen Migrationshintergrund, denn sein Vater wurde in Ungarn geboren, während seine Mutter eine Nachfahrin sephardischer Juden aus Thessaloniki ist.

Apropos Gallier: Auch die beiden Asterix-Väter Albert Uderzo und René Goscinny haben einen nichtfranzösischen Hintergrund: Uderzos italienische Eltern waren erst wenige Jahre vor seiner Geburt nach Frankreich eingewandert, und Goscinny entstammt einer jüdischen Familie mit polnisch-ukrainischen Wurzeln und wuchs in Argentinien auf.

Frankreich kann auf eine mehr als zweihundertjährige Geschichte als Einwanderungsland zurückblicken, so dass heute fast jeder vierte Franzose einen Migrationshintergrund hat, weil seine Eltern oder Großeltern nicht zwischen dem Ärmelkanal und den Pyrenäen geboren wurden. Lange Zeit war Frankreich stolz auf diese Tradition als Einwanderungsland und die damit verbundene offene Geisteshaltung, doch angesichts des Immigranten-Zustroms der letzten Jahrzehnte werden die revolutionären Grundsätze „Freiheit, Gleichheit, Brüderlichkeit" auf eine harte Probe gestellt.

Politische Exilanten, Arbeitsemigranten und Pieds noirs

Seit der Französischen Revolution gehört Frankreich, vor allem Paris zu den beliebtesten Zielen politischer Flüchtlinge. Im Land der Aufklärung hofften zahlreiche Verfolgte und Ausgebürgerte eine neue Heimat zu finden, die ihnen persönliche Sicherheit gewährt und ihrem politisch-kulturellen Hintergrund mit Verständnis begegnet. Die Emigrationswellen, die seither über Frankreich schwappten, lassen sich auch als Gradmesser der politischen Kultur der jeweiligen Heimatländer deuten. Anfangs waren es zumeist Bürgerliche oder Akademiker, die vor den restaurativen Kräften Europas flohen. Der Naturforscher Georg Forster musste gar unfreiwillig in Paris bleiben, da ihm 1793 wegen seiner Zusammenarbeit mit der Revolutionsregierung die Rückkehr nach Deutschland verwehrt wurde: „Das französische Volk gewährt ein Asyl den Fremden, die für die Sache der Freiheit aus ihren Ländern verbannt sind." Durch die Flucht nach Paris entzogen sich damals beispielsweise auch der Kieler Universitätsprofessor Karl Friedrich Grame sowie der Publizist Georg Friedrich Rebmann drohender Verhaftung.

Ein paar Jahrzehnte später gab es in Paris deutsche Zeitschriften, einen „Hilfsverein für bedürftige Deutsche" und einen „Deutschen Volksverein", dem auch Heinrich Heine und Ludwig Börne angehörten. Auch Karl Marx suchte in Paris Zuflucht, wurde aber im Februar 1845 ausgewiesen. Im Windschatten der Intellektuellen fanden aber auch zahlreiche deutsche Handwerker und Arbeiter den Weg nach Paris. Im Jahre 1854 erschien ein „Adressbuch der Deutschen in Paris", das von der Hebamme bis zum Schneider 4772 Adressen auflistete, doch dürfte die deutsche Gemeinde damals bereits zwischen 50 000 und 100 000 Köpfe gezählt haben. Die meisten Deutschen gehörten zum Subproletariat und lebten im Pariser Nordosten, wo die Straßenkehrer und Kanalarbeiter aus Hessen oder die Erdarbeiter und Lumpensammler aus der Pfalz ein bescheidenes Auskommen fanden, während sich die etwas besser gestellten deutschen Schreiner und Möbelmacher vorzugsweise an der Bastille niederließen. Vor allem Frauen hatten es schwer – sie mussten sich als Ammen und Dienstmädchen verdingen, für viele war die Prostitution der letzte Ausweg.

Nach der Niederlage von Sedan (1870) war es mit dem friedlichen Nebeneinander vorbei: Alle deutschen Männer wurden aus Frankreich ausgewiesen, so dass sich im letzten Viertel des 19. Jahrhunderts der Arbeitskräftemangel verschärfte. Im Zuge der industriellen Revolution stieg der Bedarf an billigen Arbeitskräften in der französischen Schwerindustrie, aber auch die Landwirtschaft war auf ausländische Arbeitskräfte angewiesen. Die lothringische Eisenindustrie versuchte schon damals ihren Arbeitskräftemangel im nahen Belgien, aber auch durch gezielte Anwerbeaktionen in italienischen Dörfern zu decken. Außerdem waren die Militärs um den Erhalt der Truppenstärke besorgt und wollten das demographische Ungleichgewicht gegenüber Deutschland durch Zuwanderung ausgleichen.

Während das übrige Europa noch Auswanderungsregion war, hatte Frankreich sein Interesse an Arbeitskräften durch eine liberale Einwanderungspolitik bekundet. Der Assimilierungsdruck war enorm: Alle im Land geborenen Kinder und deren Eltern sollten zu französischen Bürgern erzogen werden, dafür standen den Immigranten unabhängig von Herkunft und Hautfarbe die gleichen politischen Rechte zu. Das „republikanische Modell" erwartete im Gegenzug die Übernahme der französischen Sprache und Kultur; mentale Eigenheiten sollten sich auf das Privatleben beschränken. Im Ersten Weltkrieg wurden in Senegal und anderen französischen Kolonien Soldaten angeworben, denen man die französische Staatsbürgerschaft in Aussicht stellte. Rund 200 000 nordafrikanische Soldaten kämpften als Senegalische Infanterie (*Tirailleurs sénégalais*) unter der Trikolore; etwa 30 000 fielen auf den Schlachtfeldern.

Durch den hohen Blutzoll, den Frankreich im Ersten Weltkrieg zahlte, blieb der Bedarf an Arbeitskräften hoch. Mit offenen Armen nahm man daher die zahlreichen politischen Flüchtlinge auf, die durch die europäischen Kriegswirren nach Frankreich strömten, darunter polnische Juden wie auch Russen, die nach der Oktoberrevolution um ihr Leben fürchten mussten. Erweitert wurde der Flüchtlingskreis durch mehrere Tausend Armenier und andere orientalische Christen, die sich dem Völkermord im Osmanischen Reich entziehen konnten. Nach der faschistischen Machtübernahme verließen auch zahlreiche Italiener ihre Heimat, hinzu kamen Soldaten aus den Kolonialarmeen, die im Rheinland eingesetzt waren und im französischen Mutterland blieben. Die ausländischen Künstler und Intellektuellen, die zeitweise in Paris lebten, dürfen nicht unerwähnt bleiben. Das illustre Spektrum reicht von Picasso über Hemingway und Gertrude Stein bis zu Rilke, Joseph Roth und Walter Benjamin.

Mit knapp drei Millionen Einwanderern war Frankreich zu Beginn der 1930er Jahre nach den USA das zweitwichtigste Einwanderungsland der Welt, weshalb Adolf Hitler Frankreich in „Mein Kampf" aufgrund seiner Assimilationspolitik als „vernegert" geißelte.

Infolge von Hitlers Machtergreifung wuchs die deutsche Gemeinde in Paris ab 1933 sprunghaft an, denn Frankreich galt als sicheres und aufgeschlossenes Exilland. Vor allem Intellektuelle und Künstler wie Bertolt Brecht, Anna Seghers und Max Ernst, aber auch Politiker wie Willi Münzenberg flohen nach Paris. Im südfranzösischen Sanary-sur-Mer gab es eine regelrechte Exilantenkolonie mit bekannten Namen wie Lion Feuchtwanger, Franz Hessel, Ludwig Marcuse und Golo Mann, im nahen Nizza lebten Heinrich Mann, Joseph Roth und Hermann Kesten sowie der Sexualforscher Magnus Hirschfeld. Seriösen Schätzungen zufolge waren zeitweise mehr als 20 000 Deutsche im französischen Exil.

Nach dem Sieg Francos über die Republikaner floh im Frühjahr 1939 annähernd eine halbe Million Spanier aus Angst vor Repressalien über die Pyrenäengrenze nach Frankreich. Die Franzosen wurden von dieser gewaltigen Fluchtwelle regelrecht überrannt, zudem standen sie den Kommunisten und Anarchisten, die freiwillig gekämpft hatten („Wir sind Milizionäre, keine Soldaten"), skeptisch gegenüber. Die Flüchtlinge sammelte man in sogenannten *Camps de Concentration*, die notdürftig hinter den Stränden von Argelès und Saint-Cyprien zusammengezimmert und mit Stacheldraht abgesperrt wurden. Unter teilweise erbärmlichen Lebensbedingungen mussten die Spanier bis 1941 in den Lagern ausharren; Krankheiten und Epidemien forderten zahlreiche Todesopfer.

Unmittelbar nach Ende des Zweiten Weltkriegs wurde das *Office national d'Immigration* gegründet. Um den Wiederaufbau der zerstörten nordfranzösischen Städte anzukurbeln, wurden 1947 die Zuwanderungsbeschränkungen für algerische Staatsangehörige aufgehoben, so dass ein Familienzuzug möglich wurde, während aus Tunesien und Marokko nur junge Männer einreisen durften. Als Folge des algerischen Unabhängigkeitskrieges kam es 1962 zu einem massenhaften Zuzug von Algerienfranzosen, sogenannten *Pieds noirs* (Schwarzfüße), und pro-französischen Algeriern (*Harkis*). Rund eineinhalb Millionen seit Generationen in Nordafrika ansässige Franzosen wurden quasi über Nacht in die Häfen ihres Mutterlandes gespült. Ein Großteil der *Pieds noirs* blieb in der französischen Mittelmeerregion, ähnelten die klimatischen Bedingungen hier doch denen in der verlorenen Heimat. Anfänglich wurden die Algerienfranzosen herablassend behandelt und geschnitten, doch gelang es ihnen meist recht schnell, Fuß zu fassen. Vor allem in der Landwirtschaft und im Fischfang entfalteten die Einwanderer eine ungeahnte Dynamik, von der vor allem Südfrankreich profitierte. Zu den bekanntesten *Pieds noirs* gehörten der Schriftsteller Albert Camus, die Philosophen Louis Althusser, Jacques Derrida und Bernard-Henri Lévy, der Modeschöpfer Yves Saint Laurent, der Pariser Bürgermeister Bertrand Delanoë sowie der Sänger Patrick Bruel.

Im Zuge des Wirtschaftsaufschwungs der 1950er und 60er Jahre entstand ähnlich wie in Deutschland ein steter Bedarf an Arbeitskräften, der durch gezielte Anwerbung von „Gastarbeitern" aus Italien,

Spanien, Griechenland und vor allem aus Portugal befriedigt werden konnte. Hinzu kamen durch die fortschreitende Entkolonialisierung Einwanderer von den Antillen, aus dem Maghreb, Schwarzafrika und Indochina. Der damalige Gesundheitsminister Jean Foyer zog 1972 vor dem Senat Bilanz: „Trotz einer Verbesserung seiner demografischen Situation ... ist und bleibt Frankreich wie alle Nachbarstaaten ein Einwanderungsland."

Blutrecht und Bodenrecht

Einhergehend mit dem starken Zuzug von Arbeitsemigranten kam es im Jahr 1889 – übrigens gegen den Willen des um die nationale Identität besorgten aristokratischen Milieus – zu einer Gesetzesänderung: Neben dem *Droit du sang* (Blutrecht) wurde ein *Droit du sol* (Bodenrecht) eingeführt. Das Abstammungsprinzip wurde somit um ein im nationalstaatlichen Europa einzigartiges Geburtsortsrecht erweitert. Diese Gesetzesänderung hat bis heute mit einigen Modifikationen Bestand.

In Frankreich geborene Kinder ausländischer Eltern erhalten mit Vollendung des 18. Lebensjahres automatisch die französische Staatsangehörigkeit, unter bestimmten Voraussetzungen ist dies aber bereits ab 13 Jahren möglich. Im In- oder Ausland geborene Kinder erhalten die französische Staatsangehörigkeit, wenn zumindest ein Elternteil zum Zeitpunkt der Geburt des Kindes im Besitz der französischen Staatsangehörigkeit ist. Im Ausland geborene und in Frankreich lebende Personen können die französische Staatsangehörigkeit unter bestimmten Voraussetzungen erwerben: Sie müssen einen Mindestaufenthalt von fünf Jahren vorweisen können und über ausreichende Sprachkenntnisse verfügen. Zudem besteht mit gewissen Einschränkungen die Möglichkeit, Franzose zu werden, indem man einen französischen Staatsangehörigen heiratet.

Bedingt durch die koloniale Vergangenheit ist es Migranten aus den ehemaligen französischen Kolonien und Überseegebieten sehr leicht möglich, die französische Staatsbürgerschaft anzunehmen, womit sie statistisch zwar als Franzosen mit Migrationshintergrund, aber nicht als Ausländer erfasst werden. Da in Frankreich statistische Erhebungen, die Aufschluss über ethnische Hintergründe geben könnten, als diskriminierend gelten, gibt es kaum verlässliche Zahlen. Der offizielle Ausländeranteil liegt bei fünfzehn Prozent, wovon elf Prozent aus Nicht-EU-Ländern stammen. Mit rund fünf Millionen Muslimen besitzt Frankreich die größte islamische Gemeinde der Europäischen Union. Und schon lange ist Paris die wichtigste kulturelle Drehscheibe Schwarzafrikas.

Nicht allen Besitzern eines französischen Passes wird deshalb gleich eine französische Identität zugestanden. Dies trifft vor allem auf Muslime und Nordafrikaner zu. Wer sich um eine Ausbildung oder einen Arbeitsplatz bewirbt, hat deutlich schlechtere Karten, wenn er Zoumana Chimbonda statt Jules Fontaine heißt. Obwohl die Hälfte der Migrantenkinder in Frankreich das Bakkalaureat erwirbt, hat sie deutlich schlechtere Chancen auf dem Arbeitsmarkt, und der gesellschaftliche Aufstieg bleibt ihnen oft verwehrt.

Den hehren Anspruch, der dem französischen Staatsbürgerrecht zugrunde liegt, brachte der große Historiker Lucien Febvre auf den Punkt: Es ist nicht die Abstammung, die einen Menschen zum Franzosen macht, sondern die „Gewohnheiten, die durch einen Namen zusammengefasst wurden“. Mit anderen Worten: Franzose ist, wer Franzose sein will.

Ausgrenzungen und Anfeindungen

Das Einbürgerungsgesetz von 1889 war dem Mangel an Arbeitskräften geschuldet und nicht etwa hehrem revolutionären Gedankengut oder grenzenloser Menschenfreude. Nicht nur die deutschen „Gastarbeiter“ mussten im 19. Jahrhundert die Erfahrung machen, dass sie schnell unerwünscht sein können. Trotz der offenen Einwanderungs- und Einbürgerungspolitik waren und sind die Immigranten und ihre Nachkommen immer wieder Ressentiments ausgesetzt, die sich mal subtiler, mal offen aggressiv äußern. So wie sich heute der Hass und

Missmut der Nationalisten des Front National gegen Schwarze, Araber und andere ethnische Minderheiten richtet, waren es Ende des 19. Jahrhunderts die Italiener, die in die Rolle des Sündenbocks gedrängt wurden, als sie zu Zigtausenden in ihrem Nachbarland nach Arbeit Ausschau hielten. Obwohl sie als Kanal-, Hafen- oder Salinenarbeiter jene Arbeiten verrichteten, für die sich meist keine Franzosen fanden, waren sie alles andere als beliebt und wurden als *Babis* beschimpft. Bereits 1881 kam es in Marseille zu ersten gewalttätigen Auseinandersetzungen, die ihren traurigen Höhepunkt im August 1893 im nahen Küstenort Aigues-Mortes fanden, wo sich zur Erntezeit zahlreiche italienische Tagelöhner in den Salinen verdingten. Fremdenfeindlichkeit und der Ärger über das angebliche Lohndumping der Italiener führten zu einem in der jüngeren südfranzösischen Geschichte einzigartigen Pogrom. Erst kam es zu Schlägereien, dann eskalierte der rassistische Terror, der zwei Tage lang anhielt. Mehr als 300 französische Nationalisten rotteten sich zusammen und griffen die in Holzbaracken hausenden Italiener mit Schlagstöcken an. Der Mob kannte keine Gnade – die offizielle Bilanz sprach von acht Toten und fünfzig Verletzten, während die englische *Times* von fünfzig Toten und hundertfünfzig Verletzen berichtete.

Ein eindrucksvolles Beispiel für das schlechte gesellschaftliche Ansehen der Franzosen aus Nordafrika war der Triumphzug anlässlich der Befreiung von Paris im August 1944: Charles de Gaulle hatte sich ganz bewusst dafür entschieden, den Triumphzug fast ausschließlich von „weißen" Soldaten der dezimierten 2. Französischen Panzerdivision bestreiten zu lassen, obwohl damals zwei Drittel der kämpfenden Soldaten entweder Araber oder Schwarzafrikaner waren – Frankreich sollte sich ja schließlich „selbst" befreit haben ... De Gaulle war kein Befürworter der Einwanderung, und so empfahl der General kurz nach Kriegsende in einem Schreiben an das Justizministerium, „den Zustrom der Menschen aus dem Mittelmeerraum und aus dem Osten zu begrenzen, die seit einem halben Jahrhundert die Zusammensetzung der französischen Bevölkerung gründlich verändert haben".

Noch schwerer als die *Pieds noirs* hatten es diejenigen Algerier, die vor 1962 freiwillig in der französischen Armee gedient hatten und daher als *Harkis* (Verräter) die Rache ihrer Landsleute zu fürchten hatten; aus Angst um ihr Leben flohen sie nach Frankreich. Dort mussten sie die bittere Erfahrung machen, dass die Franzosen alles andere als erfreut waren, sie wiederzusehen. Anfangs wurden die *Harkis* in Durchgangslagern interniert, bevor sie in den ghettoähnlichen Elendsquartieren (*Bidonvilles*) der Großstädte unterkamen. So notierte der Schriftsteller Wolfgang Koeppen Anfang der 1960er Jahre auf einer Frankreichreise seine Eindrücke über zwei junge Araber: „Ihre europäischen Anzüge wirkten ärmlich und saßen schäbig auf den mageren Körpern; die Anzüge waren dreckig, sie waren zerrissen. Die Augen der jungen Leute schienen scheu zu blicken. Die beiden Araber erinnerten an verprügelte Hunde. Sie liefen wie Wild durch einen Wald von Jägern. Aber sie waren ein Wild, das die Jäger in diesem Wald ausgesetzt hatten." Diese Stigmatisierung der *Harkis* hält bis heute an. Mehrfach hat sich der Fußballstar Zinédine Zidane in Interviews gegen den Verdacht gewehrt, sein aus Algerien eingewanderter Vater sei ein *Harki* gewesen.

Der in diesem Zusammenhang stehende 17. Oktober 1961 gilt als der schwärzeste Tag in der französischen Nachkriegsgeschichte. Da es aufgrund des Algerienkrieges immer wieder zu Anschlägen gegen die Polizei kam, hatte der Polizeipräfekt Maurice Papon schon zwei Wochen zuvor eine nächtliche Ausgangssperre für Franzosen algerischer Herkunft im Großraum Paris verhängt. Als die Algerier friedlich gegen das französische Vorgehen in Algerien demonstrierten, ereignete sich in der Nacht des 17. Oktober ein regelrechtes Pogrom, das von den Medien totgeschwiegen wurde. Die Polizei richtete ein wahres Massaker unter den Demonstranten an – noch Tage später wurden Leichen aus der Seine gefischt. Seriöse Schätzungen gehen von bis zu zweihundert Toten aus. Offiziell wurde der Staatsterror nie aufgeklärt; erst 2001 enthüllte der Pariser Bürgermeister Bertrand Delanoë am 40. Jahrestag eine Erinnerungstafel für die Opfer des Massakers.

Einwanderungspolitik auf dem Prüfstand

Lange Zeit war die französische Einwanderungspolitik durch eine liberale und offene Haltung geprägt. Die Regierungen fühlten sich den revolutionären Idealen „Freiheit, Gleichheit, Brüderlichkeit“ verpflichtet. Erst Präsident Valéry Giscard d'Estaing versuchte ab 1974 vergeblich, im Zuge der Öl- und Wirtschaftskrise einen Zuwanderungsstopp durchzusetzen, doch der Zustrom konnte kaum eingedämmt werden; zudem holten viele Einwanderer ihre Angehörigen nach.

Die Einwanderungspolitik in Frankreich ist in den vergangenen Jahren immer restriktiver geworden. Mit allen Mitteln wurde und wird versucht, die illegale Zuwanderung zu begrenzen: „Frankreich kann nicht das ganze Elend der Welt aufnehmen“, betonte schon 1990 der damalige Premierminister Michel Rocard. Wenig später ließ der konservative Innenminister Charles Pasqua zahlreiche Regelungen verschärfen und verfolgte offensiv das Ziel einer Null-Einwanderungs-Politik (*Immigration zéro*). Während die Mitte-Links-Regierung unter Premierminister Lionel Jospin einige restriktive Maßnahmen zurücknahm oder abschwächte, bekräftigte der konservative Premierminister François Fillon 2007, dass Frankreich ein Einwanderungsland sei und bleiben wird, machte jedoch deutlich, dass man nur noch integrationswillige Einwanderer aufnehmen wolle. Das Thema Einwanderung wurde auch im Präsidentschaftswahlkampf 2012 wieder heiß diskutiert. Nicolas Sarkozy setzte sich sogar mit einem eigenen Video-Clip dafür ein, die Zahl der jährlich aufzunehmenden Immigranten zukünftig von 180 000 auf rund 100 000 zu reduzieren, um im konservativen Lager Stimmen zu gewinnen, doch wurde er von Marine Le Pen auf der rechten Außenbahn überholt, die als Spitzenkandidatin des Front National eine Beschränkung auf 10 000 Immigranten forderte und den Migrantenstrom am besten in die entgegengesetzte Richtung umleiten möchte.

Multikulturelle Herausforderungen

Die weltweiten Immigrantenströme und der hohe Migrantenanteil stellen Frankreich wie alle westeuropäischen Länder vor eine große Herausforderung – die einen sehen dies als Chance, die anderen als Bedrohung. Echte und irrationale Ängste beherrschen die Diskussion. Zweifellos birgt die fehlende soziale, politische und wirtschaftliche Integration enorme Sprengkraft. Viele Franzosen fürchten eine Ausbreitung des Islams, sich der Eingliederung widersetzende ethnische Enklaven und eine spezifisch ausländische Bandenkriminalität sowie die Herausbildung von Parallelgesellschaften und eine Zunahme der No-go-Areas in den Vorstädten. „Zu bestimmten Tageszeiten können sich dort weder Polizisten oder Feuerwehrleute noch Ärzte, Pizza-Lieferanten oder Zeitungsträger blicken lassen", resümierte die Zeitung *Le Parisien* am 17. Februar 1999. Offiziell leben fünf Millionen Franzosen in „Problemgebieten" (*Zone Urbaines Sensibles*). Die hohe Jugendarbeitslosigkeit und die gesellschaftliche Ablehnung haben dazu geführt, dass die Hochhaussiedlungen von ethnischen Gemeinden, Drogenhändlern und anderen Kriminellen beherrscht werden; Gewalt und Unsicherheit haben hier einen besonderen Nährboden gefunden. Viele dort aufgewachsene Jugendliche kennen nur die Schattenseiten der Metropole, deren Koordinaten Armut, Gewalt und Kriminalität heißen.

Die Unzufriedenheit äußerte sich häufig in Gewaltexzessen – besonders in Erinnerung sind die Unruhen vom Herbst 2005, als in Paris und anderen Großstädten wochenlang die Autos in den Vorstädten brannten. Ausgelöst wurden die Gewaltexzesse, als in Clichy-sous-Bois, einem Pariser Vorort, zwei Jugendliche auf der Flucht vor der Polizei ums Leben kamen. Der um sein politisches Profil bemühte damalige Innenminister Sarkozy, der schon Monate zuvor nach einer Schießerei im Vorort La Courneuve angekündigt hatte, die Banlieues „mit dem Kärcher vom Gesindel säubern" zu wollen, verhängte zum ersten Mal seit dem Algerienkrieg für einige Wochen den Ausnahmezustand. Die Banlieues werden als populistisches Spielfeld missbraucht, doch lassen sich die Missstände nicht mit dem Hochdruckreiniger beseitigen. Perspektiven sowie Geld für Ausbildungsmaßnahmen und soziale Projekte fehlen, es gibt kaum Sportvereine oder kulturelle Einrichtungen. Die Zukunft in Le Blanc-Mesnil und Noisy-le-Sec sieht düster aus. Der Schriftsteller Alexis Jenis hat in seinem 2011 mit dem Prix Goncourt ausgezeichneten Roman „Die französische Kunst des Krieges" unverhohlen die Frage gestellt, ob nicht der Krieg, den Frankreich in seine Kolonien getragen hat, durch die Hintertür der Banlieues zurückgekehrt ist?

Gleichzeitig gibt es auch das bunte, sogar touristisch reizvolle multikulturelle Paris. Allein zwischen Porte d'Italie, Porte d'Ivry und Place d'Italie leben rund 35 000 Asiaten in einem Mikrokosmos mit buddhistischen Girlanden und chinesischen Werbetafeln, eigenen Supermärkten und neonhellen Restaurants. Manche Stadtviertel wie das Quartier Belleville sind wahre kosmopolitische Schmelztiegel mit der Atmosphäre eines orientalischen Basars. Man sieht Frauen in bunten Wickelkleidern, Männer sitzen in kabylischen Kaffeehäusern, Gläubige eilen in die Moscheen und zur Koranschule, in den Halal-Metzgereien baumeln Hammel, während auf den Märkten nebenan Hartweizengrieß für Couscous verkauft wird. Eine Straßenecke weiter werben sogenannte Marabouts, denen übernatürliche Kräfte zugeschrieben werden, um Kundschaft. Christen, Juden und Muslime leben weitgehend einträchtig miteinander, doch das bunte Leben zwischen den Falafel-Ständen, Couscous-Buden und Chawarma-Restaurants täuscht darüber hinweg, dass die meisten Immigranten in den Armenvierteln des Pariser Nordostens ein klägliches Dasein fristen; ein großer Teil der Wohnungen besitzt weder eine Dusche noch eine Badewanne. Zwar sind in Belleville, Ménilmontant und Barbès-Rochechouart Sanierungsprojekte geplant und teilweise schon abgeschlossen, doch führt diese Aufwertung der Wohnviertel dazu, dass die Ärmsten oftmals in die monotonen Betonstädte der Banlieues abgedrängt werden. Wer nach St. Denis im Pariser Nordosten fährt, um die Kathedrale zu besichtigen, in der die französischen Könige begraben liegen, könnte meinen, sich in einer afrikanischen Exklave zu befinden.

Schahnur Waghinak Asnawurjan – ein Franzose?

Glücklicherweise gibt es aber auch zahlreiche Beispiele für den Erfolg des französischen Integrationsmodells, das auf der Idee einer vollkommenen Assimilierung basiert. Die Liste der Franzosen mit Migrationshintergrund, die die französische Identität beeinflusst, die französische Gesellschaft und Kultur bereichert haben, ist schier endlos. Der ehemalige Premierminister Édouard Baladour hat ebenso armenische Wurzeln wie Rennfahrer Alain Prost und ein gewisser Schahnur Waghinak Asnawurjan, der als Charles Aznavour Karriere machte. Die Physikerin und Nobelpreisträgerin Marie Curie wurde in Warschau geboren, während der Dichter Guillaume Apollinaire 1880 in Rom als Wilhelm Albert Włodzimierz Apolinary de Wąż-Kostrowicki das Licht der Welt erblickte. Der berühmte Komiker und Regisseur Jacques Tati („Monsieur Hulot") heißt bürgerlich Jacques Tatischeff und ist das Enkelkind eines russischen Militärattachés. Wer weiß schon, dass Georges Moustaki, der nicht nur die Franzosen mit seinen Chansons begeisterte, in Alexandria als Sohn des jüdisch-griechischen Buchhändlers Nissim Mustacci aufgewachsen ist? Russisch-jüdische Wurzeln besitzt Serge Gainsbourg, der die französische Popmusik, aber auch Kino und Literatur maßgeblich beeinflusst hat. Die Schauspielerin Isabelle Adjani hat einen algerischen Vater und eine deutsche Mutter, die Familie von Albert Camus war seit drei Generationen in Algerien ansässig. In Algier wurde auch der Vater des Schauspielers Jean-Paul Belmondo geboren, der piemontesisch-sizilianische Wurzeln hat. Émile Zolas Vater wurde in Dalmatien auf den Namen Francesco Zolla getauft, der Großvater des Schriftstellers Jean Giono musste aus politischen Gründen aus Italien fliehen wie auch die kommunistischen Eltern eines gewissen Ivo Livi. Letzterer hat unter seinem Künstlernamen Yves Montand französische Filmgeschichte geschrieben.

Für Politiker mit Migrationshintergrund war es schwieriger, sich durchzusetzen. Azouz Begag wurde 2005 als einer der ersten Franzosen maghrebinischer Herkunft als Minister für die Förderung von Chancengleichheit mit einem Regierungsamt betraut; mit Rachida

Dati ernannte Nicolas Sarkozy 2007 erstmals eine Ministerin, die einer nordafrikanischen Einwandererfamilie entstammte; zwei Jahre später übernahm der in Marokko geborene Éric Besson das Amt des Einwanderungsministers. Noch länger dauerte es, bis 2012 mit Christiane Taubira eine dunkelhäutige Frau aus Guyana für ministrabel erachtet wurde. Taubira, die sich schon 2002 vergeblich für das Amt des Staatspräsidenten beworben hatte – mit 2,32 Prozent der Stimmen im ersten Wahlgang –, war auch 2001 maßgeblich daran beteiligt gewesen, dass Frankreich den Sklavenhandel und die Sklaverei als Verbrechen gegen die Menschlichkeit anerkannte. Als Justizministerin hat sie dann mit der Homo-Ehe die Gleichberechtigung homosexueller Paare vorangetrieben.

Vor allem der Sport war in den letzten Jahrzehnten für Migrantenkinder in Frankreich wie auch in Deutschland eine Möglichkeit zum raschen gesellschaftlichen und sozialen Aufstieg. Der Großvater des Fußballers Michel Platini, der Frankreich 1984 als Kapitän den Europameistertitel bescherte und 2007 zum UEFA-Präsidenten gewählt wurde, war aus dem Piemont eingewandert; der ehemalige Fußball-Nationaltrainer Raymond Domenech ist ein Kind katalanischer Bürgerkriegsflüchtlinge; der Handballstar Nikola Karabati ist der Sohn einer serbischen Mutter und eines kroatischen Vaters. Nicht zu vergessen Zinédine Zidane, der bei der Fußball-Weltmeisterschaft 1998 die Allianz aus „Blancs, Beurs, Blacks" (Weiße, Araber, Schwarze) als Spielmacher zum Titel führte und ganz Frankreich in einem wochenlangen Siegesrausch versinken ließ – er wurde als Sohn algerischer Berber in Marseille geboren.

Und wer wurde 2011 zum sechsten Mal in Folge zur beliebtesten Persönlichkeit Frankreichs gewählt? Weder Laetitia Casta noch Alain Delon, sondern der Tennisspieler und Sänger Yannick Noah, dessen Eltern aus Kamerun stammen. Als die Zeitschrift *Journal du Dimanche* im nächsten Jahr abstimmen ließ, belegte Yannick Noah zwar nur den dritten Platz, aber mit Omar Sy („Ziemlich beste Freunde") stand der Sohn eines Senegalesen und einer Mauretanierin ganz oben auf der Liste. Platz zwei ging an Gad Elmaleh, Platz vier an Jamel Debbouze – beide sind marokkanischstämmige Komiker. Nichtsdestotrotz sind

Migranten und ihre Kinder unterrepräsentiert und noch immer nicht in der Mitte der Gesellschaft angekommen. Und so verwundert es kaum, dass in der Nationalversammlung fast ausnahmslos Abgeordnete mit „weißer“ Hautfarbe sitzen.

Nationale Gesten, museale Umarmungen

Nach seinem überwältigenden Wahlerfolg im Mai 2002, der mit 82,21 Prozent allerdings dem Umstand geschuldet war, dass der Gegenkandidat nicht Lionel Jospin, sondern Jean-Marie Le Pen hieß, versuchte Jacques Chirac sich in seiner zweiten Amtszeit als Staatspräsident aller Franzosen zu inszenieren. Mit seinem untrüglichen Gespür für große Symbole und politische Signale gab Chirac gleich zu Beginn seiner Amtszeit ein deutliches Bekenntnis zum multikulturellen Frankreich ab, als er per Dekret anordnete, die Gebeine von Alexandre Dumas, dem weltweit meistgelesenen französischen Schriftsteller und Autor von „Die drei Musketiere“ und „Der Graf von Monte Christo“, in das Panthéon zu überführen. Zwar hatte Dumas ausdrücklich verfügt, er wolle in seinem Geburtsort Villers-Cotterêts begraben werden, doch ließ sich Chirac nicht beirren, und so fuhr im November 2002 ein von Pferden gezogener Trauerwagen von Villers-Cotterêts nach Paris, damit die sterblichen Überreste von Dumas mit großem Pomp im Ruhmestempel der Nation beigesetzt werden konnten.

Zwischen Dumas' Tod und seiner „Panthéonisierung“ lagen einhundertdreißig Jahre – eine vergleichsweise lange Zeitspanne. Aber Chirac – nur der französische Präsident darf über die „Panthéonisierung“ entscheiden – wählte Dumas nicht ohne Grund aus. Keine Frage, Gustave Flaubert oder Stendhal hätten diese Ehre ebenso verdient, aber Alexandre Dumas war aufgrund seines biographischen Hintergrunds zur politischen Instrumentalisierung bestens geeignet: Seine Großmutter war eine schwarze Sklavin aus Haiti, die von einem adeligen Franzosen geschwängert worden war. Dumas' Vater Thomas Alexandre konnte seinen Sklavenstatus erst ablegen, nachdem er als Vierzehnjähriger von seinem Vater Antoine Davy de la Pailleterie nach

Frankreich geholt worden war. Später ging er zum Militär, machte dort Karriere und stieg zum ersten farbigen General der französischen Armee auf! Doch als es Frankreich trotz militärischer Intervention nicht gelang, den Aufstand der um Unabhängigkeit kämpfenden Haitianer niederzuschlagen, kam es zu einem Stimmungsumschwung. Thomas Alexandre fiel in Ungnade und wurde zusammen mit anderen farbigen Offizieren aus der Armee ausgeschlossen. Selbst die ihm zustehende Pension wurde ihm von Napoleon vorenthalten, so dass der 1802 geborene Alexandre in ziemlich bescheidenen Verhältnissen aufwuchs. Diffamierungen waren ihm nicht fremd: Wie schon sein Vater wurde er aufgrund seiner dunklen Hautfarbe und seiner krausen Haare zeitlebens geschmäht, von neidischen Kollegen wie Balzac gar als „Neger" beschimpft. Das Unrecht, das ihm widerfuhr, war eines Edmond Dantès würdig – den drei Musketieren ähnlich kämpfte Dumas um seine Ehre und forderte zeitlebens Wiedergutmachung von der Gesellschaft.

Angesichts der Wahlerfolge von Jean-Marie Le Pen ergriff Jacques Chirac die Gelegenheit, Alexandre Dumas mit dem Gestus eines republikanischen Monarchen seinen Platz unter „den großen Männern des dankbaren Vaterlandes" zuzuweisen. In seiner Festrede hob Chirac hervor, dass Frankreich „dem Sohn eines Mulatten mit blauem und schwarzem Blut" Respekt schulde, „um die Ungerechtigkeit wiedergutzumachen, die die damalige Gesellschaft ihren Sklaven mit dem Eisen auf die Haut brannte". Die Republik, so Jacques Chirac, sei dem Ideal der Gleichheit verpflichtet, das jedem Citoyen, unabhängig von Herkunft und Hautfarbe, seinen Platz in der französischen Gesellschaft biete.

In diesem Kontext stehen auch zwei weitere kulturelle Großprojekte der Ära Chirac: So wurde im Sommer 2006 unweit des Eiffelturms das *Musée du Quai Branly* (Musée des Arts et Civilisations) eröffnet, in dem die Bestände des *Musée des Arts Africains et Océaniens* und des *Musée de l'Homme* zusammengeführt wurden. Dieses der außereuropäischen Kunst gewidmete Museum weicht von der üblichen, nach ethnologischen Gesichtspunkten konzipierten Präsentation ab, um nicht die Herkunft der weitgehend auf die Kolonialzeit Frankreichs zurückgehenden Sammlung thematisieren zu müssen. Stattdessen wird die Eigenständigkeit der außereuropäischen Kunst betont, indem man Besucher zum Staunen bringt und den unbekannten Künstlern Würde gibt, ihnen Respekt und Anerkennung zollt.

Jacques Chirac legte ebenfalls die Weichen für die 2007 eröffnete *Cité nationale de l'histoire de l'immigration*. An einem historischen Ort – fand doch auf dem Gelände an der Porte Dorée die letzte Internationale Kolonialausstellung statt, bei der die herbeiströmenden Besucher 1931 nicht nur originalgetreu nachgebaute afrikanische Dörfer mit den dazugehörigen Menschen bestaunen konnten – wird Frankreichs Geschichte als Einwanderungsland in musealer Form aufgearbeitet. Anhand von Photographien, Schautafeln, Dokumenten sowie Ton- und Videoinstallationen werden die sozialen, wirtschaftlichen und politischen Aspekte der verschiedenen Einwanderungswellen und -gruppen in Frankreich ebenso vorgestellt wie deren Anteil an der Konstruktion der französischen Identität. Ein so lobenswertes wie bedeutsames Projekt! Vor allem, wenn man bedenkt, dass es in Hamburg zwar ein Auswanderermuseum gibt, dass ein nationales Einwanderermuseum in Deutschland zwar überfällig, aber kaum vermittelbar wäre.

IRRTUM 3:

Karl der Große ist Franzose

Karl der Große oder Charlemagne? War der mächtige Frankenkönig ein Franzose, ein Deutscher oder gar der erste Europäer? Seit Jahrhunderten wurde und wird diese Frage westlich und östlich des Rheins immer wieder unterschiedlich beantwortet. Je nach dem Standpunkt des Betrachters war es Charlemagne, der Aquitanien und die Gascogne unterworfen und seinen Herrschaftsbereich bis zu den Pyrenäen ausgedehnt hatte, und es war Karl der Große, der die aufständischen Sachsen besiegt und Bayern seinem Frankenreich einverleibt hatte.

Wie kaum ein anderer mittelalterlicher Herrscher ist Karl der Große instrumentalisiert worden. Immer wieder wurde die historische Realität von der öffentlichen Wahrnehmung Karls überdeckt. Allein sein Name diente als Legitimation für diverse politische Interessen und Souveränitätsansprüche, für ethische Normen und Ideale – ein zeitloser Herrscher, mythisch und literarisch überhöht. Karl wurde zu einem Fixstern, an dem sich die Herrscher nachfolgender Generationen diesseits und jenseits des Rheins zu orientieren suchten. Da die Franzosen wie auch die Deutschen ihre Nationalgeschichte mit Karl dem Großen beginnen lassen, gab es auf beiden Seiten des Rheins den anhaltenden Versuch, Karl für sich zu reklamieren – ihn zu romanisieren oder einzudeutschen. In zahllosen historischen Texten und anekdotischen Überlieferungen wurde die Erinnerung an den jeweiligen Gründervater wachgehalten.

Karl, ein Belgier?

Karl der Große oder Charlemagne – eine Frage, die so gar nicht formuliert werden dürfte, denn die ursprünglichen Siedlungsgebiete der Franken erstreckten sich vom Niederrhein bis zur Loire und zum Main, doch bildete ihr Reich in ethnischer, sprachlicher und kultureller Hinsicht keine Einheit, so dass sich auch das Denken in nationalen Kategorien von selbst erübrigen müsste. Auch die Frage, wo Karl geboren wurde, hilft nicht weiter. Aufgrund der dürftigen Quellenlage sind weder sein Geburtsjahr noch sein Geburtsort bekannt. Sein Biograph Einhard, der zugab – oder vorgab? –, über Geburt und Kindheit seines Protagonisten nichts zu wissen, datierte erstere ins Jahr 742, wahrscheinlich erblickte Karl aber erst am 2. April 748 das Licht der Welt, doch könnte es eventuell auch schon der 2. April 747 gewesen sein. Nun, letztlich ist das Geburtsjahr nur eine Marginalie, wenn es die anachronistische Frage zu klären gilt, ob Karl in „Frankreich" oder „Deutschland" geboren wurde. Überliefert ist, dass Karls Vater Pippin Ostern 748 einen Gerichtstag in Düren abgehalten hat, doch weiß man nicht, wo sich Karls Mutter Bertrada zu diesem Zeitpunkt aufgehalten hat. Diese unklare Quellenlage öffnet Spekulationen über Karls Geburtsort ein weites Tor: Die Theorien reichen vom belgischen Herstal bis Prüm in der Eifel. Die renommierten Mediävisten Karl Ferdinand Werner und Johannes Fried vermuten hingegen, Karl sei in der Nähe von Paris zur Welt gekommen – vielleicht in Choisy-au-Bac bei Compiègne.

Mit großer Wahrscheinlichkeit ist Karl der Große in Neustrien, also irgendwo zwischen Loire und Schelde aufgewachsen, doch dürfte er den geographischen Übergang zwischen Neustrien und Austrien nicht als Grenze empfunden haben. In religiös-kultureller Hinsicht erkor er Martin (Tours), Dionysius (Paris) und Remigius (Reims) zu seinen Reichs- und Hausheiligen, unter deren Schutz Karl in den eroberten rechtsrheinischen Gebieten Kirchen als Zeichen der fränkischen Besitznahme gründete. Auch die Muttersprache Karls des Großen war weder Französisch noch Deutsch, sondern ein althochdeutscher Dialekt, das Moselfränkische, doch dürfte er auch Westfränkisch verstanden haben, zudem war er des Lateinischen mächtig und hatte rudimentäre Kenntnisse des Griechischen. Letztlich glückte in Karls Person die Verschmelzung verschiedener ethnischer Elemente, was auch durch seinen seit 794 geführten Titel zum Ausdruck kam: „Karl, durch den Willen Gottes König der Franken, durch die Gnade des Herrn Herrscher über Gallien, Germanien und die benachbarten Provinzen".

Unstrittig ist hingegen, dass Karl der Große am 28. Januar des Jahres 814 in seinem geliebten Aachen starb, dessen warme Quellen er geschätzt und wo er sich in den letzten beiden Jahrzehnten seines Lebens vorzugsweise aufgehalten hatte. Bis zu seinem Tod hatte Karl der Große mehr als viereinhalb Jahrzehnte lang die fränkische Königskrone getragen und sein Reich in dieser Zeit durch zahllose Kriege um Sachsen, Bayern und große Teile Italiens erweitern können. Sein Einflussbereich erstreckte sich weit in den Osten: die Völker östlich der Elbe, von Böhmen über Mähren bis hinunter zum heutigen Ungarn und Kroatien standen mehr oder weniger in seiner Abhängigkeit. Auf dem Höhepunkt seiner Macht ließ sich Karl am Weihnachtstag des Jahres 800 in Rom zum Kaiser krönen – in ideeller Hinsicht trat er damit in die Nachfolge der römischen Kaiser. Seinen Nachruhm verdankte Karl nicht nur seinen Erfolgen als Feldherr und Außenpolitiker, sondern auch seinen Kirchen- und Verwaltungsreformen mit den sich herausbildenden Bistümern und Grafschaften sowie der damaligen kulturellen Blüte, die sich in Dichtung, Bildung und Baukunst niederschlug und als Karolingische Renaissance bezeichnet wird. Von den mittelalterlichen Geschichtsschreibern wurde Karl wie ein Heiliger verehrt, schließlich war er gegen die Araber ins Feld gezogen.

Ein Reich zerfällt

Die größte Gefahr, die dem Reich Karls des Großen drohte, waren nicht die Awaren oder die Sachsen, sondern war die fränkische Erbfolge, die jedem männlichen Nachkommen den Anspruch auf einen gleich großen Teil des väterlichen Erbes garantierte. Da es mit Ludwig dem Frommen nur einen einzigen legitimen Erben gab, der seinen Vater überlebt hatte, konnte Karls sich über halb Europa erstreckendes Reich noch etwa zwei Jahrzehnte fortbestehen; doch dann kam es zwischen den Enkeln Karls des Großen zu einer von Unruhen und Grabenkämpfen begleiteten Reichsteilung mit folgenschweren Auswirkungen auf die europäische Geschichte.

Der in romanischer und germanischer Sprache abgefasste Vertrag von Verdun besiegelte im August 843 eine endgültige Trennung zwischen dem westlichen und dem östlichen Reichsteil, die im Jahr 880 durch den Vertrag von Ribemont noch einmal bekräftigt wurde. Karl der Kahle und seine Nachfolger herrschten seither über den westlichen Teil, während Ludwig als *Rex Germaniae* die östlich des Rheins gelegenen Territorien regierte. Eindrucksvoll zeichnete sich dieses Auseinandertreiben der verschwisterten Reiche bereits in sprachlicher Hinsicht in den „Straßburger Eiden" ab, die ein Jahr vor dem Vertrag von Verdun geschworen wurden. Die volkssprachliche Urkunde ist in einem rheinfränkisch eingefärbten Althochdeutsch sowie in Altfranzösisch abgefasst. Die altfranzösische Version des Dokuments gilt als das erste erhaltene Schriftstück in dieser Sprache überhaupt. Seither breitete sich das dem Vulgärlatein nahestehende Altfranzösisch kontinuierlich in Nordfrankreich aus. Wohlgemerkt, damals entstanden noch keine „Nationen", doch die Teilung schuf die Grundlagen. Im Sinne der *Longue durée* von Fernand Braudel war es sicherlich kein Zufall, dass diese Eide in Straßburg geschworen wurden: Wie die Seeschlachten von Actium und Lepanto eine Grenze zwischen Okzident und Orient aufzeigten, markiert Straßburg mehr noch als Verdun einen Kristallisationspunkt in der deutsch-französischen Geschichte.

Frankreich entsteht

Im Gegensatz zu den östlichen Gebieten entwickelte sich die nationale Identitätsbildung westlich des Rheins leichter und schneller. Die französischen Könige bezeichneten sich als *Rex Francorum*, als König der Franken, wobei sie sich stets auf die Tradition der Karolinger und

Merowinger bezogen. Die französischen Franken waren nicht identisch mit dem gleichnamigen Volksstamm, sondern rekrutierten sich auch aus jenen königstreuen Bewohnern Galliens, die dem König bereitwillig Heeresfolge leisteten. Je mehr das französische Königtum erstarkte und sich über die Loire in Richtung der Pyrenäen ausdehnte, desto mehr bildete sich Frankreich als eigenständiges politisches Gebilde heraus. Zeitgleich brachen die Verbindungen zu den östlichen Nachbarn immer mehr ab. Die Franzosen setzten Karls *Regnum Francorum*, das Frankenreich, mit dem Westfränkischen Reich gleich und sahen sich in dessen legitimer Nachfolge. Vor allem die erst 987 auf den Thron gekommenen Kapetinger versuchten sich als Nachfolger Karls des Großen darzustellen, signalisierte dies doch Kontinuität auf dem westfränkischen Königsthron. Um diesen Anspruch zu unterstreichen, wurden nötigenfalls auch Regalien und Reliquien erfunden, so beispielsweise das in der Kathedrale von Reims verwahrte Krönungsschwert, das Karl der Große in Händen gehalten haben soll. Selbst die erst im Jahre 1200 gegründete Universität von Paris hatte keinen Skrupel, Karl als einen ihrer geistigen Gründerväter zu reklamieren. Charlemagne wurde zum idealen Typus des französischen Königs, dessen Tatkraft die Nation einte. Stets wurde gerühmt, er habe das Recht gepflegt, Frieden und Schutz gespendet, die Kirchen gefördert und in Übereinstimmung mit dem Papsttum gehandelt.

Auffällig ist auch die Verklärung Karls des Großen im Ende des 11. Jahrhunderts entstandenen Rolandslied (*La Chanson de Roland*). Das Rolandslied gehört als erstes literarisches Zeugnis der französischen Sprache zu den Grundtexten der französischen Geschichte und Kultur, nicht zuletzt, weil das Heldenlied den *Français de France* eine zentrale Rolle im Heer Karl des Großen gegen die Mauren zuweist und die Einheit von König, Land und Volk beschwört. In der rund hundert Jahre später verfassten deutschen Nachdichtung, die auf Konrad den Pfaffen zurückgeht, wurden spezielle französische Aspekte wie die Vaterlandsliebe zur *douce France* nicht etwa durch eine Reichsidee, sondern durch allgemein christliche Elemente ersetzt.

Neben dem Rolandslied wurde auch die Legende einer angeblichen Pilgerfahrt Karls des Großen gepflegt, von der er aus Jerusalem kostbare Reliquien mitbrachte, die in Saint-Denis verwahrt wurden. Der Kathedrale von Saint-Denis kam besondere Bedeutung zu, denn sie war die Grablege der französischen Könige, in der mit Pippin dem Jüngeren und seiner Frau Bertrada auch Karls Eltern ihre letzte Ruhestätte gefunden hatten. Und so verwundert es nicht, dass es der berühmte Abt Suger von Saint-Denis war, der um 1140 darauf hinwies, dass Charlemagne den Osten erobert habe, weshalb die Deutschen „von Rechts wegen" zu Frankreich gehörten.

Die Erinnerung an Karl den Großen war auch nach Ende des Mittelalters allgegenwärtig. Montesquieu bewunderte ihn als Reformer der französischen Monarchie, während ihn Voltaire als Barbar und Usurpator verachtete: „Unsere Sprache und unsere Literatur haben mehr Eroberungen gemacht als Karl der Große." Für Napoleon war Karl nicht nur ein großes Vorbild, er eiferte ihm regelrecht nach, indem er den französischen Machtbereich immer weiter nach Osten ausdehnte und erklärte: *Je suis Charlemagne*. Um sein Kaisertum zu legitimieren, stellte Napoleon eine direkte Verbindung zu Karl dem Großen her, wobei es für ihn außer Frage stand, dass Charlemagne ein französischer König war. Ganz bewusst besuchte Napoleon vor seiner Kaiserkrönung im September 1804 die Kathedralkirche von Aix-la-Chapelle, um Karl in Aachen seine Referenz zu erweisen. Am Krönungstag, dem 2. Dezember 1804, schritt Napoleon am Eingang von Notre-Dame durch einen Triumphbogen, dessen Säulen mit Bildern Chlodwigs und Karls des Großen verziert waren; dies sollte die Abstammung vom Fränkischen Reich symbolisieren, mit der Napoleon seinen Herrschaftsanspruch über Frankreich und weite Teile Europa begründete.

„Unser" Karl

Während in Frankreich vor allem die sachlich-historische Erinnerung an Karl gepflegt wurde, die auf Einhards *Vita* basierte, gewann östlich des Rheins schon bald eine allegorisch-mythische Sichtweise die Oberhand – seine Epoche wurde zum goldenen Zeitalter stilisiert und

Karl der Große als idealer Herrscher und Kaiser zum Anfassen gerühmt. Einen demonstrativen Rückgriff auf den großen Karolinger unternahm der Sachse Otto der Große, als sich Lothringen, zu dem auch Aachen, Köln und Trier gehörten, im 10. Jahrhundert vom Ostfränkischen Reich lösen wollte: Er ließ sich im Aachener Münster von den Erzbischöfen von Trier und Köln ein zweites Mal zum König salben und bestieg den Thron in der Pfalzkapelle. Seither wurden bis zum Jahre 1531 fast alle römisch-deutschen Könige in Aachen gekrönt, wobei die Inbesitznahme des Thrones, des „Erzstuhls des Reiches", zum unverzichtbaren Bestandteil der Herrschaftsübernahme wurde. Sein Enkel Otto III. unterstrich diesen Anspruch und ließ verkünden: „Unser Thron" steht in Aachen, „wo ihn unser Vorgänger Karl, der hochberühmte erhabene Kaiser" errichtet hat. In den folgenden Jahrhunderten wurden die deutschen Herrscher nicht müde, an Karl den Großen zu erinnern, wenn es vor allem bei Thronstreitigkeiten galt, den eigenen Herrschaftsanspruch zu legitimieren. So propagierte der Hofhistoriograph Wipo, am Sattel Konrads II. hingen die Steigbügel Karls des Großen. Friedrich Barbarossa konnte 1165 erfolgreich die Heiligsprechung Karls des Großen betreiben, die nicht nur für ihn persönlich einen ideellen Legitimationsgewinn bedeutete, sondern auch einen religiösen Karlskult begründete, der sich im deutschen Rolandslied widerspiegelt. Als man im 13. Jahrhundert erneut um das Karlserbe stritt, stellte Alexander von Roes mit Nachdruck fest: „Daß Karl der Große ein Deutscher war, darüber besteht kein Zweifel, obgleich er auch über die Franzosen herrschte." Die Erinnerung an Karl schürte in Deutschland meist den Konflikt mit dem linksrheinischen Nachbarn, dem man gern vorwarf, er habe die letzten Erben der Karolinger vom Thron gestoßen.

Im Laufe der Geschichte erfuhr die nationale Komponente Karls des Großen in Deutschland die unterschiedlichsten Zuordnungen: Zu Beginn der Frühen Neuzeit waren die Meinungen über Karl geteilt. Während die Schedelsche Weltchronik von einem *franckreichischen König* sprach und der Geschichtsschreiber Werner Rolevinck ihn in der *Gallia* verortete, gab es andere Autoren wie Jakob Wimpfeling und Aventin, die Karl der *natione alemanus* zurechneten. Und auch

Albrecht Dürer favorisierte letztere Sichtweise und schrieb auf den Rahmen seines idealen kaiserlichen Herrscherbildes, das im Germanischen Nationalmuseum in Nürnberg aufbewahrt wird: *Dis ist der gstalt vnd biltnus gleich kaiser karlus der das Remisch reich Den teitschen under tenig macht.*

Charlemagne kämpft für Deutschland

Das 20. Jahrhundert sah einen schnellen und ungewöhnlichen Wandel in der Wahrnehmung Karls des Großen. Nach dem verlorenen Ersten Weltkrieg war es nicht Karl der Große, sondern der Sachsenherzog Widukind, der sich in völkisch-nationalen Kreisen großer Beliebtheit erfreute. Widukind entsprach dem Typus des unbeugsamen kernigen Germanen, während Karl als „Sachsenschlächter" und Verbreiter des „welschen" Christentums diskreditiert und marginalisiert wurde. Mehr noch: Die Eroberungen Karls des Großen wurden als „furchtbare Niederlage für das deutsche Volk" angesehen. Für Alfred Rosenberg, den Chefideologen der NSDAP, gab es nur drei große Helden in der deutschen Vergangenheit und damaligen Gegenwart: „Einmal Hermann im Kampf gegen die römischen Legionen als Sieger, fast 800 Jahre später Widukind als zweiter Kämpfer für Blut und Boden als der tragische Unterlegene, und 1000 Jahre später Adolf Hitler als unmittelbarer Fortsetzer des Werks Hermanns des Cheruskers und des Herzogs Widukind."

Doch dann erfolgte ein überraschender Kurswechsel. Mitte der 1930er Jahre sahen sich acht renommierte Historiker dazu berufen, Karls Ehre zu retten. In dem Buch „Karl der Große oder Charlemagne?" versuchten sie das von ihnen als Verzerrung und Verleugnung der deutschen Geschichte empfundene Meinungsbild geradezurücken. Um die deutschen Wurzeln des Frankenkönigs zu unterstreichen, befand der Herausgeber Karl Hampe, Karl sei „ein von irgendwelcher Romanisierung noch gänzlich unberührter Germane", aber bereits von einer „deutschen Sendung" erfüllt gewesen. Im zeitgemäßen Sprachduktus wurde Karl „als Gesamtpersönlichkeit von germanisch-deutscher Art und Abstammung" gewürdigt. Schließlich machte Hitler zur Überraschung von Goebbels seinen persönlichen Einfluss geltend, um die „germanische Art Karls des Großen" hervorzuheben und so eine Verbindung zur hehren deutschen Kaisergeschichte zu schaffen: „Wenn wir überhaupt einen Weltanspruch erheben wollen, müssen wir uns auf die deutsche Kaisergeschichte berufen." Um die Wehrkraft zu stärken, verwies man auf Karls Fähigkeiten als Jäger, Schwimmer und Reiter und charakterisierte ihn als intelligenten Krieger. Zum 1100. Jahrestag des Vertrags von Verdun ließ man 1943 Gedenkteller aus Sèvres-Porzellan produzieren, auf deren Vorderseite die bekannte Reiterstatuette Karls des Großen abgebildet war, während die Inschrift auf der Rückseite in lateinischer Sprache darüber informierte, dass „Adolphus Hitler" die Völker des von Karls Enkeln geteilten Reiches wiedervereint habe.

Ein Treppenwitz der Geschichte ist hingegen, dass es eine SS-Division mit dem Namen „Charlemagne" gab, die größtenteils aus französischen Freiwilligen bestand: Die Division kämpfte nicht nur an der Ostfront, sondern verteidigte im Mai 1945 auch die Reichskanzlei bis zur Kapitulation Berlins.

Wegbereiter Europas?

Nach dem Ende des Zweiten Weltkriegs wurde Karl der Große erneut in Anspruch genommen, um in den Zeiten des Kalten Krieges die Westbindung der Bundesrepublik zu legitimieren. Immer wieder wurde darauf verwiesen, dass Karl noch zu Lebzeiten als „Vater Europas" (*Pater Europae*) gerühmt worden sei. Dabei dürfte Karl ebenso wenig wie seine Zeitgenossen eine rechte Vorstellung von Europa gehabt haben. Doch der Umstand, dass im fränkischen Großreich eine Vielzahl von Völkern vereint war und die Ausdehnung seines Reichs weitgehend dem Gebiet der 1957 geschaffenen EWG entsprach, schienen geeignet, Karl zum Gründer Europas zu stilisieren. Vor allem bei der langsamen Annäherung zwischen den verfeindeten Nachbarn Frankreich und Deutschland wurde Charlemagne zu einer Schlüsselfigur, da beide Länder in ihm ihren Stammvater sahen. Erst die Besinnung auf Karl den Großen und die gemeinsamen karolingischen Wurzeln ermöglichte es Frankreich und Deutschland, die nationalstaatlichen Interessen zu überwinden und dadurch zum Motor des europäischen Einigungsprozesses zu werden. Die Franken und damit auch Karl der Große wurden „Wegbereiter Europas" – so der Titel einer 1996 in Mannheim gezeigten Ausstellung – und Aachen wurde zu einem *Lieu de Mémoire*, einem Erinnerungsort für Deutsche und Franzosen.

Seit 1950 wird in Aachen alljährlich der renommierte Karlspreis an Persönlichkeiten verliehen, „die den Gedanken der abendländischen Einigung in politischer, wirtschaftlicher und geistiger Beziehung gefördert haben". Der Preisträger erhält neben Geld und einer Urkunde auch eine Medaille, deren Vorderseite das Bildnis Karls des Großen auf seinem Thron ziert. Mit François Mitterrand und Helmut Kohl wurden 1988 zwei Politiker gemeinsam für ihre Bemühungen um die „Französisch-Deutsche Freundschaft" ausgezeichnet. Ob diese auf die Vereinigung Europas zielende Vereinnahmung Karls des Großen eine Zukunft hat, bleibt offen. Die Briten können mit „Charles the Great" nicht viel anfangen, und links des Rheins ist Charlemagne bis heute in erster Linie Franzose. Wie kann er auch ein „Deutscher" sein, wenn er erst die Sachsen und Bajuwaren unterwerfen und unter seine Herrschaft zwingen musste.

IRRTUM 4:

Die Tour de France ist ein Radrennen

Es gibt in Europa wohl kaum einen Sportfan, der in den letzten Jahrzehnten nicht mehrere Stunden, wenn nicht Tage vor dem Fernseher verbracht hat, um die Live-Übertragungen der Tour de France zu verfolgen. Wahre Radsportenthusiasten haben sich sogar Urlaub genommen, damit sie die entscheidenden Augenblicke nicht versäumen, wenn der Herausforderer den Favoriten bei einer der schwierigen Bergetappen angreift, um ihm das Gelbe Trikot zu entreißen. Je nach Lebensalter erinnert man sich an die packenden Duelle zwischen Jacques Anquetil und Raymond Poulidor, zwischen Eddy Merckx und Bernard Thévenet oder Bernard Hinault und Laurent Fignon. Der Mythos der Tour de France nährt sich auch von den menschlichen Dramen und spektakulären Leistungseinbrüchen, die über Sieg und Niederlage entscheiden, aber auch von großen Gesten, so 1986, als die beiden Rivalen Bernard Hinault und Greg LeMond Hand in Hand die Ziellinie von Alpe d'Huez erreichten, oder 2001, als Lance Armstrong bei einer Pyrenäenabfahrt auf den gestürzten Jan Ullrich wartete. Zum einhundertsten Mal haben die Fahrer im Jahr 2013 die Tour de France absolviert und einen Mythos geschaffen, der selbst die Dopingskandale der letzten Jahre überstrahlt.

Die Tour de France ist abgesehen von den Olympischen Spielen sowie den Welt- und Europameisterschaften im Fußball das Sportereignis mit dem weltweit größten medialen Echo. Doch ähnlich der

Olympiade ist die Tour de France weit mehr als eine Sportveranstaltung – aufgrund ihrer langen Geschichte ist sie aufgeladen mit Emotionen, getränkt mit Mythen, mehr noch: Die Tour de France selbst ist nicht nur ein lebender Mythos, der alljährlich Millionen Zuschauer fasziniert, sie ist eine geradezu poetische Huldigung an ein Land, schwingt doch bereits im Namen ein patriotischer Unterton mit. Ehrfurchtsvoll spricht man von der Großen Schleife, *la Grande Boucle*. „Als Mythos ist die Tour zugleich expressiv und projektiv, realistisch und utopisch. Sie ist Ausdruck und Befreiung der Franzosen mittels einer einzigartigen Fabel, in der die traditionellen Phantasmen ... sich zu Formen von positivem Interesse vermischen, zum utopischen Bild einer Welt, die sich durch das Schauspiel einer totalen Durchsichtigkeit der Beziehungen zwischen Mensch, Menschheit und Natur hartnäckig zu versöhnen sucht“, beschrieb der Philosoph und Strukturalist Roland Barthes treffend das Wesen der Tour.

Am 19. Januar 1903 kündigte die Zeitschrift *L'Auto* auf ihrer Titelseite an, mit der Tour de France das „größte Radrennen der Welt“ veranstalten zu wollen. Niemand konnte ahnen, welch ungeheure Erfolgsgeschichte damit ihren Anfang nahm. Die Gründung der Tour de France geht allerdings weit weniger auf einen hehren Gedanken zurück, sondern ist dem schlichten Umstand geschuldet, dass der Chefredakteur Henri Desgrange die Auflage seiner Zeitung *L'Auto* durch die Organisation eines Radrennens steigern wollte. Genau genommen stammte die Idee von dem Redakteur Géo Lefèvre, der seinem Chef vorschlug, eine in Etappen gegliederte Tour de France mit dem Fahrrad auszurichten. Im ersten Moment erschien Desgrange die Idee absurd, doch mit einem Blick auf die mageren Verkaufszahlen stimmte er zu. Desgranges Zeitung war im Oktober 1900 als *L'Auto-Vélo* gegründet worden, doch musste sie aufgrund eines Rechtsstreits mit der Konkurrenzzeitung *Le Vélo* ihren Name zu *L'Auto* verkürzen. Desgrange konnte sich gut mit dem neuen Titel anfreunden, denn obwohl er ein begeisterter Radsportler war – er hatte 1893 mit 35,325 Kilometern den ersten Stundenweltrekord aufgestellt –, glaubte er, dass die Zukunft nicht dem Radsport, sondern dem Automobilrennsport gehören würde.

Die Idee, ein Radrennen mit enormen Distanzen zu veranstalten, war nicht gänzlich neu. Bereits 1891 wurde erstmals die legendäre Fernfahrt von Bordeaux nach Paris ausgetragen, im gleichen Jahr folgte das 1200 Kilometer lange Rennen Paris–Brest–Paris, das wegen des logistischen Aufwands nur alle zehn Jahre durchgeführt werden sollte. Mit der Organisation der zweiten Auflage Paris–Brest–Paris hatte *L'Auto* halbwegs gute Erfahrungen gemacht, die man mit der Tour de France zu übertreffen hoffte. Sogar ein Etappenrennen mit dem Namen „Tour de France" hatte schon stattgefunden: Der *Automobile Club de France* und die Zeitung *Matin* hatten im Juli 1899 ein Rennen ausgerichtet, das von Paris ausgehend in Etappen über Vichy und Nantes zurück zur französischen Hauptstadt führte. Während Desgrange im Sommer 1903 seine Aufmerksamkeit vor allem auf das von ihm erfundene Autorennen Paris–Madrid richtete, oblagen die Planungen für die Tour de France seinem Mitarbeiter Géo Lefèvre. Als am 1. Juli 1903 gerade einmal sechzig Teilnehmer an den Start gingen, sah sich Desgrange in seiner skeptischen Haltung bestätigt. Innerhalb von neunzehn Tagen sollten die Radfahrer Frankreich in sechs Etappen durchqueren, wobei die Ruhetage nicht nur der Regeneration dienen, sondern den Journalisten auch genug Zeit bieten sollten, ihre Berichte zu schreiben und der Redaktion zuzusenden: Von Anfang an war die Tour als ein Medienspektakel geplant, wovon vor allem *L'Auto* mit seiner in den Anfangsjahren noch exklusiven Berichterstattung profitieren sollte. Während die ersten beiden Etappen noch kaum beachtet wurden, gelang es *L'Auto* bis zum Ende der Tour, nicht nur die eigene Auflage zu verdreifachen, sondern im ganzen Land eine wahre Radsportbegeisterung zu wecken. Viele Menschen, die bis dahin noch nie ein Radrennen gesehen hatten, standen am Straßenrand und feuerten die Fahrer mit frenetischen Rufen an. In Paris feierten Zehntausende Menschen den Sieger Maurice Garin, der die 2428 Kilometer lange Strecke in weniger als 95 Stunden bewältigt hatte. Und auch Henri Desgrange hatte alle Zweifel an der Tour de France überwunden und fungierte bis 1939 als deren verantwortlicher Direktor.

Die Grenzen des Landes erkunden

Durch den Automobilbau und die fortschreitende Mobilisierung war das anbrechende 20. Jahrhundert eine Epoche des Aufbruchs. Die Topographie verlor ihren trennenden Charakter, der technische Fortschritt ließ die Entfernungen schwinden, so dass auch bis dato abgelegene Landesteile leichter erreichbar waren. Man wurde sich der nationalen Grenzen ebenso bewusst wie der Größe und der geographischen Vielfalt des eigenen Landes. Vor diesem Hintergrund kann die Tour de France auch als eine Bildungsreise verstanden werden, deren Ziel es ist, Frankreich als historische, geographische und politische Einheit zu erfahren. Daher führt die Tour de France nicht kreuz und quer durch das Land, sondern sie folgt einem idealisierten Kreis, der sich an den geographisch-politischen Grenzen Frankreichs orientiert.

In vielerlei Hinsicht ist die Tour de France das Pendant zum ersten Michelin-Reiseführer für Frankreich, der im Jahr 1900 in einer Auflage von 35 000 Exemplaren erschien. Schon bei der Ankündigung der ersten Tour de France formulierten die Ausrichter 1903 den Anspruch, „die schönsten Landschaften Frankreichs" zu durchqueren – eine symbolische Besitzergreifung, die durch „mysteriöse, unbekannte Gegenden" wie die Pyrenäen führte, „wo noch Bären leben". Sogar poetische Berg- und Küstenbeschreibungen werden in die sportliche Berichterstattung eingebunden. Dieses Motiv der Landschaftserkundung durchzieht die gesamte Geschichte der Tour bis zur Gegenwart und wird durch die scheinbare Langsamkeit betont, mit der die Radfahrer im Gegensatz zu den motorisierten Fahrzeugen das Land erkunden. Vor allem während der stundenlangen Fernsehübertragungen lockern die Sender ihre Berichterstattung immer wieder durch touristische Exkurse auf, Städte und Naturschönheiten entlang des Streckenverlaufes werden eingehend beschrieben und in opulenten Bildern präsentiert. Umfragen ergaben 2011, dass jeder fünfte Zuschauer die Berichterstattung nur „wegen der Landschaftsbilder" verfolgt. Einige der entlegensten französischen Regionen wie die Causses oder das Zentralmassiv wurden erst dadurch im touristischen Bewusstsein verankert. Kirchturm für Kirchturm, Burg für Burg wird die

Landesgeographie und die Vielfalt der Regionen erläutert, während das Peloton zwischen Weinbergen und Weizenfeldern hindurchstrampelt – nur die Banlieues werden ausgeblendet. Portionsweise wird so die Landesgeschichte illustriert und das nationale Erbe erläutert; die Kommentatoren rufen ins Gedächtnis, dass Wilhelm der Eroberer in Caen begraben liegt, Johanna von Orléans in Rouen verbrannt wurde, man bestaunt die gotische Formensprache der Kathedrale von Chartres und würdigt die Vauban-Festung in Besançon sowie das Amphitheater von Arles als Monumente für die Ewigkeit, während mit ehrfurchtsvollen Untertönen der Schlacht von Verdun gedacht und an den Küsten der Normandie an die aufopferungsvolle Landung der Alliierten erinnert wird.

Ganz bewusst wurden schon in der Frühzeit bei einzelnen Etappen die Landesgrenzen überschritten. Erstmals war dies 1906 der Fall, als die Tour mit Lothringen und dem Elsass zwei Gebiete passierte, die Frankreich im Deutsch-Französischen Krieg 1870/71 an das Deutsche Reich verloren hatte. Symbolträchtig wurde dabei auch die für den damaligen Konflikt so bedeutende Stadt Metz durchfahren. Und es war sicher kein Zufall, dass Metz im Jahre 1907 als erster ausländischer Etappenort in die Geschichte der Tour einging, denn die Kapitulation von Metz am 27. Oktober 1870 markierte einen Wendepunkt im Deutsch-Französischen Krieg. Als in den Jahren 1908, 1909 und 1910 drei weitere Zielankünfte in Metz stattfanden, nutzten die Zuschauer die Gelegenheit, ihre Frankreich-Sympathie zu bekunden und die Marseillaise anzustimmen, obwohl französische Symbole in Elsass-Lothringen damals ausdrücklich verboten waren. Um zu verhindern, dass es zu weiteren nationalistischen Bekundungen kommt, untersagten die deutschen Behörden fortan weitere Gastspiele der Tour in Elsass-Lothringen. Dieses Diktum hatte allerdings nicht lange Bestand, denn nachdem die Tour vier Jahre lang pausieren musste, weil sich Frankreich und Deutschland in den Schützengräben bekämpften, war Metz wie auch Strasbourg als Etappenort schon bald wieder fester Bestandteil des Tourprogramms. Unmittelbar nach Kriegsende wollte man 1919 mit dem Streckenplan ein Zeichen setzen und unmissverständlich demonstrieren, dass Elsass und Lothringen zum französischen Territorium gehören. Aufgrund dieser emotional-politisch aufgeladenen Atmosphäre machte die Tour anschließend lange Zeit einen großen Bogen um Deutschland. Vor diesem Hintergrund charakterisierte die Tour de France das deutsch-französische Verhältnis in geradezu symbolhafter Weise: Erst im Zuge der von Konrad Adenauer und Charles de Gaulle begründeten deutsch-französischen Freundschaft erfolgte 1964 wieder ein Abstecher auf das rechtsrheinische Ufer – das damalige Etappenziel war Freiburg im Breisgau. Ein Jahr später startete die Tour sogar erstmals in Deutschland, und zwar in Konrad Adenauers Heimatstadt Köln!

Mit der Ausarbeitung des Streckenplans wollten die Veranstalter schon in den frühen Jahren nicht nur den sportlichen Wettbewerb und die Dramaturgie steigern, sondern mit dem Verlauf der Tour auch ein nationales Zugehörigkeitsgefühl wecken. Sieht man vom Jahr 1926 ab, so startete und endete die Tour bis 1950 immer in Paris. Erst seit 1951 wich man von dieser Tradition ab und wählte mit Metz erneut einen bedeutungsschweren Ausgangspunkt für die Tour. Bei der Auftaktrunde zum Start der Tour wurde die Streckenführung in Paris immer an den nationalen Symbolen orientiert – eindrucksvoll waren stets die Bilder von dem den Arc de Triomphe durchfahrenden Peloton. Im Jahre 1975 erinnerte man sich wieder dieser Tradition: Bis heute endet die Schlussetappe mit ein paar Runden auf den Champs-Élysées, wobei das Fahrerfeld direkt vor dem Arc de Triomphe eine Wende ausführt. Und selbstverständlich lässt es sich der französische Staatspräsident nicht nehmen, die Siegerehrung persönlich vorzunehmen. Es gibt eine Etappe, die besonders im Fokus der nationalen Aufmerksamkeit steht: Alljährlich am 14. Juli, dem französischen Nationalfeiertag, weisen die Kommentatoren im Fernsehen und in den Zeitungen eindringlich darauf hin, dass die französischen Radfahrer an diesem Tag „bis in die Haarspitzen" motiviert seien. Die Tour sollte aber nicht nur identitätsstiftend sein, sondern auch einen Beitrag zur nationalen Genesung leisten. Die Franzosen wurden in den Anfangsjahren der Tour regelrecht dazu aufgefordert, zu einer durch Sport gestählten Nation zu werden: „Wie viele von den Tausenden, die die Tour vorbeifahren sehen, fühlen sich nicht durch die sportliche Gnade berührt und schämen sich nicht des Mangels an körperlicher Anstrengung, den sie immer an den Tag gelegt haben? Und wie viele von ihnen fassen nicht den mutigen Entschluss, ein neues Leben zu beginnen, ein Leben voller Aktivität und Kampf?"

Zum Mythos Tour de France gehört auch, dass die Erinnerung an frühere Rennen ein fester Bestandteil der Rundfahrten ist. Sportliche Glanzleistungen und Schicksalsschläge – „hier stürzte ... dort besiegte ..." – werden ebenso ins Gedächtnis gerufen, wie herausragende Personen geehrt werden. So steht auf dem Col de Galibier, einem Gebirgspass in den französischen Alpen, nicht nur ein Denkmal für den Tour-Begründer Desgrange, sondern es gibt mit dem „Souvenir Henri Desgrange" auch eine mit einem Preisgeld dotierte Sonderwertung für denjenigen Fahrer, der zuerst den höchsten Punkt der jeweiligen Tour erreicht.

Ihren Höhepunkt fand diese Erinnerungskultur im Jahre 2003, als man das hundertjährige Tourjoubiläum inszenierte. Wie bei der erstmaligen Austragung 1903 begann und endete die Tour nicht nur in Paris, sondern mit Lyon, Marseille, Toulouse, Bordeaux und Nantes wurden auch die anderen fünf Etappenstädte der ersten Tour de France besucht. Ganz bewusst verzichtete man bei der Jubiläumsrundfahrt auf Abstecher ins benachbarte Ausland – erstmals seit Jahrzehnten fand die Tour ausschließlich auf französischem Territorium statt. Auch bei der hundertsten Austragung 2013 stand kein Abstecher ins Ausland auf dem Programm. Allerdings wurden die ersten drei Etappen auf Korsika ausgetragen, das erstmals auf dem Streckenplan stand. Offiziell gehört Korsika zwar seit 1769 zum französischen Staatsgebiet, doch dauerte es anscheinend mehr als zweieinhalb Jahrhunderte, bis die Tour de France diese Tatsache im kollektiven Bewusstsein der französischen Nation verankerte.

Giganten der Landstraße

Einen großen Teil der Faszination, die die Tour de France bis heute ausübt, knüpft sich an die tragischen Ereignisse und spektakulären

Zwischenfälle, die mit der Wucht einer antiken Tragödie die Protagonisten ereilen. In den frühen Tour-Jahren wurde der Rennfahrer als moderne Variante eines Handwerkergesellen gesehen, der auf seiner Wanderschaft ganz auf sich gestellt ist. *L'Auto* pries 1905 nicht nur die Tapferkeit und Willenskraft, sondern auch die „sportliche Ehrlichkeit" der Teilnehmer, nachdem ein Jahr zuvor mit Maurice Garin der Sieger disqualifiziert worden war, weil er eine verbotene Abkürzung genommen und eine Teilstrecke mit der Eisenbahn zurückgelegt hatte. Andere Fahrer führten ein Säckchen mit Nägeln im Gepäck, mit deren Hilfe sich die Verfolger bei Bedarf auf Abstand halten ließen. Die Rundfahrt stand stellvertretend für den Kampf des Individuums gegen die Unbilden des Schicksals. Während man Fußball spielte (*jouer au football*), war Radfahren stets harte Arbeit (*faire le cyclisme*). Das wohl bekannteste Drama ereignete sich 1913, als mit Eugène Christophe einer der Tour-Favoriten auf der Abfahrt vom Col du Tourmalet einen Gabelbruch erlitt. Da das damalige Reglement keine Hilfe erlaubte, musste Christophe erst über vierzehn Kilometer zum nächsten Dorf laufen und dort mitten in der Nacht in der Schmiede seine Gabel reparieren. Er verlor dadurch über vier Stunden und wurde zudem mit einer Strafminute belegt, da ein Lehrling den Blasebalg für ihn bedient hatte.

Die Tour-de-France-Berichterstattung war in den Anfangsjahren weniger Reportage als vielmehr Sporterzählung, die an die Gefühle der Leser appellierte und deren Phantasie inspirierte. Die Höhepunkte einer Etappe ließen sich in einem Zeitungsbeitrag viel einfacher strukturieren, langweilige Passagen wurden einfach übergangen. Wie in einem Fortsetzungsroman rühmten die Veranstalter die Rundfahrt als heroischen Kampf des Menschen gegen die Unbilden der Natur und hielten die Spannung hoch. Die Fahrer wurden zu „Giganten der Landstraße" (v)erklärt; ihre Stärke und ihr Durchhaltevermögen wurden bejubelt, ihr taktisches Geschick wurde gelobt. Kampf- und Spitznamen wie der „alte Gallier" für Eugène Christophe, „Riese von Colombes" für François Faber oder „Bulldogge" für Gaston Rebry demonstrieren die von liebevoll bis ehrfurchtsvoll reichende kollektive Umarmung der Tourhelden. Erst nach der Ära Eddie Merckx, der, weil er seinen Gegner niemals etwas schenkte und sie regelrecht „auffraß", als „Kannibale" bezeichnet wurde, verschwanden diese Beinamen allmählich. Jan Ullrich war nur noch der „Ulle".

Da die Zuschauer nur einen kleinen Teil des Rennens verfolgen konnten, waren sie auf die Berichte und Kommentare der Tageszeitungen angewiesen – selbst die Fahrer schätzten den genauen Verlauf des Rennens oft falsch ein. Die Schriftstellerin Colette sah 1912 nur gesichtslose, von Staub und Schweiß bedeckte Wesen vorbeihuschen und im Tumult verschwinden. Allzu oft erfuhr der vermeintlich jubelnde Etappensieger, dass er nicht der erste war, der an diesem Tag die Ziellinie überquert hatte. Um den Zuschauern einen besseren Überblick über den Rennverlauf zu ermöglichen, erfand Henri Desgrange 1919 das gelbe Trikot (*maillot jaune*), dass jeweils der Führende der Gesamtwertung tragen durfte. Dramatisch wurde schon damals die Rivalität der Fahrer hervorgehoben, die in einem „mörderischen Duell" gipfelte. Man leistete „Führungsarbeit", versuchte sein Glück als „Ausbrecher", nahm die Verfolgung auf oder zollte den Anstrengungen Tribut und musste den Kontakt zur Spitzengruppe abreißen lassen: Allianzen und Feindschaften, aufopferungsvolle Helfer, siegreiche Helden und Überraschungsmomente.

Eingebrannt ins kollektive Tour-Gedächtnis haben sich in erster Linie die großen Duelle, allen voran der Zweikampf zwischen Poulidor und Anquetil 1964 auf dem Puy de Dôme. Manche Duelle wie jene zwischen Fausto Coppi und Gino Bartali, Greg LeMond und Laurent Fignon oder zwischen Lance Armstrong und Jan Ullrich haben die Öffentlichkeit wochenlang in ihren Bann geschlagen. Umrahmt wird der Zweikampf von großen Emotionen und versöhnlichen Gesten. Wahre Helden müssen über sich selbst hinauswachsen wie Armstrong nach seiner Krebserkrankung und Greg LeMond nach seinem Jagdunfall, bei dem er von seinem Schwager durch Dutzende von Schrotkugeln lebensgefährlich verletzt wurde. *L'Auto* wusste schon 1904, dass die Teilnehmer der Tour „aus anderem Fleisch und Blut sind als wir". Eine eindrucksvolle Demonstration der Leidensfähigkeit der Fahrer sind die Etappen über die legendären Alpen- und Pyrenäenpässe oder Gipfel, die mit dem 2115 Meter hohen Col du Tourmalet 1910 erstmals ins Programm der Tour aufgenommen wurden und die Fahrer mit den Grenzen ihrer Leistungsfähigkeit konfrontieren. Noch heute strahlen allein die Namen Tourmalet, Galibier oder Mont Ventoux für Radsportfans eine mythische Aura aus, demutsvoll spricht man von den einundzwanzig Kehren, die in den „Radsport-Himmel“ von Alpe d'Huez führen.

Im Gegensatz zum Fußball und zu anderen Sportveranstaltungen ist die Tour de France ein kostenloses Sportereignis für alle sozialen Schichten, ein emotional aufgeladenes Ereignis mit Volksfestcharakter, das jeder Interessierte aus nächster Nähe mitverfolgen kann. Die Radsportidole kommen in die Heimatdörfer und -städte der Menschen. Zugleich ist die Tour de France seit ihren Anfangsjahren ein millionenschweres Spektakel – schon Henri Desgrange freute sich, die Auflage von *L'Auto* auf über eine halbe Million erhöht zu haben. Jahr um Jahr steigerte sich die mediale Vermarktung. Zu Beginn waren es vor allem die Fahrradhersteller, die durch die Tour den Verkauf ihrer Produkte ankurbeln wollten. Als die Firmenmannschaften 1930 durch die Nationalteams ersetzt wurden, fuhren die ersten Werbefahrzeuge der Tour voraus, um für Schokolade, Schuhcreme oder Alkohol zu werben. Die nächsten Etappen der Kommerzialisierung waren die Trikot- und Bandenwerbung, dann mussten die Rundfunk- und Fernsehanstalten für die Übertragungsrechte bezahlen. Gegenwärtig rollt rund zwei Stunden vor den Radfahrern eine Werbekarawane mit mehr als 250 Fahrzeugen über die Straßen und vertreibt den Zuschauern die Wartezeit. Den größten Teil der Einnahmen machen aber längst die Lizenzgebühren der Fernsehsender aus.

Seit den 1970er Jahren müssen auch die Städte für das Privileg, der Start oder das Ziel einer Etappe zu sein, bezahlen. Von den Verantwortlichen der Tour zum Etappenziel ernannt zu werden, ist für ein französisches Provinzstädtchen so bedeutend, als würde in Paris die nächste Olympiade stattfinden. Tagelang hält der Tour-Zirkus das Stadtleben fest im Griff, Tribünen werden aufgebaut, Straßen weiträumig für den Zieleinlauf abgesichert, und alle Hotels im Umkreis von dreißig Kilometern sind Monate zuvor ausgebucht. Vom Sportjournalisten über den Fahrradmechaniker bis zu den Rennfahrern gehören 3000 Personen zum Tour-Tross. Alle wollen untergebracht und verköstigt werden. Die Tour-Organisation ist von diesen Geldern finanziell abhängig, doch beschert sie den Orten im Fernsehzeitalter eine große Medienpräsenz, so dass nicht nur große Touristenorte wie Nizza oder Bordeaux bereit sind, in die Tour zu investieren, sondern auch kleinere Wintersportorte wie beispielsweise Orcières-Merlette. Die in den Hautes Alpes gelegene Skistation, die 1971 schlagartig berühmt wurde, weil der Spanier Luis Ocaña über Eddie Merckx triumphierte, konnte im nächsten Winter einen deutlichen Zuwachs der Gästezahlen verbuchen.

Stimulierende Mittel

Wer heute das Thema Doping und die Tour de France in einem Atemzug nennt, denkt natürlich in erster Linie an die Skandale der jüngsten Vergangenheit, die mit den Namen Lance Armstrong, Jan Ullrich, Floyd Landis und Alberto Contador verbunden sind – schließlich radelten wohl alle Erstplatzierten der letzten beiden Jahrzehnte gedopt durch Frankreich. Doch Doping hat auf der Tour de France eine weitaus längere Tradition. Schon für die Anfangsjahre der Tour ist Doping überliefert, allerdings waren die Fahrer nicht mit Epo und Clenbuterol aufgeputscht, sondern man behalf sich mit Alkohol, Kokain und Chloroform.

Zu einem kleinen Skandal kam es auf der Tour de France bereits im Jahre 1924, als der große Favorit und Vorjahressieger Henri Pélissier zusammen mit seinem Bruder Francis und dem gemeinsamen Freund Maurice Ville das Rennen am dritten Tag im normannischen Coutances abbrach, weil sie der Schinderei leid waren. Sie setzten sich in ein Café und beschwerten sich bei dem Reporter Albert Londres: „Das ist das Kokain für die Augen, und dies ist das Chloroform fürs Zahnfleisch. Und schauen sie nur, das ist eine Wärmesalbe für die Knie.“ Ohne eine Antwort abzuwarten, legten sie auch noch drei Schachteln mit diversen Pillen auf den Tisch. Verglichen mit heute war die damalige Tour tatsächlich unmenschlich: Die Fahrer saßen

1924 oft über zwanzig Stunden im Sattel, um die 5425 Kilometer lange Strecke in fünfzehn Tagen zu bewältigen. Die Tour forderte den „Strafgefangenen der Landstraße" alles ab. Eine Gangschaltung war verboten, Flickzeug und Ersatzreifen hatte man selbst mitzuführen. Bei einer Panne musste das Rad selbst repariert werden. Das damalige Reglement verbot zudem das Tragen von zwei Trikots, obwohl die Bergetappen oft am frühen Morgen bei eisigen Temperaturen gestartet wurden. Henri Pélissier entrüstete sich zudem, dass ihm ein Rennkommissar ohne vorheriges Fragen unter sein Renntrikot gegriffen hatte, um zu sehen, ob er ein zweites Trikot trage. Bereits einen Tag zuvor wurden ihm zwei Strafminuten angerechnet, weil er während der Etappe ein Trikot weggeworfen hatte. Pélissier nutzte seine Popularität und das Medienecho auf seine Doping-Beichte, um für die Rechte der Fahrer einzutreten und die Gründung einer Fahrergewerkschaft anzuregen.

Pélissiers Geständnis war alles andere als eine Überraschung und zog auch keine Konsequenzen nach sich. Alle Verantwortlichen wussten, dass sich die Fahrer aufputschten. Als Tour-Direktor Henri Desgrange 1930 mit den Teilnehmern der Tour die Verträge aushandelte, wies er ausdrücklich darauf hin, dass die Organisation zwar für die medizinische Versorgung aufkomme, die Rennfahrer die Kosten für „stimulierende Mittel, stärkende Mittel und Doping" jedoch selbst zu tragen hätten. Vor diesem Hintergrund erscheint auch F. Scott Fitzgeralds Schilderung einer Tour-Etappe entlang der Côte d'Azur in seinem Roman „Zärtlich ist die Nacht" (1933) in einem anderen Licht: Sein Protagonist Dick Diver beobachtet die von Zuschauern gesäumten Straßen, selbst Köche standen in Unterhemden vor den Restaurants und sahen Fahrer „mit ausdruckslosen Gesichtern und schweren, unendlich müden Augen".

„Den Rennfahrer aufzuputschen ist ebenso verbrecherisch, ebenso ruchlos wie der Versuch, Gott nachzuahmen; Doping heißt, Gott das Privileg des Funkens zu stehlen", formulierte Roland Barthes 1957 provozierend in seinen „Mythen des Alltags". Wahrscheinlich war sich Barthes nicht darüber im Klaren, dass Doping nicht die Ausnahme, sondern die Regel war. Es gab schon damals kaum einen Radrennfahrer, der nicht auf Doping zurückgriff. Trocken erklärte der fünfmalige Tour-de-France-Gewinner Jacques Anquetil der Sportzeitung *L'Équipe* – sie ist seit 1945 die Nachfolgerin von *L'Auto* – in einem Interview: „Wer sich einbildet, ein Profi-Fahrer, der 235 Tage im Jahr im Sattel sitzt, könne das ohne Aufputschmittel durchhalten, muss entweder ein Idiot sein oder ein Heuchler." Befragt wurde Anquetil anlässlich des Todes von Tom Simpson. Der britische Radrennfahrer war am 13. Juli 1967 auf der dreizehnten Etappe der Tour de France tödlich zusammengebrochen, als er mit Hilfe von Amphetaminen und Alkohol an einem der heißesten Tage des Jahres den Mont Ventoux bezwingen wollte: „Put me back on the bloody bike" sollen seine letzten Worte gewesen sein, während seine Finger immer noch den Fahrradlenker umklammerten. Zwei Kilometer unterhalb des Gipfels erinnert ein mit Felgen, Speichen und einem alten Sattel geschmückter schlichter Gedenkstein an den ersten Toten der Tour. Offiziell schwieg man zu den Dopinghintergründen, Simpsons Tod wurde mit Hitze und Erschöpfung erklärt. Im Zusammenhang mit diesem tragischen Todesfall gewinnt Barthes drohend anmutende Vorhersage „Gott weiß sich übrigens zu rächen" tiefere Bedeutung. Anquetil starb 1987 mit nur 53 Jahren an Magenkrebs, was auf den jahrelangen Missbrauch von Dopingmitteln zurückgeführt wird.

Der Begeisterung für die Tour de France konnten diese Dopingskandale keinen Schaden zufügen. Im Gegenteil: Als die Polizei 1998 im Zuge der Festina-Affäre Razzien in den Hotels durchführte und mehrere Fahrer wie Richard Virenque von der Tour ausgeschlossen wurden, richtete sich der Protest der radsportbegeisterten Zuschauer nicht gegen die Sportler, sondern gegen die Obrigkeit. Man warf der Polizei vor, sie hätten die Fahrer wie Verbrecher behandelt. Der Korpsgeist hielt das Peloton zusammen, geständige Fahrer wurden ausgegrenzt. Als Jan Ullrich trotzig bekundete, er „habe niemanden betrogen", widersprach ihm keiner seiner Kollegen – weshalb auch? Trotz aller Dopingskandale blieb der Zuschauerzuspruch groß: Menschenmassen säumten die Rennstrecken, Millionen saßen vor dem Fernseher. Selbst als 2006 erst 58 Fahrer von der Teilnahme an der Tour de France ausgeschlossen wurden, blieb das Interesse ungebrochen: Weltweit übertrugen neunzig Fernsehsender – sechzig davon live – das Tour-Spektakel in mehr als 190 Länder, und zwei Monate später wurde der „Sieger" Floyd Landis als Dopingsünder überführt. Als die Tour 2007 gleich beim Start wieder mit Dopingaffären zu kämpfen hatte, wurde der Präsident von France 2, dem größten öffentlich-rechtlichen Sender Frankreichs, gefragt, warum er die Übertragung nicht abbreche. Das könne er nicht, lautete die entschiedene Antwort, denn die Tour gehöre zum „kulturellen Erbe der Nation". Von den großen Fernsehsendern haben sich einzig ARD und ZDF entschieden, die Liveberichterstattung 2012 zu beenden, wofür die Sender von Zeitfahr-Weltmeister Tony Martin heftig kritisiert wurden. Ein paar Monate später erreichte die Dopingdebatte ihren einstweiligen Höhepunkt, als man Lance Armstrong im Herbst alle sieben Tour-Titel aberkannte und ihn abschätzig als einen der „größten Betrüger der Sportgeschichte" bezeichnete. Armstrongs „Doping-Beichte" bei Oprah Winfrey war nur noch eine überflüssige Fußnote.

Doch trotz aller Kritik und trotz aller Skandale ist der Mythos der Tour de France anscheinend nicht zu erschüttern. Im Sommer 2013 fand die 100. Austragung des bekanntesten Etappenradrennens statt und zog erneut ganz Frankreich und die Welt in ihren Bann.

IRRTUM 5:

Jeanne d' Arc ist die Retterin Frankreichs

Wer war Jeanne d' Arc? Ein einfaches Bauernmädchen, das Frankreich im göttlichen Auftrag rettete? Eine strahlend-jugendliche Heldin, die durch Intrigen und aus politischem Kalkül als Hexe und Häretikerin verdammt und auf dem Scheiterhaufen von Rouen verbrannt wurde? Ein magersüchtiges Mädchen, deren messianische Prophezeiungen sich mit psychischen Problemen erklären lassen? Die Retterin Frankreichs? Eine unerschrockene Amazone, die Männerkleidung und kurz geschnittenes Haar trug? Oder war sie vielleicht gar die illegitime Tochter von Herzog Ludwig von Orléans und Isabeau de Bavière und somit mit dem französischen Königshaus verwandt? Und wer weiß schon genau, was von den Gerüchten zu halten ist, die besagen, es sei damals nicht Jeanne, sondern eine andere Person in den Flammentod geschickt worden? Fakt ist: Wer sich über Jeanne d' Arc äußert, bezieht unweigerlich Stellung, sei es in einem bewundernden, sei es in einem gläubigen, sei es in einem skeptischen oder gar ironischen Tonfall.

Wie kaum eine andere historische Person gehört Jeanne d' Arc zu den Mythen der französischen Geschichte. Jeannes einzigartige Aura speist sich aus ihrer tragischen Lebensgeschichte, deren Interpretation und Rezeption im Laufe der Jahrhunderte stetem Wandel unterworfen waren. Bis zum heutigen Tag wird das „Bauernmädchen“, das im Jahr 1412 in einem kleinen Dorf in Lothringen geboren wurde, als Retterin Frankreichs gefeiert. Die einen betonen ihre Frömmigkeit, die anderen rühmen ihren Patriotismus und ihre einfache Herkunft. Seit Jahrhunderten ist diese Faszination ungebrochen: Noch für die Résistance wurde sie zur Symbolfigur im Kampf gegen die deutschen Besatzer. Egal, ob die „Jungfrau von Orléans“ (*La Pucelle*) von religiösen Visionen oder von einem erwachenden Nationalgefühl geleitet war, sie ist westlich des Rheins bis heute eine wichtige Identifikationsfigur, die die Franzosen von Kindesbeinen an begleitet. Nur im geschichtsverliebten Frankreich ist es möglich, dass sich ein Staatspräsident wie François Mitterrand anlässlich des Jahrestages der Befreiung von Orléans mit emphatischer Geste an sein Volk wendet: „Wo könnte ich es besser sagen, als hier und gelegentlich dieses Anlasses? Die nationale Einheit ist nicht gleichzusetzen mit Uniformität; sie ist vielmehr der Pluralismus und der Kampf der Ideen, aber sie ist auch das Empfinden, einer Gemeinschaft anzugehören, die durch die Geschichte geformt wurde.“

Gemälde, Bücher und Computerspiele

Jeanne d' Arc hat Autoren der Weltliteratur inspiriert: François Villon, William Shakespeare, Voltaire, Friedrich Schiller, Alexandre Dumas, Anatole France, Mark Twain, Vita Sackville-West, George Bernhard Shaw, Bertolt Brecht, Anna Seghers, Lion Feuchtwanger und Michel Tournier haben sich mit Jeanne d' Arc in der unterschiedlichsten Art und Weise auseinandergesetzt und ihr so zu literarischer Unsterblichkeit verholfen. Doch nicht nur in der hehren Belletristik hat die Jungfrau von Orléans ihre Spuren hinterlassen: Das Spektrum der Jeanne d' Arc-Literatur spannt sich von Kinderbüchern und Abenteuerromanen bis hin zu Comic- und Manga-Adaptionen; selbst Puzzles, Malbücher und Computerspiele werben mit dem Jeanne d' Arc-Konterfei. Letztere animieren in der Reihe „Wars and Warriors“ als Rollenspiele dazu, in Jeannes glitzernde Rüstung zu schlüpfen und Frankreich Schritt für Schritt zurückzuerobern.

In der bildenden Kunst haben sich die Künstler – angeregt durch die damals fortschreitende Mythisierung – vor allem in der zweiten

Hälfte des 19. Jahrhunderts mit Jeanne d' Arc beschäftigt. In den Historiengemälden von Dominique Ingres, Paul Delaroche, Jules Eugène Lenepveu, Eugene Thirion, Hermann Stilke und anderen Malern der Zeit wird Jeanne d' Arc meist als Heldin verklärt und bei der Befreiung von Orléans oder auf dem Scheiterhaufen von Rouen dargestellt. Eine ganz andere Johanna zeigt die im Pariser *Musée d' Orsay* ausgestellte bekannte Marmorstatue des Bildhauers Henri Chapu, der sie nicht als Kriegerin, sondern als kniende lothringische Schäferin just in dem Augenblick in Szene setzt, als sie in Domrémy jene Stimmen hört, die sie beauftragen, den König bei der Befreiung des Königreichs zu unterstützen.

Und als mit dem Kino die Bilder laufen lernten, war Jeanne d' Arc eine der ersten Protagonistinnen des zukünftigen Massenmediums. Bereits in der ersten zweiminütigen Verfilmung loderten 1898 in der *Exécution de Jeanne d' Arc* die Flammen des Scheiterhaufens. Und auch die als Erfinder des Kinos gerühmten Brüder Lumière widmeten sich 1899 der Jungfrau von Orléans und drehten *Domrémy: Maison de Jeanne d' Arc*. Zu den rund vier Dutzend Regisseuren, die sich seither mit dem Leben der Jeanne d' Arc als Filmstoff beschäftigten, gehören Roberto Rossellini und Otto Preminger ebenso wie Jacques Rivette und Luc Besson. In der Paraderolle der Jeanne d' Arc glänzten unter anderem Ingrid Bergman, Jean Seberg und Mila Jovovich. Auf die Frage, wer die „Frau des Jahrtausends" sei, wusste die Filmindustrie eine sichere Antwort und schickte 1999 einen kanadischen Spielfilm über Jeanne d' Arc mit genau diesem Untertitel in die deutschen Kinos.

Das Bauernmädchen aus Domrémy

Es bedarf keiner großen Phantasie, sich vorzustellen, dass das einfache Volk, das noch stark einer von Wunderglauben und göttlicher Vorsehung geprägten Welt verhaftet war, in dem Phänomen Jeanne d' Arc eine von Gott gesandte Heldin sehen musste. Wie sonst sollte ein lothringisches Bauernmädchen ohne Schulbildung allein durch ihre Ausstrahlung und ihr Auftreten vornehme Adelige und Kirchenmänner sowie den zukünftigen König höchstpersönlich von ihrer Mission überzeugen können? Wie sonst ließen sich die von ihr angekündigte Befreiung von Orléans und die kurz darauf erfolgte Krönung Charles' VII. erklären? Gläubige Bewunderung und tiefe Verehrung waren ihr gewiss.

Im zarten Alter von etwa dreizehn Jahren soll Johanna, nachdem sie den Tag zuvor gefastet hatte, erstmals Visionen gehabt haben, in der ihr die heilige Katharina erschien. Später kamen dann noch die heilige Margareta und der Erzengel Michael hinzu und forderten Johanna mehrmals dazu auf, Frankreich von den Engländern zu befreien und den Dauphin zum Thron zu führen. Mit wahrscheinlich siebzehn Jahren – ihr genaues Geburtsdatum ist nicht bekannt – verließ sie Domrémy und ihr Elternhaus, um sich, in ein ärmliches rotes Gewand gehüllt, an den Stadtkommandanten der nahen Festung Vaucouleurs zu wenden, der sie nach eingehender Prüfung ihres Glaubens mit einer Eskorte zum Dauphin Karl schickte. Anfangs standen die Würdenträger ihrem Ansinnen, Karl zum französischen Thron zu führen, skeptisch gegenüber. Doch nachdem Johanna für rechtgläubig befunden worden war und die Hofdamen ihre Jungfräulichkeit bestätigt hatten – der Beweis dafür, dass sie keine Hexe war –, vertraute ihr der zukünftige König.

Nach Johannas heldenhaftem Einsatz bei der Befreiung von Orléans, bei der sie selbst verwundet wurde, wandte sich das Kriegsglück zugunsten Frankreichs. Wenige Wochen später, am 17. Juli 1429, wurde Karl wie von Johanna vorhergesagt als Charles VII. in Reims zum König gekrönt: „Edler König, nunmehr ist der Wille Gottes erfüllt, der wollte, dass die Belagerung von Orléans aufgehoben wird und dass du nach Reims geführt wirst, um deine heilige Weihe zu empfangen und so zu beweisen, dass du der wahre König bist und derjenige, dem das Königreich Frankreich gehören soll." Nachdem sich Jeanne d' Arc, aus welchem Grund auch immer, entschieden hatte, den Kampf gegen die Engländer fortzusetzen, geriet sie unverhofft in diplomatische Ränkespiele und verlor ihren Rückhalt bei Charles VII. An einem Nebenschauplatz des Krieges nahmen die Burgunder sie am 23. Mai 1430 bei Compiègne gefangen und verkauften Johanna wenig später an die Engländer. Diese hatten großes Interesse daran, sie zu einem Widerruf ihrer göttlichen Sendung zu bewegen. Schließlich wurde Jeanne d' Arc in dem von den Engländern besetzten Rouen „wegen ihres Aberglaubens, ihrer Irrlehren und anderer Verbrechen gegen die göttliche Majestät" angeklagt und in einem drei Monate währenden Prozess zum Tod auf dem Scheiterhaufen verurteilt. In einem Anflug von Schwäche gestand Johanna alles, was die Richter hören wollten. Das Urteil wurde nun in eine lebenslange Haftstrafe umgewandelt, doch als Johanna widerrief, nutzte man dies als willkommene Gelegenheit, sie als rückfällige Ketzerin am 30. Mai 1431 auf den Scheiterhaufen zu führen. Um einem Reliquienkult vorzubeugen, wurde ihre Asche in die Seine gestreut.

Noch im Laufe des 15. Jahrhunderts verschwand Jeanne d' Arc allmählich aus dem kollektiven Gedächtnis und wurde zu einer Randfigur des Hundertjährigen Krieges. Während der späteren Religionskriege wie auch im Zeitalter des Absolutismus und in der Aufklärung bestimmten andere Themen die nationale Aufmerksamkeit, nur in Orléans spielte das Gedenken an Jeanne d' Arc eine größere Rolle. Von ein paar besonderen Umständen geschuldeten Ausnahmen abgesehen, feierte man dort alljährlich am 8. Mai die einstige Rettung der Stadt mit einer Prozession und einem Historienspiel.

Jeanne d' Arc – geliebt, verehrt, dokumentiert

Im Zuge der Französischen Revolution wurde 1793 zwar auch das Jeanne d' Arc-Fest in Orléans „abgeschafft", doch parallel dazu erfolgte eine langsam wachsende Rückbesinnung. Die religiösen Beweggründe Johannas wurden in Frage gestellt, was wiederum ihre politische Leistung aufwertete. Kein Geringerer als Napoleon Bonaparte hatte die Jungfrau von Orléans mit dem französischen Staatsgedanken vereint: „Die erhabene Jeanne d' Arc hat bewiesen, dass der französische Genius in Augenblicken der Gefahr für die nationale Unabhängigkeit jedes Wunder bewirken kann." Vor dem Hintergrund der sich verschlechternden Beziehungen zu England erlaubte Napoleon im Jahr 1803 der Stadt Orléans, erstmals seit der Revolution am 8. Mai wieder ein Jeanne d' Arc-Fest samt feierlicher Prozession abzuhalten.

Die Begeisterung für Jeanne d' Arc hing auch mit dem wachsenden Interesse am Mittelalter zusammen, das im zweiten Drittel des 19. Jahrhunderts vom Architekten Eugène Viollet-le-Duc und dem Schriftsteller Victor Hugo beflügelt wurde. Im Gegensatz zu den deutschen Romantikern idealisierte Hugo die Welt des Mittelalters nicht; er pries ihre Kultur und ihre Bauwerke, doch zeigte er auch die grauenvollen und schrecklichen Seiten jener Epoche. Das sich aus vielen Legenden nährende Schicksal der Jeanne d' Arc ließ zwischen 1827 und 1867 rund zwei Dutzend Autoren zur Feder greifen, von denen vor allen der Historiker Jules Michelet die Diskussion bestimmte. Im fünften Band seiner ab 1833 veröffentlichten *Histoire de France* glorifizierte er das Auftreten von Jeanne d' Arc. In seiner Einleitung zu der 1853 auch als eigenständiges Buch erschienenen Jeanne-d' Arc-Abhandlung schlug Michelet einen überschwenglichen, geradezu romantischen Tonfall an:

„Zum ersten Mal wird [Frankreich] so geliebt wie eine Person. Und zu einer Person wird es auch ab dem Tag, da es geliebt wird. Bisher war es ein Zusammenschluss von Provinzen gewesen, ein riesiges Chaos aus Lehen und ein großes Land vager Vorstellungen. Aber von diesem Tag an wurde es Kraft des Mutes zu einem Vaterland. Schönes Mysterium! Anrührend und erhaben! Wie entflammte doch die grenzenlose reine Liebe eines jungen Herzens eine ganze Welt, gab ihr ein zweites, das wahre Leben, das allein die Liebe gibt. Als Kind liebte sie einfach alles, sagen die Zeugen ihrer Zeit. Sogar die Tiere liebte sie: Die Vögel hatten Zutrauen zu ihr und pickten aus ihrer Hand. Sie liebte ihre Freunde, ihre Eltern, aber vor allem die Armen. Nun war sie die allerärmste, die elendste und in diesem Moment bemitleidenswerteste Person Frankreichs. So sehr liebte sie Frankreich …! Und gerührt fing Frankreich an, sich selbst zu lieben. Man sieht dies ab dem ersten Tag, da sie vor Orléans erschien. Das ganze Volk vergißt seine Gefahr; das zum ersten Mal gesehene liebliche Bild des Vaterlands erfasst

Frankreich und begeistert es. Kühn tritt es aus dem Schutz der Mauern heraus, entfaltet seine Fahne und marschiert unter den Augen der Engländer vorbei, die sich nicht mehr aus ihren Zwingern wagen. Franzosen! Erinnern wir uns stets daran, daß unser Vaterland aus dem Herzen einer Frau geboren wurde, aus ihrer Zärtlichkeit, ihren Tränen und aus dem Blut, das sie für uns hingab."

Der 1798 geborene Michelet war ein intellektueller Vorkämpfer der Republik. In diesem Sinne war „seine" Jungfrau weder einer göttlichen Eingebung noch monarchischen Überzeugungen gefolgt, sondern ihr einziges Ziel war die Rettung des Vaterlandes, wodurch sie das nationale Erwachen Frankreichs begründete. Jeanne d' Arc stand für Michelet an der Schwelle zu einer neuen Welt: Das Mittelalter mit all seinen wunderlichen Erscheinungen neigte sich dem Ende zu, während sich mit der Besinnung auf das Vaterland eine neue Zeit ankündigte.

Bedeutend für die Jeanne d' Arc-Forschung war auch, dass der Historiker Jules Quicherat unter dem Einfluss von Michelet die Aufgabe übernahm, die Prozessakten sowie weitere einschlägige Dokumente und Chroniken akribisch zu edieren, so dass sich die Quellenlage entschieden verbesserte. Die Archivierung der Akten, das Bewerten und Sichten der Fachliteratur wurde als eine nationale Pflicht verstanden, die fast zwangsläufig institutionalisiert werden musste: 1974 wurde auf Anregung des ehemaligen Kulturministers André Malraux in Orléans das *Centre Jeanne d' Arc* gegründet, das Literatur und andere Dokumente wie Filme über Jeanne d' Arc sammelt und bibliographiert.

Staatskulte und Feste

Im Laufe des 19. Jahrhunderts wurde Jeanne d' Arc zur landesweiten Identifikationsfigur, allerdings wurde ihr mediales Bild abhängig von den jeweiligen politischen Intentionen und religiösen Überzeugungen republikanisch, nationalistisch oder katholisch eingefärbt, diverse „Farbverläufe" inbegriffen.

Vor allem in der Inszenierung und öffentlichen Wahrnehmung des Jeanne d' Arc-Festes spiegelt sich die wachsende und wechselnde Bedeutung der Johanna von Orléans für das kollektive Bewusstsein. Das Jeanne d' Arc-Fest, das ab dem Jahr 1803 regelmäßig am 8. Mai in Orléans stattfand, wurde von der französischen Öffentlichkeit unter Napoleon Bonaparte nur am Rande zur Kenntnis genommen, zum feierlichen *Te Deum* vor der Prozession versammelten sich aber die lokalen zivilen und militärischen Würdenträger. Während der Julimonarchie wurde die öffentliche Prozession sogar verboten, da sich die katholische Kirche in der Restaurationszeit durch ihr bestimmendes Auftreten ins politische Abseits manövriert hatte. Erst unter Napoleon III. stieg Jeanne d' Arc zu einer nationalen Ikone auf – die *Fête de Jeanne d'Arc* erlebte eine Renaissance, wobei die Prozessionen einerseits durch die starke Teilnahme des Militärs geprägt waren, anderseits auch Feuerwerke und andere Volksbelustigungen wie Ruderregatten auf der Loire veranstaltet wurden. Staat und Kirche hatten sich weitgehend miteinander versöhnt.

Die schmachvolle Niederlage, die Frankreich 1870/71 im Krieg gegen Deutschland hinnehmen musste und die mit dem Verlust großer Teile von Elsass-Lothringen einherging, bedeutete eine einschneidende Zäsur. Die Ausrufung der Dritten Republik ging auch an Jeanne d' Arc nicht spurlos vorüber: Das tapfere Bauernmädchen wurde als Repräsentantin des einfachen französischen Volkes zum Symbol des Patriotismus und das Martyrium auf dem Scheiterhaufen zum Triumph der Vaterlandsliebe. Patrice de MacMahon, der zweite Präsident der Dritten Republik, setzte ein öffentliches Zeichen und besuchte Orléans während der Feierlichkeiten 1876. An Jeanne d' Arc schieden sich die Geister, so gehörte die Errichtung einer Reiterstatue auf der Place des Pyramides in Paris 1874 zu den ersten öffentlichen Denkmalprojekten der Dritten Republik, doch war die Statue nicht unumstritten, da man eine Glorifizierung der Monarchie befürchtete.

In Orléans mischten sich in den Folgejahren verstärkt republikanische Töne in den Festablauf, so wurde 1878 die Marseillaise gesungen, und 1893 nahmen erstmals Schüler am Umzug teil, wobei die Mädchen als Ausdruck des patriotischen Zeitgeistes die Trikolore als Schärpe um den Hals trugen. Das war konsequent: Bereits in den Schulbüchern wurden die Kinder durch hervorgehobene Passagen unterrichtet, wie sie mit dem Mythos Jeanne d' Arc umzugehen hatten.

Das Verhältnis zwischen Religion und Politik blieb konfliktbeladen. So kam es 1891 zu einem Eklat, als sich der französische Präsident Sadi Carnot weigerte, die Kathedrale zu betreten und an der religiösen Zeremonie teilzunehmen. Viele überzeugte Republikaner waren nicht gewillt, Jeanne d' Arc den Katholiken zu überlassen, schließlich war es ein kirchliches Gericht gewesen, das für Johannas Tod auf dem Scheiterhaufen verantwortlich war. Jeanne d' Arc verkörperte die Siegesgewissheit Frankreichs und galt als Garant für individuellen und kollektiven Schutz und wurde auch von der *Union sacrée* im Ersten Weltkrieg beschworen. Später gab es in Orléans zumeist getrennte Feierlichkeiten – eine Versöhnung von Religion und Vaterland sollte erst nach Jeannes Heiligsprechung erfolgen.

Langsam entspannte sich das Verhältnis zwischen Staat und Kirche: Bei den Feierlichkeiten zum 500. Jubiläum der Aufhebung der englischen Belagerung von Orléans wohnte mit dem Protestanten Gaston Doumergue 1929 erstmals wieder ein französischer Präsident offiziell einer katholischen Messe bei. Seinem Beispiel folgend, besuchten von Vincent Auriol über Charles de Gaulle bis hin zu François Mitterrand und Nicolas Sarkozy alle Präsidenten der Vierten und Fünften Republik das Jeanne d' Arc-Fest in Orléans. Der ehemalige Kulturminister André Malraux brachte am 8. Mai 1961 in Orléans das staatliche Interesse an Jeanne d' Arc auf den Punkt: „Die Regierung hat es gewünscht, dass am heutigen Tag ... die einzige Figur unserer Geschichte, die eine Einstimmigkeit der Anerkennung hervorruft, geehrt wird."

Vom Opfer zur Heiligen

Bei dem Prozess gegen Jeanne d' Arc handelte es sich unbestreitbar um ein politisch gefärbtes Inquisitionsverfahren, das seinen unrühmlichen Höhepunkt in der Verbrennung Jeanne d' Arcs am 30. Mai 1431 in Rouen fand. Mehr als fünfundzwanzig Jahre mussten vergehen, bis Johanna offiziell von den Vorwürfen freigesprochen und rehabilitiert wurde. Fortan wurde sie als Inkarnation des göttlichen Willens angesehen, auserkoren, Frankreich vor dem Untergang zu bewahren. Um zu vermeiden, dass der König als Kläger auftritt, schickte man Jeanne d' Arcs Mutter Isabelle Rommée vor, die auch im Namen ihrer Söhne beim Generalinquisitor Jean Bréhal in Rom eine Bittschrift einreichte. Papst Calixtus III. genehmigte den Rechtfertigungsprozess, der im November 1455 in der Pariser Kathedrale Notre-Dame eröffnet wurde und am 7. Juli 1456 im Erzbischöflichen Palast von Rouen mit der vollständigen Rehabilitation Johannas endete.

In den folgenden Jahrhunderten gab es zwar vereinzelte Vorstöße in Richtung Heiligsprechung, doch erst nachdem Félix Dupanloup 1849 zum Bischof von Orléans geweiht worden war, nahm das Vorhaben Gestalt an. Dupanloup setzte sich unermüdlich für die Heiligsprechung der Jeanne d' Arc ein, lobte ihre Taten und ihren unerschütterlichen Glauben: „Ich begrüße in ihr die Heilige." Dupanloup, der auch Mitglied der *Académie française* war, forderte am 8. Mai 1869 in einer Festpredigt offiziell die Heiligsprechung von Jeanne d' Arc und berief dreiunddreißig Gutachter, die die dafür nötige Seligsprechung in Rom vorbereiten sollten. Der Erfolg ließ allerdings auf sich warten: Erst am 18. April 1909 wurde Jeanne d' Arc durch Pius X. selig gesprochen. Auch der Prozess der Heiligsprechung verzögerte sich, weil nicht nur zwei Wunder anerkannt werden mussten, sondern auch die Frage abschließend zu klären war, ob Jeanne nicht im Laufe der Gerichtsverhandlung in ihrem Glauben geschwankt hatte – dies hätte ihre Heiligsprechung ausgeschlossen.

Wie viele andere Heiligsprechungen war auch diejenige von Johanna ein politischer Akt, denn Rom war nach dem Ende des Ersten Weltkriegs an einer Verbesserung seiner Beziehungen zum erstarkten Frankreich interessiert. Nachdem alle Bedenken ausgeräumt waren, erhob Papst Benedikt XV. Jeanne d' Arc am 16. Mai 1920 zur Heiligen; sechs französische Kardinäle, 69 französische Bischöfe und Erzbischöfe sowie mehr als 15 000 französische Pilger waren zur Kanonisation nach Rom gekommen. Als Gedenktag wählte man den symbolträchtigen 30. Mai. Dieser erste Gedenktag wurde in Paris mit einem imposanten Festzug durch die Straßen begangen, den Tausende von Zuschauern verfolgten. Doch es gab auch andere Stimmen: Die kommunistische Zeitung *L'Humanité* nahm die Heiligsprechung Jeanne d'Arcs zum Anlass, davor zu warnen, dass die Trennung von Kirche und Staat, das Herzstück der Dritten Republik, in Gefahr sei.

Trotz ihrer Heiligsprechung hat Jeanne d'Arc viel von ihrer religiös motivierten Anziehungskraft verloren. Neben der allgemeinen Zurückdrängung der Religion hat auch die Psychologie dazu beigetragen, das Phänomen neu zu bewerten. Im frühen 20. Jahrhundert erklärte der Schriftsteller Anatole France die Stimmen, die Jeanne gehört hatte, zu Halluzinationen, später wurde das Krankheitsbild der *Anorexia nervosa* beschrieben, die Pubertätsmagersucht, die zu einer gestörten Entwicklung, verbunden mit Gewichtsverlust, dem Ausbleiben der Regelblutung und schizoiden Störungen führen kann. Es wurde auch behauptet, dass Jeanne ihre vorgegebene Nähe zu Gott als Chance begriff, wahr- und wichtig genommen zu werden. Die Psychologie hält ein ganzes Spektrum von Erklärungen bereit. So skurril wie amüsant ist die Theorie, dass Jeannes Stimmen als Begleiterscheinung eines durch Glockengeläut ausgelösten epileptischen Anfalls einzuordnen sind.

Nicht nur die katholische Kirche, auch Frankreich selbst wollte Jeanne d'Arcs gedenken. 1880 gab es erste Anträge, den 8. Mai zu Ehren Jeanne d'Arcs zum Feiertag zu erklären, um der nationalen Versöhnung und des Patriotismus zu gedenken sowie Vaterland und Religion zu versöhnen. Doch erst 1920 – also im Jahr der Heiligsprechung – verankerte man den Feiertag im nationalen Kalender. Dieser Feiertag wurde allerdings schon bald von einem weltgeschichtlichen Ereignis überdeckt, dessen Erinnerung Jeanne d'Arcs Gedenken überstrahlt. Mit der *Fête de la Victoire* werden seit 1959 am 8. Mai das Ende des Zweiten Weltkriegs in Europa und der Sieg der Alliierten über Hitler-Deutschland gefeiert.

Symbolfigur der Nationalisten

Im Laufe des 20. Jahrhunderts wurde Jeanne d' Arc vor allem von Konservativen und Nationalisten zur Symbolfigur aufgebaut – von Charles de Gaulle bis hin zu Jean-Marie Le Pen. Der ehemalige französische Ministerpräsident Édouard Baladour, der selbst eine Biographie über Jeanne d' Arc geschrieben hat, erinnerte daran, dass man unter all denen, die sich auf Johanna berufen haben, de Gaulle nicht vergessen dürfe: „Schließlich bezieht sich das Lothringer Kreuz auf Jeanne d' Arc. De Gaulle ist auch das letzte Beispiel für die Zuflucht zur Figur der Jungfrau von Orléans in einer großen nationalen Krisensituation." Charles de Gaulle hatte 1940 in London das Lothringer Kreuz mit seinen zwei Querbalken, von denen der obere kürzer ist als der untere, als Symbol für seine Exil-Regierung und den Widerstand gegen Deutschland gewählt. In gewisser Weise wurde damit der Kampf gegen Hitler zu einem Kreuzzug für die Gerechtigkeit. Als die französischen Truppen 1943 das nordafrikanische Tunis eroberten, spornte General Leclerc, ein enger Vertrauter de Gaulles, seinen Soldaten an: „Wie Jeanne nach Orléans an Reims dachte, so wenden wir, nach Tunis, unsere Hoffnungen und Bestrebungen dem Boden Frankreichs zu." Später zierte es auch die Verdienstmedaillen jener Epoche, so den *Ordre de la Libération* und die *Médaille de la Résistance*.

Zuletzt wurde Jeanne d' Arc vom Front National politisch vereinnahmt. Seitdem Jean-Marie Le Pen 1988 für die Präsidentschaftswahlen kandidierte, bemühte er sich, Johanna zur Gallionsfigur seiner nationalen Revolution zu erheben. Mit pathetischem Gestus legte der Rechtsextremist jedes Jahr am 1. Mai beim Louvre vor ihrer goldenen Reiterstatue einen Kranz nieder, wobei man sich in Anlehnung an Philippe Pétains *Fête du Travail* bewusst für dieses Datum entschieden hatte, um ein Gegensymbol zu dem von den Linken gefeierten Internationalen Tag der Arbeit zu setzen. Eine Tradition, die heute von seiner Tochter Marine Le Pen fortgeführt wird, die wie ihr Vater nicht müde wird, eine imaginäre Jeanne d' Arc zur Rettung Frankreichs vor den als „Invasoren" stigmatisierten Immigranten aufzufordern.

Doch nicht allen gefällt diese Vereinnahmung. Bei seinem Präsidentschaftswahlkampf unterstrich Nicolas Sarkozy am 1. Mai 2012 in einer Ansprache im lothringischen Vaucouleurs, dass Jeanne d' Arc ein „Symbol der Einheit" Frankreichs sei; sie dürfe daher nicht jenen überlassen werden, die sich ihrer bedienten, um das Land zu spalten. „Wer im Namen von Jeanne d' Arc spaltet, der verrät das Andenken an Jeanne d' Arc", hielt er dem rechtsextremen Front National entgegen. Da Sarkozy zuvor demonstrativ Jeanne d' Arcs Geburtshaus in Domrémy-la-Pucelle besucht hatte, warfen ihm die Linken vor, er wolle mit deren Vereinnahmung nur am rechten Rand um Stimmen buhlen.

Pilgerstätten

Nicolas Sarkozy war nicht der erste Besucher von Jeanne d' Arcs Geburtshaus. Domrémy entwickelte sich bald nach Johannas Tod zu einer Pilgerstätte, sogar Montaigne besuchte 1580 auf einer Reise in die Schweiz den Ort, der zwei Jahre zuvor in Domrémy-la-Pucelle umbenannt worden war. Als in der Mitte des 19. Jahrhunderts der Pilgerstrom immer weiter anschwoll, erhielt Domrémy sogar einen Anschluss an das staatliche Eisenbahnnetz. Die Verehrung der Jeanne d' Arc steigerte sich weiter, und ein paar Jahrzehnte später entschloss man sich, südlich des Ortes die *Basilika Sainte-Jeanne-d' Arc*, auch *Basilika du Bois-Chênu* genannt, genau an der Stelle zu errichten, an der Jeanne d' Arc den göttlichen Auftrag zur Rettung Frankreichs erhalten haben soll.

Die touristische Vermarktung der Jungfrau von Orléans ist vielfältig. Domrémy-la-Pucelle und weitere Orte Lothringens kann man auf einer *Route Jeanne d' Arc* erkunden, das Gedenken an Jeanne d' Arc wird aber vor allem in Orléans und Rouen gepflegt. Neben dem alljährlichen Jeanne d' Arc-Fest, das heute nur noch von touristisch-folkloristischer Bedeutung ist, hält Orléans die Erinnerung mit der *Maison de Jeanne d' Arc* wach. Allerdings wurde das Haus, in dem Johanna nach der Befreiung der Stadt gewohnt hatte, im Zweiten Weltkrieg zerstört, so dass die Besucher mit einer originalgetreuen Rekonstruktion vorlieb nehmen müssen.

Rouen hat als Ort der Gerichtsverhandlung und Hinrichtung ein schweres Erbe antreten müssen. Bereits kurz nach Johannas Rehabilitierung wurde 1456 ein heute durch ein zwanzig Meter hohes Holzkreuz ersetztes vergoldetes Bronzekreuz an der Stelle errichtet, wo sie den Flammentod fand. In unmittelbarer Nähe stand auf dem Vieux-Marché eine Kirche, die 1944 der Bombardierung der Stadt zum Opfer fiel. Den Stadtvätern war es beim Wiederaufbau ein zentrales Anliegen, die Erinnerung an die heilige Jungfrau in Rouen hochzuhalten, weshalb man sich zu einem ihr gewidmeten Kirchenneubau auf dem Vieux-Marché entschloss, dessen Fassade und Dach den lodernden Flammen eines Scheiterhaufens nachempfunden wurde. Auch der Turm, in welchem Johanna gefangen gehalten wurde, kann noch besichtigt werden; er ist der letzte von einst sieben Türmen einer mittelalterlichen Burg des französischen Königs Philippe II. August. Eine kleine Ausstellung informiert darüber, dass Jeanne d' Arc direkt unter dem spitzen Kegeldach eingesperrt war und dort auch gefoltert worden ist. Zuletzt gibt es auch in Rouen eine Gedenkveranstaltung zum Todestag am 30. Mai mit Konzerten, einem mittelalterlichen Markt und einer Prozession, bei der weiße und blaue Blumen in die Seine geworfen wurden.

Jeanne d' Arcs Aura zieht heute nicht nur Nationalisten, Katholiken, Freiheitskämpfer und Feministinnen in ihren Bann – die Jungfrau von Orléans wurde zu einer Werbeikone, mit der sich französische Produkte weltweit vermarkten lassen und auch der Tourismus angekurbelt werden kann. Und so hält Jeanne d' Arc noch immer ihre schützende Hand über Frankreich.

IRRTUM 6:

Der Rhein ist Frankreichs natürliche Grenze

Auf seine geographischen Gegebenheiten reduziert, ist der Rhein ein europäischer Fluss, der im Adula-Massiv entspringt und nach knapp 1250 Kilometern in die Nordsee mündet. Von der Quelle bis zur Mündung haben sich seine Wassermassen ein breites Bett gegraben, das anfangs durch gebirgiges Terrain, später durch eine hügelige, sonnenverwöhnte Landschaft führt, bis sich der Fluss mit seinen mitgeführten Sedimenten beim heutigen Rotterdam ins Meer ergießt.

In emotionaler Hinsicht war und ist der Rhein jedoch weit mehr als ein breiter Strom, der irgendwo in der Ferne dem Meer entgegenplätschert – kein anderer europäischer Flusslauf wurde in der Vergangenheit mehr vereinnahmt, mehr als Propagandainstrument missbraucht als der Rhein. Jahrhundertelang wurde der Rhein in erster Linie als eine Landmarke betrachtet, die bewahrt und besetzt werden musste. Statt den Strom als sanften Mittler zwischen den südlichen Ländern und der Nordsee zu begreifen, wurde der zum Mythos verklärte Rhein wiederholt zum diplomatischen Zankapfel: Die einen schwärmten vom „deutschen Strom", die anderen priesen den Rhein als „Frankreichs natürliche Grenze". Spätestens seit dem Ende des Zweiten Weltkriegs bildet der Rhein unstreitig eine der sechs Seiten des französischen Hexagons.

Schuld war Julius Caesar

Caesar befürchtete, dass die Germanen immer wieder den Rhein überschreiten könnten und eine stete Gefahr für das römische Volk darstellen würden, wenn eine große Anzahl von ihnen nach Gallien einfiele. Daher befahl er seinen Legionen, die Germanen daran zu hindern, über den Fluss zu setzen, und erklärte den Rhein kurzerhand zur Grenze zwischen *Gallia* und *Germania*; Caesar erschuf damit zwei „Länder", die es zuvor nicht gegeben hatte. Tacitus befand im Gegensatz zu Caesar, dass der Rhein nur teilweise als Grenze dienen könne.

Die von Caesar gezogene „Rheingrenze", die Gallien vom keltischen und germanischen Mitteleuropa trennen sollte, war eine willkürliche Grenze, denn der damalige Rhein stellte weder in kultureller noch in stammesgeschichtlicher Hinsicht eine Demarkationslinie dar, auch war er kein unüberwindbares Hindernis: Es gab Stämme, die auf beiden Ufern siedelten. Der Rhein hatte damals noch nicht die Form eines tiefen Kanals mit künstlichen Ufern, sondern konnte an seinen Furten bei Eisbildung im Winter wie bei sommerlicher Trockenheit von ganzen Stammesverbänden mit Pferden, Gepäck und Wagen leicht überquert werden. Zudem gab es zahlreiche Lastkähne, die bei normalem Pegelstand Menschen und Waren vom einen auf das andere Ufer transportierten.

Und selbst wenn der Rhein zu Zeiten Caesars ein Grenzfluss gewesen wäre, gehörte der Fluss schon wenige Jahrzehnte später allein den Römern. Von Basel bis Utrecht erstreckte sich die römische Zivilisation, und zwar auf beiden Ufern. Die Menschen trugen die gleiche Kleidung, lebten in ähnlichen Häusern und verstanden sich als Teil einer Europa umspannenden Kultur. Dann kam die Zeit der Völkerwanderung und fegte auch über den Rhein und seine Städte hinweg. Doch der römische Einfluss ließ sich nicht so einfach ausradieren, wie der französische Historiker Jules Michelet 1842 auf seiner Deutschlandreise bemerkte: „Der Rhein ist ein römischer Strom. Ein Strom der gesamten Welt eher denn ein deutscher Strom. Sogar die gothischen Bauwerke wurden über römischen Unterbauten errichtet, die Burgen über den *castra*, die Kirchen und Klöster über ehemaligen Tempeln."

Eine folgenreiche Erbteilung

Wer weiß, was passiert wäre, wenn Ludwig der Fromme bei seinem Tod zwei oder vier erbberechtigte Söhne gehabt hätte? Wer weiß, nach welchem Schema die Diplomaten am kaiserlichen Hof das väterliche Erbe in zwei oder vier gleichwertige Teile aufgeteilt hätten? Nach diversen kriegerischen Auseinandersetzungen und langen Vorverhandlungen einigten sich die verfeindeten Söhne im August 843 darauf, wie das riesige Reich Ludwigs des Frommen aufzuteilen sei. In diesem in Verdun geschlossenen Vertrag wurden Karl dem Kahlen mit Westfranken große Teile des heutigen Frankreichs zugesprochen, während Ludwig das dem heutigen Deutschland entsprechende Ostfranken bekam und Lothar, der älteste Sohn, mit der Kaiserwürde und dem schmalen Lotharingien bedacht wurde, das sich von Aachen bis hinunter nach Rom erstreckte.

Die im Vertrag von Verdun festgelegte Reichsteilung leitete keine friedliche Epoche ein, vielmehr richtete sie irreparablen Schaden an, der zu weiteren Streitigkeiten führte. Innerhalb weniger Jahrzehnte kam es in Prüm und Meersen zu weiteren Teilungen und entsprechenden Verträgen, bevor im Jahre 880 im Vertrag von Ribemont eine Grenze zwischen dem Ost- und dem Westfränkischen Reich festgeschrieben wurde, die bis in die Frühe Neuzeit nahezu unverändert fortbestand, wobei der gesamte Rhein zu „Deutschland" gehörte. Zwar wurden bis ins Hochmittelalter Ansprüche auf das Reich Lothars erhoben, doch zielten diese auf eine Vereinigung mit den karolingischen Stammlanden an Maas und Mosel und nicht auf die Errichtung einer leichter zu verteidigenden Flussgrenze. Diese Streitigkeiten legten die Grundlage dafür, dass Deutschland und Frankreich im Laufe der Jahrhunderte zu verfeindeten Brüdern wurden.

Schließlich nutzte der französische König Heinrich II. die Auseinandersetzungen zwischen den protestantischen deutschen Fürsten und den ihm verhassten katholischen Habsburgern und eroberte 1552 mit Billigung der deutschen Fürsten das Bistum Metz, zudem sicherte er sich seinen Einfluss auf die benachbarten Bistümer Toul und Verdun. Nachdem sich nach Ende der Religionskriege die politische Lage beruhigt und gefestigt hatte, streckte das absolutistisch geführte Frankreich in der letzten Phase des Dreißigjährigen Krieges seine Fühler weiter nach Osten aus und näherte sich dem Rhein, indem sich Ludwig XIII. seinen katholischen Glaubensbrüdern im Elsass als „Beschützer“ anbot.

Kardinal Richelieu formulierte 1642 in seinem „Testament“ die Ziele seiner Politik, nämlich „Frankreich die Grenzen zurückzugeben, welche die Natur ihm zugedacht hatte ... Gallien mit Frankreich in Übereinstimmung zu bringen und überall, wo das alte Gallien existierte, das neue wiederherzustellen“. Damit war Richelieu der Erste und lange Zeit der Einzige, der die Grenzen Frankreichs definierte. Obwohl sich Frankreich erstmals 1648 mit dem Elsass bis an den Rhein erstreckte, beherrschte dieser Gedanke fortan die französische Politik. Napoleon und schließlich der Erste Weltkrieg zementierten diesen für die europäische Geschichte bedeutsamen Grenzverlauf.

Durch den Westfälischen Frieden wurde Frankreich die Zugehörigkeit der Bistümer Metz, Toul und Verdun bestätigt und der Zugriff auf das konfessionell und territorial zerstückelte Elsass ermöglicht. In den darauffolgenden Jahrzehnten sicherte sich Frankreich teils durch Verträge, teils durch Annexion die Landesherrschaft in den meisten elsässischen Regionen, nur Mülhausen und Straßburg blieben länger ausgespart. Die Eingliederung Lothringens erfolgte im Laufe des 18. Jahrhunderts. Geschickte militärische Interventionen schufen Fakten und Grenzen, die schon bald auch von anderen Staaten anerkannt wurden, wenngleich sich die deutschsprachige Bevölkerung mit ihrem neuen Landesherrn schwertat. So war die Zitadelle von Straßburg nicht nur gegen äußere Feinde gerichtet, sondern auch gegen die Stadt selbst. Umgehend sicherte Vauban, der Festungsbaumeister des Sonnenkönigs, die französische Ostgrenze mit weiteren Bollwerken ab.

König Friedrich II. von Preußen hatte aus eigenem Interesse volles Verständnis dafür, „daß der Rhein weiterhin den Rand der französischen Monarchie bilden möge“: „Schlesien und Lothringen sind zwei Schwestern, deren ältere Preußen und deren jüngere Frankreich geheiratet hat. Diese Verbrüderung zwingt Preußen und Frankreich, eine gleichgerichtete Politik zu betreiben.“

Mentale Grenzen

Nachdem die französischen Revolutionäre im September 1792 die Republik ausgerufen hatten, stellte sich die Frage nach den Grenzen Frankreichs. Für zahlreiche führende Revolutionspolitiker wie Jacques Brissot stand außer Frage, dass der Rhein fortan die Ostgrenze ihres Landes bilden sollte. Daran ließ auch Danton keinen Zweifel, als er am 31. Januar 1793 in einer Rede vor dem Nationalkonvent verkündete: „Die Grenzen sind von der Natur gezogen. Wir erreichen sie in den vier Himmelsrichtungen, es sind dies der Rhein, der Ozean, die Pyrenäen, die Alpen. Sie bilden die Grenzen Frankreichs." Vier Jahre später wurde Dantons Vorstellung Realität: Das gesamte linksrheinische Gebiet wurde Frankreich angegliedert, und mit *Sarre* (Saar), *Mont-Tonnere* (Donnersberg), *Rhin-et-Moselle* (Rhein-Mosel) und *Roer* (Rur) wurden vier neue Départements geschaffen. Napoleon gab noch bis 1802 die Wahrung der „natürlichen Grenzen" (*frontière naturelle*) als Kriegsziel aus, bevor sein Macht- und Expansionsstreben nicht wie angekündigt am linken Flussufer halt machte, sondern sich über große Gebiete östlich des Rheins erstreckte. 1806 wurde der „Rheinbund" (*Confédération du Rhin*) gegründet, ein Zusammenschluss von anfangs sechzehn süd- und westdeutschen Fürsten, auf deren Beistand sich Napoleons Herrschaft über weite Teile Deutschlands stützte. Auch wenn der Rheinbund nur wenige Jahre bestand, weckte er Frankreichs Interesse an den mittelrheinischen Gebieten.

In der Revolutionsepoche gewannen „Grenzen" und damit auch der Rhein neue Bedeutung, es kam zu einer Nationalisierung der Geographie. Die Kleinstaaterei fand ein Ende – statt eines verwirrenden Wechselspiels von Enklaven und Exklaven, verbunden mit wechselnden Loyalitäten der Untertanen, existierte nun zwischen Frankreich und Deutschland eine klare Grenze, die zugleich als kulturell-nationale Grenze angesehen und empfunden wurde. Eindrucksvoll wird dieses Phänomen in Madame de Staëls berühmten Buch *De l'Allemagne* beschrieben: „Die Rheingrenze ist feierlich; indem man sie überschreitet, fürchtet man das schreckliche Wort zu hören: Jetzt bist du außerhalb Frankreichs. Vergeblich bemüht sich der Geist, mit der Unparteilichkeit von dem Geburtslande zu urteilen, unsere Gefühle trennen sich nie davon; und ist man genötigt, es zu verlassen, so hat die Existenz ihre Wurzeln verloren, so fühlt man, daß man sich selbst fremd geworden ist."

Der emotionale Tonfall ist dem Umstand geschuldet, dass die Schriftstellerin nicht freiwillig nach Deutschland gereist war. Nachdem Napoleon zum Konsul gewählt worden war, hatte er seine politische Gegnerin aus Paris und Umgebung verbannen lassen. Madame de Staël entschloss sich, mit ihren Kindern eine längere Reise zu unternehmen, die sie zunächst für ein halbes Jahr nach Deutschland führte. Als sie im November 1803 am Ufer des Rheins stand und sich ihre französischen Bediensteten noch wunderten, „daß man nicht die einzige Sprache verstand, die sie für die Sprache aller civilisirten Länder hielten", wurde ihr bewusst, dass sie mit der Flussüberquerung mehr als nur eine Sprachgrenze hinter sich gelassen hatte: „Die einfachsten Gebräuche, wie die vertrautesten Beziehungen, die wichtigsten Angelegenheiten, wie die kleinsten Freuden, alles gehörte dem Vaterlande an, und dies Alles ist nicht mehr. Man begegnet Keinem, der uns von der Vergangenheit etwas sagen könnte." Für Germaine de Staël stellte der Rhein weniger eine politische oder geographische als vielmehr eine kulturelle Grenze dar. Nicht vergessen werden darf dabei, dass Madame de Staël in ihrem Buch ein sehr positives Bild von Deutschland als „Land der Dichter und Denker" zeichnet, das noch jahrzehntelang das französische Denken prägte.

Doch nicht alle Schriftsteller empfanden den Rhein als Grenze. Im Gegensatz zu den meisten seiner Zeitgenossen entwickelte Friedrich Schlegel eine moderne, europäische Utopie: „Nirgends werden die Erinnerungen an das, was die Deutschen einst waren, und was sie sein könnten, so wach, als am Rheine. Der Anblick dieses königlichen Stromes muß jedes deutsche Herz mit Wehmut erfüllen ... Hier wäre der Ort, wo eine Welt zusammenkommen und von hieraus übersehen und gelenkt werden könnte, wenn nicht eine enge Barriere die sogenannte Hauptstadt umschränkte, sondern statt der unnatürlich natürlichen Grenze und der kläglich zerrißnen Einheit der Länder und Nationen, eine Kette von Burgen, Städten und Dörfern längs dem herrlichen

Strome wiederum ein Ganzes und gleichsam eine größere Stadt bildeten, als würdigen Mittelpunkt eines glücklichen Weltteils."

Deutschlands Strom?

Es gab viele Deutsche, die sich mit der dauerhaften Präsenz der Franzosen am linken Rheinufer nicht abfinden wollten. Vor allem im Revolutionszeitalter sah man sich von den französischen Truppen bedroht. Wacker hielt der greise Johann Wilhelm Ludwig Gleim den vorrückenden Girondisten 1791 entgegen:

Laßt uns den Rhein, Ihr Allesnehmer!
Wo nicht, so habt ihr neuen Krieg!
Und dann, und dann, so sind wir Schwärmer,
Und unser ist der letzte Sieg! [...]

Und setzt dem Frieden weiter keine
So kriegerische Hindernis!
Wo nicht, so nehmen wir die Seine
Zur deutschen Grenze, seid gewiß!

Andernorts wurden die französischen Revolutionsarmeen mit Jubel und Begeisterung empfangen. Zwischen Worms und Köln wurden Freiheitsbäume gepflanzt, vor allem in Mainz, das sich den Truppen von General Custine kampflos ergeben hatte. Im März 1793 erklärten die Mitglieder eines rheinisch-deutschen Nationalkonvents alle Bindungen an das Reich für gelöst und beschlossen: „Das rheinisch-deutsche Volk wünscht seinen Anschluß an die französische Politik und beantragt ihn bei ihr." Diese „Mainzer Republik" währte nur wenige Monate, doch für ihre führenden Vertreter wie Georg Forster bestand kein Zweifel: „Die Natur selbst hat den Rhein zur Grenze gemacht. Er war es schon in den allerersten Jahrhunderten des französischen Königsreichs."

Diese Meinung wurde jedoch nicht von allen Zeitgenossen geteilt. Spätestens seit Napoleon faktisch über weite Teile Deutschlands herrschte, formierte sich in konservativen, national gesinnten Kreisen eine breite Ablehnung, die in einem regelrechten Franzosenhass gipfelte. An die Spitze des Protests stellte sich der Schriftsteller und spätere Politiker Ernst Moritz Arndt mit seiner 1813 veröffentlichten programmatischen Schrift „Der Rhein, Teutschlands Strom, aber nicht Teutschlands Gränze". Als Gegenentwurf zu den von Frankreich verfochtenen „natürlichen Grenzen" forderte Arndt eine am Sprachraum orientierte Grenzziehung und unterstrich den Anspruch Deutschlands auf das linksrheinische Territorium einschließlich Elsass-Lothringens. Hierzu bemühte er den Rhein als identitätsstiftende Metapher: „Ich meine mit dieser Überschrift, die beiden Ufer des Rheins und die umliegenden Lande müssen teutsch seyn, wie sie sonst waren, die entwendeten Lande und Menschen müssen dem Vaterlande wieder erobert werden. Ohne den Rhein kann die teutsche Freiheit nicht bestehen."

Mit dem Pariser Frieden von 1815 und dem darin festgehaltenen französischen Verzicht auf das Rheinland kehrte vorerst Ruhe ein, doch wurden die deutsch-französischen Auseinandersetzungen um den Rhein 1840 wiederbelebt. Nachdem Frankreich mit seinem Orientengagement im Sommer 1840 kläglich gescheitert war, versuchte Ministerpräsident Adolphe Thiers von seinen ausbleibenden politischen Erfolgen abzulenken, indem er mit Berufung auf die natürlichen Grenzen die gesamten linksrheinischen Gebiete von Deutschland zurückforderte. Zahlreiche Politiker und Schriftsteller wie Edgar Quinet, Alphonse de Lamartine und Victor Hugo unterstützten diese Anliegen: „Ja, mein Freund, der Rhein ist ein edler Fluss: aristokratisch, republikanisch, kaiserlich, würdig, sowohl Frankreich als auch Deutschland anzugehören." (Victor Hugo)

Dieses Säbelrasseln rief natürlich in Deutschland das entsprechende Echo hervor. Der deutsche Nationalismus nahm durch die Rheinkrise richtig Fahrt auf und entlud sich vor allem in der „Rheinliedbewegung". „Sie sollen ihn nicht haben, den freien deutschen Rhein, ob sie wie gier'ge Raben, sich heiser danach schrein" – so beginnt Nikolaus Beckers „Rheinlied", das sofort riesige Popularität erlangte und weit mehr als siebzig Vertonungen erfuhr. Auch das „Deutschlandlied" von Heinrich Hoffmann von Fallersleben, das später zur Nationalhymne geadelt wurde, entstand in Folge der damaligen Diskussion, ebenso Max Schneckenburgers „Wacht am Rhein":

Es braust ein Ruf wie Donnerhall,
wie Schwertgeklirr und Wogenprall:
Zum Rhein, zum Rhein, zum deutschen Rhein!
Wer will des Stromes Hüter sein?

Lieb Vaterland magst ruhig sein,
Fest steht und treu die Wacht,
die Wacht am Rhein!

In einem regelrechten Dichterstreit antwortete Alfred de Musset: *Nous l'avons eu, votre Rhin allemand* ... Wir hatten ihn, euren deutschen Rhein! Auf beiden Seiten des Flusses wurden emotionsgeladene Debatten geführt, und als Heinrich Heine in seinem „Wintermärchen" den Vater Rhein als unzufriedenen alten Mann zeichnete, der des deutschtümelnden Geschwätzes überdrüssig sei, wurde er als Franzosenfreund und „Verächter des Vaterlands" geschmäht.

Die Streitereien und patriotischen Bekundungen mündeten in eine Mythisierung des Rheins; Dichtung und Malerei wurden als kulturelle Waffe verstanden, dem Rhein zu huldigen. Im Zuge dieser Mythisierung entwickelte sich auch eine besondere Form der Heimatliebe, die mit der Restaurierung mittelalterlicher Burgen einherging. Stolz erinnerte man sich der Zeugnisse der eigenen Geschichte – vom Kaiserdom in Speyer mit seiner Grablege über den Nibelungenhort und die romantisch verklärte Loreley bis hin zum unvollendeten Kölner Dom, den man, obwohl sich seine Formensprache unleugbar aus der französischen Gotik speiste, zum Symbol für die deutsche Einheit stilisierte. Am 4. September 1842 wurde im Beisein des protestantischen preußischen Königs Friedrich Wilhelm IV. der Grundstein für den Weiterbau des Doms gelegt.

Nach dem Frieden von Frankfurt 1871 war der Rhein nicht mehr „Teutschlands Gränze", sondern „Teutschlands Strom". Durch die Angliederung Elsass-Lothringens geriet nicht nur fast der gesamte Rhein unter deutsche Kontrolle, sondern auch französische Regionen, deren Bevölkerung mehrheitlich gegen die Zugehörigkeit zum Deutschen Kaiserreich war und die Verschiebung des Grenzverlaufs als nationale Katastrophe empfand. Die Ufer des Rheins wurden mit der Eisenbahn erschlossen und mit Denkmälern markiert. Am bekanntesten ist das monumentale Niederwalddenkmal bei Rüdesheim, das als Nationaldenkmal für den Sieg über Frankreich gedeutet werden kann. Als deutsche Antwort auf die französische Marianne thront die Germania auf einem massiven Sockelbau, unter dessen Hauptrelief fünf der sechs Strophen der „Wacht am Rhein" eingraviert sind. Mit dem in Koblenz an der Mündung der Mosel in den Rhein errichteten Reiterstandbild Kaiser Wilhelms I. fand die denkmalpolitische Befestigung des Rheins mit den eingemeißelten Worten von Max von Schenkendorf ihren Abschluss: „Nimmer wird das Reich zerstöret, wenn ihr einig seid und treu."

Infolge des Ersten Weltkriegs wurden die Grenzpfosten nicht nur wieder nach Osten zurückversetzt, die französische Presse forderte zudem, das Rheinland und das Saargebiet vom Deutschen Reich zu trennen. Der Versailler Vertrag regelte dann eine zeitweilige „Friedensbesetzung" durch alliierte Truppen und legte eine Entmilitarisierung des Rheinlandes fest: Deutschland war es untersagt, „auf dem linken Ufer des Rheines und auf dem rechten Ufer westlich einer 50 Kilometer östlich des Stroms verlaufenden Linie Befestigungen beizubehalten oder anzulegen" sowie in diesem Gebiet Truppen zu stationieren. Die französische Willkür bei der Rheinlandbesetzung und die nationalistische Propaganda schaukelten sich gegenseitig hoch und spielten letztlich Hitler in die Hände. Anfang 1945 wurde von Charles de Gaulle letztmalig die Forderung nach einer Rheingrenze erhoben: „Der Rhein bedeutet die französische Sicherheit ... Frankreich ist nämlich wieder überfallen worden und fast daran zugrunde gegangen. Frankreich verlangt daher, dass alles Territorium diesseits jener natürlichen Grenze sein garantierter Besitzstand werde."

Lucien Febvres Buch über den Rhein

Über den Rhein ist viel geschrieben worden – besondere Bedeutung hat dabei Lucien Febvres Buch „Der Rhein und seine Geschichte“, das inzwischen selbst ein historisches Dokument ist. Der französische Historiker, zusammen mit Marc Bloch Gründer der berühmten Zeitschrift *Annales*, wandte sich schon 1931 in bemerkenswerter Weitsicht gegen jede politische Vereinnahmung des Rheins: Febvre prangerte den Glauben an den Rhein als die natürliche Grenze Frankreichs genauso an wie den Mythos vom deutschen Rhein.

Febvre sah den Rhein vorrangig als einen großen europäischen Fluss. „Lauter Möglichkeiten, keinerlei Fatalitäten“ – trotz aller Hassgefühle und Konflikte, die sich seit dem letzten Drittel des 19. Jahrhunderts auf beiden Seiten des Rheins aufgestaut hatten, betonte er dessen grenzübergreifenden Charakter: „Wenn zwei Dynastien, die sich auf einem Terrain festgesetzt haben und es ausbeuten, entlang der Felder auf Kosten der Allgemeinheit einige mit ihrem Wappen geschmückte Steine setzen lassen oder in der Mitte eines Stroms eine ideale Trennlinie ziehen, so sind das noch keine Grenzen. Eine Grenze besteht erst dann, wenn jenseits einer Linie eine andere Welt beginnt, ein Zusammenhang von Ideen, Gefühlen und Begeisterungen, die den Fremden überraschen und verwirren. Mit anderen Worten: Was eine Grenze in den Boden ‚gräbt‘, sind weder Gendarmen noch Zöllner noch Kanonen auf Befestigungswällen. Sondern Gefühle, erregte Leidenschaften – und Haß.“

Febvres Rhein-Buch entstand eher zufällig: Als Festschrift für eine Straßburger Bank, die zu ihrem fünfzigjährigen Jubiläum eine „offene französische Haltung“ zum Problem des Rheins demonstrieren wollte, um die politischen Auseinandersetzungen zwischen Deutschland und Frankreich um die Rheinschifffahrt und die linksrheinischen Gebiete, die seit Ende des Ersten Weltkriegs im Zentrum der politischen Diskussionen standen, abzumildern.

Febvre, der sich dem Bankdirektor gegenüber als ein Historiker bezeichnete, der das intellektuelle Risiko liebt, nahm den mit einem großzügigen Honorar verbundenen Auftrag an, um „dazu beizutragen, die aufziehenden schweren Gewitterwolken zu zerstreuen und an Stelle einer partikularistischen Geschichtsschreibung des Krieges und des Hasses eine friedliche Geschichtsschreibung des Austauschs und der Kooperation durchzusetzen“. Nicht grundlos wählte er ein Zitat von Montesquieu als Motto seines Vorworts aus: „Die häufigste Quelle des Irrtums besteht darin, die Vorstellungen des Jahrhunderts, in dem man lebt, auf weit zurückliegende Jahrhunderte zu übertragen.“

Um die Fehler seiner Historikerkollegen aufzuzeigen, holte Febvre weit aus, schilderte zuerst die geographischen Gegebenheiten, bevor er am Beispiel des Völkergemisches an den Ufern des römischen Rheins nachzeichnete, dass der Rhein damals nicht als Grenze zwischen Galliern und Germanen angesehen wurde. Febvre hob immer wieder die verbindenden Aspekte der Geschichte des Rheins hervor: Der Rhein erschien ihm als die Wiege der abendländischen Zivilisation. Mit poetischer Sprachgewalt entwarf er in seinem Essay ein fremdes, ungewohntes, jedoch außerordentlich lebendiges Bild vom Rhein zwischen kirchlicher Tradition, blühenden Handelsstädten und industriellen Kräften.

Doch 1931 war die Zeit noch nicht reif, einen europäischen Rhein zu denken, und Febvre löste an beiden Ufern des Rheins just jene nationalen Reaktionen aus, die er entkräften wollte.

IRRTUM 7:

Napoleon ist sterblich

Napoleon ist überall. Er reitet nicht nur in Ajaccio über die Place Général de Gaulle und in Cherbourg über die Place Napoléon, die Omnipräsenz des *Empereur* erstreckt sich über ganz Frankreich. Es gibt kaum eine französische Stadt, in der sich nicht irgendein Monument oder andere Reminiszenzen an den Kaiser finden. Aber vor allem in Paris ist Napoleon allgegenwärtig. Zahllose Straßennamen und Metrostationen wie Aboukir, Marengo, Pyramides, Ulm, Iéna, Rivoli, Wagram und Austerlitz erinnern an seine siegreichen Schlachten – den Namen Waterloo sucht man indes vergeblich. Selbstverständlich wurden auch Napoleons Generäle und Marschälle mit nach ihnen benannten Avenuen und Boulevards geehrt, so auch Michel Ney, den Napoleon als „den Tapfersten der Tapferen" gerühmt hat.

Napoleon Bonaparte hatte diesen Kult um seine Person und seine *Grande Armée* schon zu Lebzeiten vorangetrieben, indem er seine Herrschaft im Pariser Stadtbild zu visualisieren versuchte. Er wusste, dass seine Erfolge auf der bedingungslosen Loyalität seiner Soldaten gründeten, und so ließ er am rechten Ufer der Seine mit *La Madeleine* eine Ruhmeshalle nach dem Vorbild eines antiken Podiumstempels errichten. Dieser *Temple de la gloire* sollte allen Veteranen und den Toten seiner Armee gewidmet sein, wobei unter Wahrung der militärischen Hierarchie jeder Marschall eine Statue und jeder Oberst ein Relief erhalten sollte, während sich der „Rest" mit einer Inschrift begnügen musste; die Toten sollten zudem auf Goldtafeln geehrt werden, die Schlachtteilnehmer hätten mit Silber vorliebnehmen müssen. Nach dem katastrophalen Scheitern seines Russlandfeldzugs rückte Napoleon von seinem Vorhaben ab – wahrscheinlich hätte der Platz für die auf Goldtafeln zu ehrenden Toten sowieso nicht ausgereicht – und kehrte zum ursprünglichen Plan eines Kirchenbaus zurück.

Nach der siegreichen Schlacht von Austerlitz kannte Napoleons Dekorationslust, deren Formverständnis sich seit seiner Krönung vor allem am kaiserlichen Rom orientierte, kaum Grenzen. Zwei Triumphbögen nach antikem Vorbild schienen ihm gerade recht, seinen imperialen Machtanspruch in Paris architektonisch zum Ausdruck zu bringen. Der kleinere *Arc de Triomphe du Caroussel* wurde schon 1808 nach dem Vorbild des Septimius-Severus-Bogens errichtet, die Fertigstellung des knapp fünfzig Meter hohen *Arc de Triomphe* erlebte der selbsternannte Kaiser der Franzosen allerdings nicht mehr. Erst unter dem Bürgerkönig Louis-Philippe wurde der Triumphbogen 1836 vollendet. Vier monumentale Reliefs zeigen bedeutende historische Ereignisse, auf denen das Selbstverständnis der Grande Nation gründet: den „Auszug der Freiwilligen von 1792", den „Triumph von 1810", den „Widerstand von 1814" und den „Frieden von 1815".

Neben den beiden Triumphbögen durfte selbstverständlich auch eine Siegessäule nicht fehlen. Die in der Mitte des gleichnamigen Platzes errichtete *Colonne Vendôme* wurde 1810 zur Erinnerung an die siegreiche Schlacht von Austerlitz (1805) aus erbeuteten Kanonen gegossen. Sie ist 44 Meter hoch und der Trajansäule in Rom nachempfunden; die Bronzereliefs verherrlichen die napoleonische Kriegskunst. Napoleon wurde geliebt und gehasst, der Umgang mit seinem Standbild auf der Spitze der Säule steht stellvertretend für das sich wandelnde Renommee des Kaisers: 1814 wurde die Skulptur kurz nach seinem Sturz wie ein eitriger Abszess entfernt und 1818 eingeschmolzen, doch kehrte das kaiserliche Standbild bereits 1833 während der Julimonarchie als *Petit Caporal* an seinen luftigen Platz zurück. Seinem Neffen Napoleon III. missfiel die zweite Statue, so dass er diese kurzerhand durch eine Kopie der ersten ersetzen ließ. Als „Symbol der brutalen Gewalt und des falschen Stolzes" geriet die Colonne Vendôme in den Fokus der Kommunarden, die sie im Mai 1871 umstürzten, doch wurde sie wenig später mit Napoleon an der Spitze wieder aufgerichtet.

Napoleon-Kult

Während der verbannte Kaiser auf Sankt Helena mit der Langeweile kämpfte, wurde er von großen Teilen der französischen Bevölkerung geradezu verherrlicht. Schon bald nach seinem Tod gab es nicht nur Spazierstöcke, die so gedrechselt waren, dass beim Hochhalten das Profil des Kaisers sichtbar wurde, sondern auch Tabakdosen und als Tintenfässer getarnte gusseiserne Mini-Sarkophage mit den Insignien Napoleons, die heimlich nach Frankreich importiert wurden. Letztere sollten den Schmerz symbolisieren, dass Napoleon 1821 auf Sankt Helena ein unwürdiges Grab gefunden hatte.

Nach der Revolution von 1830 wurde die Napoleon-Verehrung Zug um Zug im Sinne eines Staatskultes ausgebaut. Jedes Jahr wurden in der Pariser Deputiertenkammer mehrere Anträge auf Heimholung der kaiserlichen Leiche gestellt. Erst nach zähen Verhandlungen erfüllte sich Napoleons überlieferter Wunsch, „an den Ufern der Seine ... in der Mitte des französischen Volkes, welches ich so innig geliebt habe", bestattet zu werden. König Louis-Philippe war maßgeblich an der Rückkehr des kaiserlichen Leichnams beteiligt, mit der die Heroisierung Napoleons ihren einstweiligen Höhepunkt fand.

Napoleons sterbliche Überreste wurden von der Insel Sankt Helena mit dem Schiff überführt. Seine letzte Reise unternahm der einbalsamierte Kaiser auf einem zehn Meter langen, von sechzehn Rappen gezogenen Prunkwagen, der mit seinem Wappen und der Krone Karls des Großen verziert war. Unter großer Anteilnahme der Bevölkerung zog der Tross durch die Straßen von Paris und durch den erst kurz zuvor vollendeten Arc de Triomphe. Am 15. Dezember 1840 wurde Napoleons Leichnam in einem prunkvollen Staatsakt in der *Chapelle Saint-Jérôme,* einer Seitenkapelle des Invalidendoms, beigesetzt. Weitere zwei Jahrzehnte vergingen, bis die direkt unter der Kuppel ausgehobene Krypta vollendet war. Seither ruhen die Gebeine Napoleons in einem roten Porphyrsarkophag in einer nach oben offenen Krypta, die von zwölf trauernden Viktorien eingerahmt ist, die seine größten militärischen Erfolge versinnbildlichen sollen. Es verwundert nicht, dass im West- und im Ostflügel des *Hôtel des Invalides* heute das *Musée de l'Armée* untergebracht ist, in dem Frankreich mit 300 000 Ausstellungsobjekten seine von vielen Schlachten begleitete Vergangenheit verherrlicht.

Die Mystifizierung Napoleons setzte sich fort: So wurde beispielsweise 1853 ein Saal des Pariser Rathauses mit der „Apotheose Napoleons I." als Deckenfresko verziert. Allerdings ist das Bild, das Napoleon als antiken Herrschergott zeigt, der im Streit- und Triumphwagen zum Himmel aufsteigt, bei den Kampfhandlungen 1871 von Anhängern der Pariser Kommune zerstört worden.

Bis heute hat die an Memorabilien geknüpfte Verehrung Napoleons kein Ende gefunden: *Vive l'Empereur* – „Es lebe der Kaiser!", schallte es im März 2008 durch den feinen Auktionssaal von Druot, als der ehemalige Premierminister Dominique de Villepin seine stattliche Napoleon-Sammlung in Paris versteigern ließ. Villepin, der ein ambitioniertes Sachbuch über die letzten Tage Napoleons geschrieben hatte, bot seine „Bibliothèque Impériale" zum Verkauf an. Die Auktion wurde ein voller Erfolg: Innerhalb kürzester Zeit fanden die bibliophilen Schätze – darunter historische Schmähschriften und ein Autogramm – für mehr als eine Million Euro neue Besitzer. Dominique de Villepin ist mit Sicherheit nicht der einzige Napoleon-Verehrer in Frankreich – landauf, landab stehen in privaten Wohnzimmern noch zahllose Büsten und andere Napoleon-Devotionalien. Doch nicht genug: Der Bürgermeister des bei Paris gelegenen Städtchens Montereau-Fault-Yonne plant einen Napoleon-Park für rund 250 Millionen Euro zu errichten, um damit den Tourismus anzukurbeln.

Despot oder Retter? – „Unmensch und Übermensch"

„In den nächsten fünfzig Jahren muss die Geschichte Napoleons jedes Jahr neu geschrieben werden", prophezeite Stendhal, der sich mit seiner *Vie de Napoléon* selbst als Biograph betätigt hatte. Er konnte kaum ahnen, dass sich in den nächsten beiden Jahrhunderten weltweit mehr als 80 000 Autoren berufen fühlen würden, eine Biographie Bonapartes zu schreiben oder irgendeinen Aspekt seiner Politik, seiner Kriegsführung oder seines Wesens zu ergründen. Auffällig ist, dass die meisten Werke mehr der historischen Belletristik und der Trivialliteratur zuzuordnen sind, während sich die Geschichtswissenschaft vergleichsweise wenig mit Napoleon beschäftigt hat. Hinzu kommen mehr als dreihundert Spielfilme und Dokumentationen, die seine Lebensgeschichte farbig ins Bild setzen.

Nicht nur Stendhal, auch andere Schriftsteller haben am Mythos Napoleon gestrickt. Der Dichter Johann Wilhelm Ludwig Gleim schrieb eine Ode auf Napoleon, Goethe pries ihn als „Kompendium der Welt" und verglich sein Leben mit dem „Schreiten eines Halbgottes von Schlacht zu Schlacht und von Sieg zu Sieg". Hegel sprach vom „Weltgeist zu Pferde", Graf Platen vom „allverehrten Abgott der Menge", Heinrich Heine nannte ihn den „weltlichen Heiland", Friedrich Hölderlin verewigte ihn in Versen, und Beethoven widmete ihm seine *Eroica*. Philosophisch verklärt, setzte auch Friedrich Nietzsche in seiner *Genealogie der Moral* zu einer Deutung an: „Wie ein letzter Fingerzeig zum andren Wege erschien Napoleon, jener einzelnste und spätestgeborene Mensch, den es jemals gab, und in ihm das fleischgewordne Problem *des vornehmen Ideals an sich* – man überlege wohl, was es für ein Problem ist: Napoleon, diese Synthesis von Unmensch und Übermensch." Auch Oswald Spengler stellte Napoleon in seinem *Untergang des Abendlandes* in ein geschichtsphilosophisches System, das ihn weniger als Held der Vergangenheit denn als Inbegriff eines zukünftigen Caesars deutet.

Despot oder Retter, „Unmensch und Übermensch" – Napoleon ist bis heute ein Reizthema; er wird verehrt, bewundert und verachtet. Jede Generation muss ihren eigenen Napoleon erfinden. Von den Konservativen wird Napoleon für seine Führungsstärke und als Mann der Ordnung gerühmt, die Linken schätzen seine aufgeklärte Rechtsauffassung. Napoleon verkörperte die wiederhergestellte Autorität ebenso wie das Abenteuer, je nach politischem Standpunkt war er der Garant eines dauerhaften Friedens oder eine Gefahr für alle europäischen Völker.

Napoleon hat nicht nur den zerrütteten Staatshaushalt ausgeglichen, ohne ihn wären wahrscheinlich auch viele Errungenschaften der Französischen Revolution verschwunden, da die europäischen Monarchen und die Kirchen kein Interesse an einer Abschaffung ihrer Privilegien hatten. Als „Testamentsvollstrecker" (Victor Hugo) der Revolution hat er dem *Code civil* zum Durchbruch verholfen, dessen Gesetze auch die Grundlage für ein modernes Deutschland bildeten. Napoleon brachte aber auch unermessliches Leid und Tod, stand für Kriegstreiberei und Unterdrückung.

Nicht nur Napoleon als Person, auch seine Herkunft und seine Körpergröße wurden zum Mythos. Genauso wenig, wie er in armseligen Verhältnissen aufgewachsen ist, war er von zwergenhaftem Wuchs. In vielen englischen Karikaturen und zeitgenössischen Schmähschriften wurde Napoleon dennoch als kleinwüchsig mit infantilem Habitus dargestellt, obwohl er mit einer Größe von 1,68 Meter sogar ein gutes Stück größer war als die meisten seiner Soldaten. Am bekanntesten ist die Karikatur *Der Plumpudding in Gefahr* (1805) von James Gillray, die zeigt, wie sich der englische Premierminister William Pitt und ein überaus schwächlicher Napoleon mit Schwert und Gabel die Weltkugel aufteilen. Es gibt mehrere Theorien, worauf sich diese Gerüchte über seine Körpergröße stützen, darunter diejenige, dass die Engländer das Längenmaß *foot* (30,48 cm) mit dem französischen *pied* (32,48 cm) gleichgesetzt haben. Nichtsdestotrotz führte der Psychologe Alfred Adler den Begriff „Napoleon-Komplex" ein, mit dem unterdurchschnittlich große Menschen bezeichnet werden, die dieses Manko durch ein ausgeprägtes Streben nach Erfolg und Statussymbolen zu kompensieren suchen.

Der Feldherr

Als Napoleone Buonaparte am 15. August 1769 in Ajaccio das Licht der Welt erblickte, hätte dem Sohn eines Kleinadeligen niemand diese einzigartige Karriere vorhergesagt. Sein kometenhafter Aufstieg vom einfachen Leutnant zum Herrscher Europas, der die Menschen bis heute fasziniert, beruhte in erster Linie auf seinen militärischen Erfolgen. Im Dezember 1793 machte Napoleon erstmals in Toulon von sich reden, als er die englische Besetzung des bedeutendsten französischen Militärhafens am Mittelmeer erfolgreich beendete. Zum Dank für diesen unerwarteten Sieg wurde Napoleon im Alter von nur 24 Jahren in den Rang eines Brigadegenerals erhoben und als militärisches Genie gefeiert. Seinen Feldherrnruhm steigerte er noch durch einen spektakulären Italienfeldzug, zu dessen Erfolg schnelle Entscheidungen und überraschende Truppenbewegungen ebenso beitrugen wie ein punktgenauer Angriff mit geballter Macht. „Es ist mit den Systemen der Kriege wie mit Belagerungen von Festungen. Man muss sein Feuer auf ein und denselben Punkt konzentrieren. Nachdem die Bresche geschlagen und das Gleichgewicht gestört ist, ergibt sich alles Übrige wie von selbst", lautete das Credo des gelernten Artilleristen. Zeitgenossen priesen die Ruhe und Entschlossenheit, die Napoleon insbesondere auf dem Schlachtfeld an den Tag legte. Obwohl sein Ägyptenfeldzug letztlich scheiterte, wurde er bei seiner Rückkehr nach Frankreich als Mann der Stunde gefeiert. Verehrung und Bewunderung wuchsen, und im Windschatten des Feldzuges erwachte das Interesse für die Pharaonen und die ägyptische Kultur.

Höher und höher stieg Napoleons Stern in den nächsten Jahren am französischen Himmel empor: Im November 1799 hatte er als Erster Konsul die faktische Herrschaft übernommen. Getreu dem Treitschke-Motto „Große Männer machen Geschichte" wurde Napoleon schon früh in einem Atemzug mit Alexander dem Großen, Hannibal, Caesar und Karl dem Großen genannt. Er selbst war sehr daran interessiert, sich als Nachfolger der römischen Kaiser und Karls des Großen zu präsentieren, schließlich hatte es seit dem Mittelalter kein europäisches Reich von der Größe Frankreich unter Napoleon gegeben. Napoleon richtete sein Augenmerk stets auf universale Traditionen, und es ist mehr als eine Marginalie, dass er in Paris vier höhere Schulen mit den Namen Napoléon, Bonaparte, Impérial und Charlemagne gründete. Und als er sich am 2. Dezember 1804 in Notre-Dame in Gegenwart von Papst Pius VII. zum Kaiser der Franzosen krönte, trug er wie selbstverständlich das vermeintliche Zepter Karls des Großen.

Mit seinen raschen Angriffskriegen hob der *Empereur*, begleitet von einer propagandistischen Überhöhung seines Wirkens, in den folgenden Jahren das politische System Europas aus den Angeln: In der sogenannten Dreikaiserschlacht von Austerlitz schlug er Österreich und Russland, in Jena und Auerstedt besiegte er Preußen und festigte seinen Einflussbereich durch den Frieden von Tilsit. Selbst der verlustreiche Russlandfeldzug, der trotz der Eroberung Moskaus zum militärischen und menschlichen Desaster wurde, konnte seinem Nimbus wenig anhaben. „Wie auch immer der einzelne über Napoleon sonst denken mochte, ob er ihn liebte oder haßte, so war doch wohl im Heere keiner, der ihn nicht für den größten Feldherrn hielt und unbedingtes Vertrauen auf sein Talent und seine Combinationen setzte“, pries ihn ein am Russlandfeldzug beteiligter Offizier in seinen Erinnerungen. Eine Liebe weit über den Tod hinaus: Noch Jahrzehnte später versammelten sich Veteranen von Napoleons Armee, um seines Krönungsjubiläums, seines Geburtstages und seines Todestages zu gedenken.

Letztlich war es auch ein Schlachtfeld, auf dem Napoleons Schicksal nach seiner Rückkehr aus Elba besiegelt wurde: Südlich von Brüssel in der Nähe des Dorfes Waterloo kam es am 18. Juni 1815 zu dem entscheidenden Aufeinandertreffen der von Napoleon befehligten französischen Armee einerseits und der alliierten Truppen unter General Wellington und der verbündeten Preußen unter Feldmarschall Blücher andererseits. Der Ausgang ist bekannt: Fast 50 000 Tote und Verwundete blieben zurück. Zutiefst gedemütigt konnte Napoleon fliehen, doch blieben ihm nicht mehr viele Tage in Freiheit.

Im Exil auf Sankt Helena grübelte Napoleon ebenso wie viele Zeitgenossen und spätere Historiker darüber nach, warum er seine letzte Schlacht verloren hatte. Während überzeugte Bonapartisten keinen Kratzer an ihrem Napoleonbild dulden wollen und das Scheitern den taktischen Fehlern der Marschälle Grouchy und Ney anlasten, sind andere davon überzeugt, dass der Kaiser am Morgen der Schlacht zu lange gezaudert und sich und seine Fähigkeiten überschätzt habe.

Gesetze für die Ewigkeit

„Ich habe die Revolution geheiligt", bekundete Napoleon 1820 in seinem Exil: „Ich habe sie in unsere Gesetze gegossen. Mein Gesetzbuch ist der Rettungsanker, der Frankreich bewahren wird, es formuliert meinen Anspruch auf die Segenswünsche der Nachgeborenen." Nicht nur Napoleon, sondern auch den *Code civil* umgibt bis heute eine mythische Aura.

Der 1804 in Kraft getretene *Code civil* war nicht nur das erste bürgerliche Gesetzbuch Frankreichs, das eine landesweite Rechtseinheit begründete; es sollte zudem für jeden Bürger und für alle Zeiten die Rechtssicherheit in Frankreich herstellen. Schon als Erster Konsul hatte Napoleon vier Jahre zuvor versucht, das im Norden des Landes geltende Gewohnheitsrecht mit dem Schriftrecht des Südens zu verschmelzen. Er hat das Gesetzbuch zum Zivilrecht natürlich nicht selbst geschrieben, seine Leistung bestand darin, die bis in die frühen Revolutionsjahre zurückreichenden Entwürfe kodifiziert zu haben, wobei er auch manchen Kompromiss eingegangen ist.

Der *Code civil* – zeitweise auch als *Code Napoléon* bezeichnet – sicherte die Gleichheit aller Bürger vor dem Gesetz ebenso wie die Gewerbe- und Religionsfreiheit sowie die strikte Trennung von Kirche und Staat. Der *Code civil* war selbstverständlich ein Kind seiner Zeit und legte unter anderem fest, dass Männer über „ihre" Frauen und Töchter bestimmten.

Napoleon selbst betrachtete den *Code civil* als seine wahre Großtat (*gloire*), die höher zu bewerten sei als die über vierzig gewonnenen Schlachten. Mit dem *Code civil* hatte er „die Freiheit mit vollen Händen ausgesät", denn die eroberten europäischen Länder mussten das französische Zivilgesetzbuch übernehmen. Die Ideale der Französischen Revolution verbreiteten sich damit wie ein Lauffeuer: Der Zunftzwang wurde ebenso abgeschafft wie die Feudalrechte; Gewerbefreiheit, freie Berufswahl, Erbteilung, Zivilehe und Scheidung wurden eingeführt. Das napoleonische Gesetzbuch war eine Fortführung des Krieges mit anderen Mitteln.

Napoleon dankte ab, doch der *Code civil* wirkte trotz aller Kritik weit über die französischen Grenzen hinaus fort und fand Eingang ins kollektive Gedächtnis. Noch bis zum Jahr 1900 bildete er beispielsweise die Rechtsgrundlage in den linksrheinischen Gebieten Deutschlands; erst dann wurde er dort durch das *Bürgerliche Gesetzbuch* abgelöst. Selbst in Bolivien, Mexiko und Kanada orientierten sich die Gesetzbücher am *Code civil*. In Frankreich wurde der *Code* zwar mehrfach modifiziert, doch ist er in wesentlichen Teilen noch heute gültig. Wahrscheinlich liegt das auch an der klaren und eingängigen Sprache, in der er verfasst ist, so dass selbst der Dichter Stendhal zur Einstimmung jeden Morgen zwei oder drei Seiten aus dem *Code civil* las, bevor er seine *Kartause von Parma* diktierte.

Verbannung und Verklärung

Napoleon wurde bekanntlich zweimal verbannt: zunächst nach Elba, dann nach Sankt Helena im Südatlantik – auf unterschiedliche Weise nährten beide Verbannungen seinen Mythos. Als er sich entschloss, von Elba kommend am 1. März 1815 in Golfe-Juan bei Cannes zu landen, war er durch ein dichtes Netz von Zuträgern und Agenten genau über die politische Stimmung in Frankreich informiert und wusste, dass große Teile der Bevölkerung eine Wiederanknüpfung an die Ideale der Revolution wünschten und die herrschenden Bourbonen als Despoten empfanden. Da Napoleon mit dem Widerstand der Royalisten rechnete, vermied er es, über das Tal der Rhône nach Norden vorzurücken. Stattdessen wählte er die weitaus beschwerlichere Route durch die Südalpen. Er benötigte genau eine Woche, um von Cannes über Sisteron und Gap nach Grenoble zu gelangen. Diese rund 330 Kilometer lange Strecke wurde 1927 für den Autoverkehr ausgebaut und erhielt im Juli 1932 ihren wohlklingenden Namen *Route Napoléon*. Am Wegesrand befinden sich Gedenktafeln und mit kaiserlichen Adlern verzierte Schilder, da der Marsch nach einem Ausspruch Napoleons auch als „Adlerflug" (*Vol d' Aigle*) bezeichnet wird.

Zu einer heiklen Situation kam es südlich von Grenoble in der Nähe des Dorfes Laffrey, als sich Napoleons kleiner Truppe ein royalistisches Bataillon entgegenstellte. Nur in einen alten Mantel gehüllt und mit seinem berühmten Dreispitz auf dem Kopf ging er ganz allein auf die Soldaten zu: „Wenn es einen unter euch gibt, der seinen Kaiser töten möchte – hier bin ich.“ Statt zu schießen, ließen die Soldaten ihre Waffen sinken, riefen *Vive l'Empereur!* und umarmten den Kaiser. Eine Reiterstatue erinnert seit 1930 auf der „Wiese der Begegnung“ (*Prairie de la Rencontre*) daran, dass Napoleon einzig mit seiner Aura die Menschen in seinen Bann ziehen konnte. Nachdem auch die Garnison von Grenoble zu ihm übergelaufen war, wurde der anschließende Marsch nach Paris zu einem wahren Triumphzug.

Von der Kontinentalsperre über den spanischen Krieg bis hin zum fatalen Russlandfeldzug hat es Napoleon wiederholt an politischem, aber auch militärischem Geschick gefehlt, doch die Franzosen hatten ihm anscheinend seine Fehlentscheidungen und seinen Despotismus verziehen. Napoleon zeigte sich geläutert, schaffte die Zensur ab, führte die Pressefreiheit ein und ließ eine neue liberale Verfassung ausarbeiten. Selbst nach seiner Niederlage bei Waterloo bekundeten die Handwerker und Arbeiter aus den Pariser Vorstädten lautstark ihre Solidarität vor dem Élysée-Palast, doch blieb ihm keine andere Wahl, als endgültig abzudanken, da ihm das Parlament und seine ehemaligen Getreuen jegliche weitere Unterstützung verweigerten.

Während seiner Gefangenschaft auf der fernen Insel Sankt Helena wurde Napoleon endgültig zum Mythos. Wie ein gefesselter Prometheus saß er auf dem tristen Eiland fest, selbst viele seiner Feinde fanden den Verbannungsort unwürdig. Doch sein Ruhm nährte sich von seinem Unglück, wie schon Chateaubriand treffend bemerkte. Napoleon wusste, dass er die Hauptrolle in einer Tragödie mit wahrhaft antiken Dimensionen spielte: „Ich muss hier sterben, denn hierher wird Frankreich kommen, um mich zu suchen. Wäre Jesus Christus nicht am Kreuz gestorben, würden wir ihn nicht als Gott verehren.“

Erst durch sein Scheitern wurde Napoleon letztlich zum Helden. Über den Russlandfeldzug sind mehr Bücher geschrieben worden als über die Schlacht von Austerlitz. Seine verschwitzten, auf der Flucht im litauischen Kowno zurückgelassenen Kleidungsstücke wurden von den Einheimischen zerteilt und wie Reliquien aufbewahrt; für die Unterhosen, die Napoleon 1809 in der siegreichen Schlacht von Wagram trug, interessierte sich niemand.

Am 5. Mai 1821 starb Napoleon, nachdem sich sein Gesundheitszustand stetig verschlechtert hatte. Lange Zeit wurde über die Todesursache spekuliert – Verschwörungstheorien machten die Runde. Wahrscheinlich handelte es sich um Magenkrebs, die vermutete Arsenvergiftung konnte erst in jüngster Vergangenheit durch eine Haaranalyse ausgeschlossen werden.

Der Mythos Napoleon wurde vor allem durch seine 1823 veröffentlichten Memoiren begründet, die auf Gesprächen mit Emmanuel de Las Cases und weiteren drei „Jüngern" beruhen, die ihm in die Verbannung gefolgt waren. Sein Bild wandelte sich vom Despoten zum Märtyrer. Den letzten Schritt zur Verklärung hatte er selbst vorbereitet und damit die Deutungshoheit über seine Regierungszeit zurückgewonnen – er setzte sich als Verteidiger der Prinzipien der Französischen Revolution und als Vorkämpfer des Liberalismus in Szene, stilisierte sich zum Einiger Europas und zum Verkünder einer neuen Ordnung zum Wohle der Völker, dem keine andere Wahl geblieben war, als dieses Ansinnen mit militärischer Gewalt durchzusetzen. „Napoleon", schreibt Friedrich Hebbel in seinem Tagebuch, „war noch nach seinem Tode der Liebling des Glücks. Alle seine Widersacher wurden in Verhältnisse gesetzt, wo ihre Unwürdigkeit und innere Nichtigkeit *augenfällig* werden musste. So Wellington."

Chateaubriand brachte in seinen 1848 veröffentlichten *Erinnerungen* das Phänomen Napoleon auf den Punkt: „Bonaparte ist nicht mehr der wahre Bonaparte, er ist eine legendäre Gestalt, zusammengesetzt aus den Phantasien der Dichter, den Erinnerungen der Soldaten und den Erzählungen des Volkes. Wie wir ihn heute sehen, ist er der Karl der Große und der Alexander der mittelalterlichen Epen. Dieser phantastische Held wird die reale Person bleiben, die anderen Porträts werden verschwinden." Napoleon ist das Licht am Himmel, zu dem Frankreich in den dunkelsten Stunden seiner Geschichte aufschaut. Und so wurde die Größe Napoleons nicht nur nach der Niederlage von Sedan eindringlich beschworen.

IRRTUM 8:

Frankreich ist Deutschlands Erbfeind

Ein das deutsch-französische Verhältnis lange Zeit bestimmender Faktor war der Mythos der Erbfeindschaft. Gebetsmühlenartig erklärten deutsche Nationalisten zu Beginn des 19. Jahrhunderts Frankreich mit langfristigen Folgen zum Erbfeind. Es war ein langer Prozess der gegenseitigen Annährung, bis sich die Erbfeindschaft in Erbfreundschaft gewandelt hatte.

Wenn man die Zeitspanne vom Dreißigjährigen Krieg bis zum Zweiten Weltkrieg betrachtet, so ziehen sich militärische Auseinandersetzungen wie ein roter Faden durch die deutsch-französischen Beziehungen. Je näher die beiden Länder geographisch zusammenrückten, bis sie schließlich eine gemeinsame Grenze hatten, desto größer wurde die Entfremdung. Statt der Diplomatie ließ man die Waffen sprechen, statt territorialer Ansprüche opferte man Menschenleben.

Der mit dem Dreißigjährigen Krieg begonnene Konflikt setzte sich mit der Einnahme Straßburgs und dem Pfälzischen Erbfolgekrieg (1688–97) fort, in dem die französischen Truppen des General Mélac eine Spur der Verwüstung in der Kurpfalz sowie in Baden und Württemberg hinterließen, die auch nicht vor den Kaiserdomen in Speyer und Worms halt machte: Dutzende Städte und Dörfer sowie das Heidelberger Schloss gingen in Flammen auf. Diese brutale, auf Zerstörung ausgerichtete Kriegsführung war in der Neuzeit beispiellos und schürte bei der Bevölkerung antifranzösische Ressentiments. Der Sonnenkönig wurde als „neuer Türke der Christenheit" bezeichnet, obwohl die Auseinandersetzungen nicht auf nationalen, sondern dynastischen Interessengegensätzen beruhten. Erst die weiteren Auseinandersetzungen um das Elsass und die Befreiungskriege gegen Napoleon haben die Haltung zu Frankreich verhärtet. „Ein echter deutscher Mann mag keinen Franzen leiden, doch ihre Weine trinkt er gern", ließ Johann Wolfgang von Goethe in Auerbachs Keller einen angetrunkenen Studiosus lallen. Zwar gab es schon zuvor eine gewisse Geringschätzung gegenüber Frankreich, doch nun änderte sich die Stimmungslage massiv.

Doch wurde Frankreich auch als das Land der Aufklärung bewundert, in Gelehrten- und Adelskreisen wurde vorzugsweise französisch parliert. Voltaire lebte am preußischen Hof Friedrichs des Großen, wo auch andere französische Literaten und Gelehrte Hofämter innehatten. Der frankophile Friedrich nannte sein Potsdamer Sommerschloss *Sanssouci* („ohne Sorge"). Freimütig bekannte er: „Seit meiner Jugend habe ich kein deutsches Buch gelesen, und ich spreche die deutsche Sprache schlecht." Französisch sei die Sprache der Diplomatie, das Deutsche, so Friedrich, behalte er seinen Pferden und Stallknechten vor.

Französische Wörter, sogenannte Gallizismen, wie Chaiselongue, Appetit und Kantine fanden damals zahlreich Eingang in die deutsche Sprache. Solche Begriffe zu verwenden, „garantierte" „Prestige" und war „chic". Man trug ausgewählte „Garderobe", machte eine gute „Figur", besaß kostbare „Möbel" und hatte eine „Liaison". Jenseits der Fürstenhöfe darf auch der Einfluss der seit 1685 aus Frankreich vertriebenen Hugenotten nicht unterschätzt werden. Um 1700 sprach jeder vierte Einwohner Berlins französisch, woran heute noch Familiennamen wie Savigny, Fontane oder de Maizière erinnern. Die Berliner Akademie schrieb 1784 eine Preisfrage aus, um ein breit diskutiertes Thema zu klären: „Was hat die französische Sprache zu einer Universalsprache in Europa gemacht, wodurch verdient sie diese Stellung und wird sie sie vermutlich weiter behalten?" (*Qu'est-ce qui a fait de la langue françoise la langue universelle de l'Europe? Par où mérite-t-elle cette prérogative? Peut-on présumer qu'elle la conserve?*) Von den Brüdern Grimm ist überliefert, dass im Elternhaus bei Tisch selbstverständlich französisch gesprochen wurde. Die berühmte Märchensammlung der Gebrüder nährt sich in hohem Maße aus der Erzählkunst hugenottischer Flüchtlinge und ähnelt dadurch der Märchensammlung *Contes de Fées* von Charles Perrault – ein Umstand, den Jacob und Wilhelm Grimm wohlweislich verschwiegen haben.

Franzosenhass

Innerhalb von zwei Jahrzehnten war die Bewunderung für das Mutterland der Aufklärung wie weggeblasen. Noch Ende des 18. Jahrhunderts konnte man in den deutschen Reiseberichten über Frankreich keinerlei Spuren einer nationalen Gegnerschaft oder Feindschaft finden. Doch nach Napoleons katastrophal gescheitertem Russlandfeldzug, bei dem auch seine deutschen Verbündeten einen hohen Blutzoll entrichten mussten, und im Zuge der Befreiungskriege entwickelte sich ein regelrechter Franzosenhass, der zu einem wesentlichen Element des deutschen Nationalbewusstseins wurde.

Es war Ernst Moritz Arndt, der nicht nur den Rhein für Deutschland reklamierte, sondern sich 1813 auch an die Spitze der antifranzösischen Kampagne stellte: „Der Name Franzos muss ein Abscheu werden in deinen Gränzen, und ein Fluch, der von Kind auf Kindeskind erbt." Wie Jahrhunderte zuvor die Türken wurden jetzt die Franzosen zum deutschen Erbfeind erklärt: „Ich will den Haß gegen die Franzosen nicht bloß für diesen Krieg, ich will ihn für lange Zeit, ich will ihn für immer! (...) Dieser Haß glühe als die Religion des deutschen Volkes, als ein heiliger Wahn in allen Herzen und erhalte uns immer unserer Treue, Redlichkeit und Tapferkeit." Arndts Franzosenhass war ebenso stark wie sein Antisemitismus, und so warf er beides in einen Topf: „Juden ... nenne ich sie wieder, nicht bloß wegen ihrer Judenlisten und ihres knickerigen Geitzes, sondern mehr noch wegen ihres judenartigen Zusammenklebens." Nicht nur Nationalisten wie der Berliner Historiker Christian Friedrich Rühs, auch Liberale wie

Karl von Rotteck stimmten in den nationalistischen Chor ein und verkündeten, „der Abscheu und Haß gegen Frankreich ... müsse gepflegt und heilig gehalten werden“. Und der berühmte Turnvater Friedrich Ludwig Jahn, der das Turnen als „patriotische Erziehung zur Vorbereitung auf den Befreiungskrieg“ ansah, erinnerte daran, dass der gallische Hahn oftmals „auf deutschen Leichenhügeln“ gekräht habe. Jahns wirklichkeitsfremder Vorschlag, im Elsass ein unüberwindbares Niemandsland zu errichten, blieb ohne Resonanz.

Für Ernst Moritz Arndt und seine Mitstreiter wie Johann Gottlieb Fichte sollte sich das deutsche Volkstum durch eine eigene kulturelle Identität offenbaren. Dieser „romantische Nationalismus“ stilisierte die eigene Nation zu einer gleichsam objektiven Gegebenheit, in die man hineingeboren werde. Die eigene Herkunft geriet zum entscheidenden Aspekt einer nationalen Bewegung, die spätestens seit dem Beginn des 19. Jahrhunderts ein politischer Faktor war. Der Einzelne fand seine Identität, indem er sich mit der Nation, ihrem historisch-kulturellen Erbe und ihrer politischen Existenz identifizierte. Die Nation war nicht nur durch die Herkunft bestimmt, sie definierte auch die Zukunft, indem sie Lebenssinn vermittelte.

Da sich der nationale Zusammenhalt nicht allein durch die Hervorhebung positiver Eigenschaften stärken ließ, mussten Deutschland wie auch Frankreich auf bewährte Feindbilder zurückgreifen – Gallomanie versus Teutomanie. Durch die Abgrenzung vom Feind und dessen vorgeblich schlechten Eigenschaften lässt sich das eigene Selbstbild stabilisieren, ein Mechanismus, der in Religionsstreitigkeiten ebenso prägend ist wie in nationalen Konflikten. Die Geschichtswissenschaft wurde zur Leitwissenschaft des 19. Jahrhunderts. Bekannte Historiker wie Niebuhr und Droysen fällten ein negatives Urteil über Napoleon, und auch Heinrich von Treitschke beschrieb Napoleon als den erklärten nationalen Feind und Unterdrücker. In Frankreich wurde Hermann der Cherusker als hinterlistiger Verräter, der seine ehemaligen Verbündeten massakrierte, dargestellt, um den unüberbrückbaren Gegensatz zwischen den beiden Ländern zu demonstrieren.

Karl Baedeker verwarf 1844 die Idee, einen Reiseführer über Frankreich zu schreiben: „Ich glaube nicht, daß ein solches Buch in

Deutschland lohnenden Absatz finden würde", schrieb er 1844 an den englischen Verleger John Murray. „Zudem fehlt es mir an aller Neigung zu einer solchen Arbeit. Ich liebe Frankreich nicht, ich bin selbst nicht in Paris gewesen, und es zieht mich auch durchaus nicht dorthin." Ein Jahrzehnt später machte sich Baedeker doch noch auf den Weg, um für sein 1855 veröffentlichtes Reisehandbuch „Paris und Umgebungen" zu recherchieren. Und Arthur Schopenhauer, der in seiner Jugend zwei Jahre in Le Havre gelebt hatte, äußerte: „Man muss aber nicht vergessen, dass Franzosen stets Franzosen bleiben, das heißt faul, leichtsinnig, windbeutlich."

Ähnlich wie der Mythos Napoleons erst nach seinem Tod lebendig wurde, dauerte es Jahrzehnte, bis die von Arndt mitgeprägte deutsch-französische Erbfeindschaft ihre unheilvolle Wirkung entfaltete und in einen neuen Krieg mündete. Geradezu genussvoll inszenierte man 1871 die Kaiserproklamation des preußischen Königs Wilhelm I. im Spiegelsaal des Schlosses zu Versailles. Diese Demütigung des besiegten Frankreichs und die Abtretung Elsass-Lothringens beschworen in Frankreich Rachegefühle (*Revanche*) herauf, während man in Berlin eine Siegessäule errichtete und alljährlich am 2. September deutschlandweit den Sedantag feierte. Die seit Jahrzehnten aufgeheizte Atmosphäre prägte die Wahrnehmung des Nachbarn – „der Franzose" galt als sittenlos und dekadent. Als Cosima Wagner nach der Schlacht von Sedan Bilder der besiegten französischen Soldaten sah, notierte sie in ihrem Tagebuch: „Vollständiger Cretinismus blickt aus den sinnlichen, bestialischen, vom Trunk verdummten Gesichtern."

Die Erbfeindschaft wurde diesseits und jenseits des Rheins jedoch nicht von der gesamten Bevölkerung verinnerlicht. „Man liebt Frankreich, in dem man Preußen verabscheut", schrieb Paul de Saint-Victor, der Autor eines Buches mit dem vielsagenden Titel *Barbares et Bandits. La Prusse et la Commune*. Und Zigtausende Lothringer und Elsässer waren nicht gewillt, Untertanen eines deutschen Kaisers zu werden, und ließen sich in Frankreich nieder, woran noch heute die bekannten Pariser Brasserien *Bofinger*, *Wepler* und *Floederer (Flo)* mit ihren Sauerkrautspezialitäten erinnern. In Deutschland ließ die öffentliche Thematisierung von Frankreich als Erbfeind zwar gegen

Ende des 19. Jahrhunderts nach, doch blieben diese nationalen Prägungen noch bis nach dem Zweiten Weltkrieg präsent.

Durch den gewonnenen Ersten Weltkrieg konnte Frankreich endlich *Revanche* üben und Deutschland zwingen, im Spiegelsaal von Versailles einen Friedensvertrag zu unterzeichnen, der den Verzicht auf Elsass-Lothringen ebenso beinhaltete wie immense Reparationsleistungen, die zu weiteren Spannungen im deutsch-französischen Verhältnis und zur folgenschweren Besetzung des Ruhrgebiets führten.

Glücklicherweise gab es aber auf beiden Seiten des Rheins Künstler und Intellektuelle, die an kulturellem Austausch interessiert waren, so beispielsweise Rainer Maria Rilke, Kurt Tucholsky, Heinrich Mann, Franz Hessel, Friedrich Sieburg und Victor Klemperer auf deutscher, Romain Rolland, Jean Giono, Jules Romains und Jean Giraudoux auf französischer Seite. Hinzu kamen elsässisch-lothringische Schriftsteller wie Yvan Goll, Otto Flake und René Schickele, die um eine vermittelnde Position bemüht waren.

Die Aussöhnung

Die Überwindung der Erbfeindschaft war in der Zeit nach 1945 das bestimmende Thema der deutsch-französischen Politik. Die französischen Interessen waren anfangs noch von starkem Misstrauen geprägt und darauf ausgerichtet, das geschwächte Deutschland durch eine gezielte Föderalisierung besser kontrollieren zu können. Doch mit der Zeit setzte sich der Wunsch durch, Deutschland verstärkt in eine von Frankreich dominierte Europapolitik einzubinden. Aber erst als weitere Konfliktpunkte wie die Saarfrage, die Kontrolle des Ruhrgebiets und die deutsche Wiederbewaffnung geklärt waren, begannen beide Länder sich anzunähern. Die vom französischen Außenminister Robert Schuman angeregte Montanunion zwischen Deutschland und Frankreich und die daraus entstandene Europäische Wirtschaftsgemeinschaft waren nicht nur Meilensteine auf dem Weg zur Europäischen Union, sondern auch einschneidende Wegmarken im Verhältnis der beiden Länder zueinander. Dass die vor kurzem noch verfeindeten beiden Länder Zeit brauchten für die Annäherung, zeigte sich auch in Details, so als man 1951 eine provisorische Europabrücke bei Straßburg errichten wollte. Dieses erste gemeinsame Projekt zwischen Deutschland und Frankreich nach dem Zweiten Weltkrieg war von zahlreichen bilateralen Spannungen geprägt. Auch die beteiligten Architekten hatten Kommunikationsprobleme: Weder die Höhe noch die Länge der Brückenhälften passten zusammen.

Die Annäherung zwischen Deutschland und Frankreich ist bis heute zu Recht mit den Namen Konrad Adenauer und Charles de Gaulle verbunden. Obwohl die Beweggründe unterschiedlich waren – so hatte de Gaulle ein vereintes Europa unter französischer Führung vor Augen, während Adenauers Hauptinteresse darin bestand, Deutschland dauerhaft an Westeuropa zu binden –, haben sich beide um die langfristige Aussöhnung ihrer Länder verdient gemacht. Eine im Boden vor dem Haupteingang der Kathedrale eingelassene Gedenkplatte erinnert heute noch daran, dass die beiden katholischen Politiker am 8. Juli 1962 in Reims gemeinsam einen Gottesdienst besucht hatten. Anschließend rühmte Charles de Gaulle seinen Gast als „einen großen Deutschen, einen großen Europäer, einen großen Mann, der Frankreichs Freund ist, der glaubt und bekundet, daß er damit seinem eignen Land dient, und der aus diesem doppelten Grunde bei uns zutiefst Achtung und Zuneigung erweckt."

Reims war ein symbolträchtiger Ort – nicht nur als Krönungskathedrale der französischen Könige, sondern auch, weil die Deutschen 1914 den Dachstuhl der Kathedrale in Brand geschossen hatten und Generaloberst Alfred Jodl am 7. Mai 1945 im amerikanischen Hauptquartier in Reims die bedingungslose Kapitulation der Wehrmacht unterzeichnet hatte. Im September 1962 brach Charles de Gaulle zu einem Gegenbesuch nach Deutschland auf, da er sich der Zustimmung der deutschen Bevölkerung vergewissern wollte. Der Empfang für den bei öffentlichen Reden überwiegend deutsch sprechenden de Gaulle war enthusiastisch. „Endlich war einer gekommen, der uns vor aller Weltöffentlichkeit die Sünden der Vergangenheit vergab", resümierte Hermann Schreiber zwei Jahre später im *Spiegel*. Der französische Staatspräsident war gerührt. Die Unterzeichnung des Élysée-Vertrags und die gegenseitige Umarmung samt Wangenkuss von Charles de Gaulle und Konrad Adenauer besiegelten am 22. Januar 1963 die erste Etappe der deutsch-französischen Aussöhnung.

Politische Umarmungen

Der Annäherung und Zusammenarbeit zwischen Deutschland und Frankreich stand nun nichts mehr im Wege – sie vollzog sich auf politischer und wirtschaftlicher Ebene ebenso wie im kulturellen und geistigen Bereich. Das bilaterale Verhältnis ist von Beginn an durch markante Politikerduos geprägt: Nach Adenauer und de Gaulle waren es vor allem Helmut Schmidt und Valéry Giscard d'Estaing, die sich schon als Finanzminister ihrer Länder schätzen gelernt hatten und als Tandem die Wirtschaftsunion vorantrieben, 1975 den Europäischen Rat der Staats- und Regierungschefs ins Leben riefen und vier Jahre später den Währungsturbulenzen mit der Schaffung des Europäischen Währungssystems (EWS) ein Ende setzten. Dann kamen Helmut Kohl und François Mitterrand, die sich 1984 auf dem Schlachtfeld von Verdun vor einem mit den Fahnen beider Länder bedeckten Sarg symbolträchtig die Hände reichten. Eine ähnliche Geste vollzogen Gerhard Schröder und Jacques Chirac, als sie sich am 60. Jahrestag der Landung der Alliierten in der Normandie vor der Gedenkstätte in Caen innig umarmten. Es war übrigens das erste Mal, dass ein deutscher Kanzler zu diesen Feierlichkeiten eingeladen war. „Die europäische Idee, die Projekte, die sie verkörpern, sind in Wahrheit hier an diesem Ort geboren worden, mit dem angekündigten Ende des Dritten Reiches, mit der wiedergefundenen Freiheit und Demokratie unserer Länder", erklärte der französische Präsident auf dem vor dem Hintergrund des Irak-Krieges stattfindenden Treffen.

Bei Angela Merkel und Nicolas Sarkozy stand zwar die gegenseitige Koordination angesichts der Schuldenkriese im Euroraum im Vordergrund, die dazu führte, dass das Politikerduo von den Medien als „Merkozy" bezeichnet wurde, doch haben Nicolas Sarkozy und Angela Merkel am 11. November 2009 gemeinsam an den Feierlichkeiten zum Ende des Ersten Weltkriegs in Paris teilgenommen – Gerhard Schröder hatte sich 1998 der französischen Einladung noch mit dem Hinweis auf Terminschwierigkeiten entzogen. Merkel und Sarkozy legten am Arc de Triomphe demonstrativ einen Kranz am Grabmal des unbekannten Soldaten nieder.

Bereits de Gaulle und Adenauer wussten, dass ohne steten Dialog und intensiven gegenseitigen Austausch kein enges und dauerhaftes Verhältnis zwischen den beiden Ländern entstehen kann. Die regelmäßigen Konsultationen zwischen den Regierungen spielten daher von Anfang an eine wichtige Rolle, „um so weit wie möglich zu einer gleichgerichteten Haltung zu gelangen", das gemeinsame Verhältnis zu stabilisieren und die außenpolitischen Interessen abzustimmen, wobei die Beteiligten stets den europäischen Einigungsprozess im Auge hatten. Es gab aber auch Zeiten, in denen das deutsch-französische Verhältnis eher unterkühlt war, weil Politiker wie Willy Brandt und Georges Pompidou keinen Draht zueinander fanden, doch schlief der Dialog nie ein.

Keinesfalls waren die deutsch-französischen Beziehungen stets harmonisch. Immer wieder kam es zu Unstimmigkeiten, wenn nationale Interessen berührt waren, so bei der Schaffung eines Europäischen Währungssystems, bei der Höhe der Zahlungen in den EU-Haushalt oder der Einführung des Euros. Wenn es um den eigenen politischen Einfluss geht, hört die Freundschaft schon mal auf, so im Jahr 2000 beim Gipfel in Nizza, als um das Stimmengewicht im Rat der Europäischen Union gestritten wurde und sich letztlich Frankreich durchsetzte, das Deutschland keine zusätzliche Stimme zugestehen wollte.

„Das Geheimnis der deutsch-französischen Freundschaft ist die Teilung Deutschlands", hatte Golo Mann behauptet. Als im November 1989 die Berliner Mauer fiel, stellte die sich ankündigende deutsche Einheit das deutsch-französische Verhältnis auf eine harte Probe. Frankreich fürchtete sich vor der Wirtschaftskraft des vereinten Deutschlands und vor einer möglichen militärischen Bedrohung durch das nun auf achtzig Millionen Einwohner angewachsene Nachbarland. François Mitterrand, der damals auch Präsident der Europäischen Gemeinschaft war, versuchte hinter den Kulissen vergeblich, die Wiedervereinigung zu verhindern oder wenigstens zu verzögern. Doch letztlich hat Mitterrand die Zielstrebigkeit Kohls, den Realismus Gorbatschows und den Einheitswillen der Ostdeutschen falsch eingeschätzt. Mitterrands Skepsis wurde durch Kohls Zustimmung zu einer europäischen Währungsunion überwunden. Im Gegensatz zu ihrer politischen Elite feierten die meisten Franzosen den Fall der Mauer als historisches Ereignis und waren einer Wiedervereinigung wohlgesinnt.

Städte- und andere Partnerschaften

Vor fünfzig Jahren wurden Deutsche noch oft herablassend als *le Boche, le Fritz* oder *le Fridolin* bezeichnet. Inzwischen sind nicht nur die Grenzposten auf den Rheinbrücken zwischen Baden-Württemberg und dem Elsass verschwunden, sondern auch die mentalen Grenzen weitgehend abgebaut. Das ist auch ein Erfolg des Deutsch-Französischen Jugendwerks (*Office franco-allemand pour la Jeunesse*), das 1963 wenige Monate nach dem Élysée-Vertrag gegründet wurde, um „die Bande zwischen der Jugend der beiden Länder enger zu gestalten und ihr Verständnis füreinander zu vertiefen“. Seither haben mehr als acht Millionen Deutsche und Franzosen an einem der rund 300 000 Programme zum Schüler- und Jugendaustausch teilgenommen. Es besteht kein Zweifel daran, dass die bilateralen Begegnungen langfristig zu einem Bewusstseinswandel geführt haben. Umfragen belegen eindeutig, dass sich das deutsch-französische Verhältnis in den letzten Jahrzehnten erheblich verbessert hat und von gegenseitigem Interesse und wachsender Sympathie geprägt ist, die auch gern auf dem Standesamt bekräftigt wird.

Ebenso wichtig für die sich entwickelnde Freundschaft waren und sind die Partnerschaften zwischen deutschen und französischen Städten, die vor allem von kleineren Orten intensiv gepflegt werden. Bis heute gibt es zwischen Deutschland und Frankreich mehr als 2200 Städtepartnerschaften – zuerst 1950 zwischen Ludwigsburg und

Montbéliard, wenig später zwischen Reims und Aachen, Berlin und Paris, Hamburg und Marseille, Nizza und Nürnberg –, hinzu kommen regionale Partnerschaften wie zwischen Rheinland-Pfalz und dem Burgund oder Niedersachsen und der Haute-Normandie. Nach der deutschen Wiedervereinigung folgten beispielsweise Thüringen und die Picardie – gelebte Freundschaft und Toleranz auf lokaler Ebene, wobei anzumerken ist, dass die Deutschen das Verhältnis zueinander eher emotional, die Franzosen eher rational begreifen. Die Rolle des Tourismus darf unter diesem Gesichtspunkt nicht unterschätzt werden und spiegelt die oft ungleiche Beziehung wider: Frankreich gehört seit Jahrzehnten zu den beliebtesten deutschen Reisezielen. Rund dreizehn Millionen Touristen tummeln sich jährlich in Paris oder an der Côte d'Azur, während sich im Gegenzug nur rund zwei Millionen Franzosen für die deutschen Sehenswürdigkeiten interessieren.

Einen wichtigen Anteil am kulturellen Austausch hat auch der 1990 gegründete Fernsehsender *Arte*, der laut Gründungsvertrag „das Verständnis und die Annäherung der Völker in Europa fördern" soll, sowie die Deutsch-Französische Hochschule, ein Verbund von 180 Partnerhochschulen aus beiden Ländern. In den Grenzregionen wird zudem die Sprache des jeweiligen Nachbarlandes teilweise bereits in den Grundschulen gelernt. In Saarbrücken und Freiburg gibt es deutsch-französische Gymnasien, und anlässlich des 40. Jahrestages des Elysée-Vertrags wurde die Idee eines gemeinsamen Geschichtsbuches entwickelt und inzwischen verwirklicht.

Leidenschaftliche Verbindungen

Auch jenseits der großen Diplomatie gab es vielschichtige Annäherungen und einen intensiven Austausch zwischen den einstigen „Erbfeinden". Dieser politisch-kulturelle Transfer erfolgte meist von West nach Ost, sieht man einmal von den meist auf das Wirtschaftsleben bezogenen deutschen Tugenden und von Karl Lagerfeld ab, der die französische Damenwelt mit seinen Modekreationen faszinierte. Im

Windschatten von Paul Bocuse trat die französische Küche ihren Siegeszug an und vertrieb die schweren Mehlsoßen aus den deutschen Kochtöpfen – Crème fraîche und Ziegenkäse hielten Einzug. Erste persönliche Annäherungen gab es schon zwischen Marlene Dietrich und Jean Gabin, die sich nicht nur in ihrer Ablehnung von Hitlers Nazideutschland einig waren, dann erneuerten Romy Schneider und Alain Delon sowie Gunter Sachs und Brigitte Bardot die deutsch-französische Freundschaft um ein paar Facetten; zuletzt gingen Claudia Schiffer und Renault eine eher pekuniär geprägte Beziehung ein.

Besonders intensiv ließ man sich 1968 von der französischen Protestkultur inspirieren. Der „Pariser Mai“ wurde nach Deutschland übertragen, und Hans Magnus Enzensberger forderte seine Zuhörer auf: „Schaffen wir französische Zustände!“ Französische Studenten solidarisierten sich und skandierten, als die französischen Justizbehörden Daniel Cohn-Bendit, dem Anführer der Maiunruhen, nach einem Berlin-Besuch die Einreise aufgrund seiner deutschen Staatsangehörigkeit verweigerten: *Nous sommes tous des juifs allemands!* Politisch war man sich nicht nur in der Ablehnung des Vietnamkrieges einig.

Die Allianz der 68er war grenzüberschreitend, selbst die Wahl der Zigaretten – entweder Gauloises oder Gitanes – oder der Kauf eines Autos – Ente oder R 4? – wurde zum politischen Statement, *Nouvelle Vague* und *Nouveau Roman* wurden zu wichtigen ästhetischen Koordinaten. Der Existentialismus drückte das Lebensgefühl einer ganzen Generation aus, und Jean-Paul Sartre dankte für das Interesse mit einem Besuch in der Zelle des inhaftierten RAF-Mitbegründers Andreas Baader. Noch bis weit in die 1990er Jahre gab es kaum einen Studenten der Geisteswissenschaften, der nicht mit den Schriften von Camus, Barthes, Foucault, Bourdieu, Lacan und Lévi-Strauss intellektuell sozialisiert wurde.

Und was wäre die deutsche Frauenbewegung ohne Simone de Beauvoir und ihre Studie *Le Deuxième Sexe* („Das andere Geschlecht“)? Als Alice Schwarzer 374 mehr oder weniger prominente Frauen versammelte, die sich im Stern öffentlich dazu bekannten, abgetrieben zu haben, eiferte diese Aktion dem *Manifest des 343 Salopes* nach, einer in der Zeitschrift *Nouvel Observateur* veröffentlichten Erklärung von 343 Französinnen, darunter Simone de Beauvoir, Catherine Deneuve, Jeanne Moreau, Marguerite Duras und Françoise Sagan, die im April 1971 mit dem Bekenntnis *Je me suis fait avorte!* („Wir haben abgetrieben!") für die Legalisierung der Abtreibung eingetreten waren.

IRRTUM 9:

Alle Franzosen waren in der Résistance

„Was immer auch geschehen mag, die Flamme des französischen Widerstandes darf nicht erlöschen und wird nicht erlöschen", mit diesem proklamatorischen Worten beendete Charles de Gaulle am 18. Juni 1940 seinen berühmten Appell an das französische Volk und legte damit nicht nur die Grundlage für den Mythos der Résistance, sondern begründete zugleich auch seinen eigenen.

Mit seiner vierminütigen Londoner BBC-Radioansprache stellte sich de Gaulle, der bis zu diesem Zeitpunkt ein in Frankreich kaum bekannter Soldat im Range eines Brigadegenerals und erst seit knapp zwei Wochen Staatssekretär im Kriegsministerium war, an die Spitze des französischen Widerstands gegen Hitler-Deutschland. Nur einen Tag zuvor war er mit dem Flugzeug von Bordeaux nach London geflohen, da er trotz der unvermeidlichen Niederlage gegen Deutschland nicht mit dem Waffenstillstand einverstanden war, den der designierte Staatschef Marschall Philippe Pétain unterzeichnen wollte. De Gaulles Weigerung, die Niederlage anzuerkennen, legte die Grundlage für einen steinigen Weg, der Frankreich dank der Résistance in den Kreis der Siegermächte zurückführte. Rund vier Jahre lang währte der entbehrungsreiche Kampf gegen die deutsche Besatzung Frankreichs, der anfangs nur von wenigen aufrechten Résistancekämpfern getragen wurde und erst durch die militärische Unterstützung der alliierten Landungstruppen seinen erfolgreichen Abschluss in der Befreiung von Paris fand. In bewusster Abgrenzung zum Vichy-Regime wird noch heute in Frankreich von der Résistance in einem Tonfall von Stolz, Ehrfurcht und Bewunderung gesprochen.

Der Widerstand formiert sich

De Gaulles Situation war eigentlich aussichtslos: Die überwältigende Mehrheit der Franzosen war 1940 mit dem Waffenstillstand einverstanden, zudem verfügte er über keinerlei militärische Mittel und war als Gründer des *Comité national de la France Libre* (Nationalkomitee Freies Frankreich) weder demokratisch legitimiert, noch konnte er sich der Unterstützung führender Politiker der Dritten Republik sicher sein. Damit nicht genug: Viele Franzosen sahen de Gaulle nicht als Held, sondern als Verräter, da er seine Kommandantur in Frankreich verlassen hatte und mit den verachteten Briten zusammenarbeitete. Hinzu kam, dass sich Frankreich nach der katastrophalen Niederlage im Ausnahmezustand befand, in der öffentlichen Verwaltung herrschte Chaos, und riesige Flüchtlingskarawanen waren auf dem Weg nach Südfrankreich in die unbesetzte Zone.

Der Widerstand Frankreichs gegen die deutsche Besatzung existierte anfangs nur als Wunschvorstellung in den Köpfen einiger weniger Vertrauter im englischen Exil. Philippe Pétain dagegen genoss als „Held von Verdun" großen Rückhalt in der Bevölkerung, die sich zumeist recht schnell mit dem Vichy-Regime arrangierte. Pétain und seine Mitstreiter versuchten, einer antiquierten „nationalen Revolution" den Weg zu ebnen: „Gott, Familie und Vaterland" sollten von nun an wieder den französischen Lebensmittelpunkt bilden; Scheidungen wurden erschwert, Abtreibungen mit drastischen Strafen belegt, republikanisch gesinnte Würdenträger rigoros der Macht enthoben, Freimaurerlogen aufgelöst, Kommunisten bedroht, und antisemitischen Ressentiments wurde freier Lauf gelassen. Ohne deutschen Druck wurden die „Juden französischer Nationalität" diskriminiert und systematisch vom öffentlichen Leben ausgeschlossen. Am 24. Oktober 1940 verkündete Pétain im Rundfunk, das Vichy-Regime habe sich zur *Collaboration d'État* mit Deutschland entschlossen. Und Kardinal Pierre-Marie Gerlier dürfte den allermeisten Franzosen aus dem Herzen gesprochen haben, als er im November 1940 in seiner Funktion als Erzbischof von Lyon verkündigte: „Pétain, das ist Frankreich; und Frankreich, das ist heute Pétain."

Unbeirrt hielt Charles de Gaulle auf der anderen Seite des Ärmelkanals die Fahne des Widerstandes hoch, da er nicht bereit war, die französische Niederlage hinzunehmen. Nur gestützt auf seine täglichen Radioansprachen gelang es ihm allmählich, die Stimmung in Frankreich zu beeinflussen. De Gaulle berief sich auf die traditionellen Heldenfiguren der französischen Geschichte, in dem er sich in eine Linie mit Jeanne d' Arc, Richelieu, Napoleon, Clemenceau und Maréchal Foch stellte; zudem versuchte er Pétain als senilen Greis zu diskreditieren, der es versäumt hatte, Frankreich nach dem Ersten Weltkrieg militärisch aufzurüsten. Woche für Woche, Monat für Monat schlugen sich mehr Freiwillige nach London durch, um de Gaulle bei seinem Kampf zu unterstützen. Doch sollte es noch mehr als zwei Jahre dauern, bis sich das von ihm gegründete *Comité national de la France Libre* der Unterstützung der verschiedenen Widerstandsgruppen in Frankreich sicher sein konnte.

Außerhalb Europas organisierte sich der Widerstand in den französischen Kolonien: Bereits am 26. August 1940 hatte sich Félix Éboué, der Gouverneur des Tschad, der Exilregierung unterstellt – Éboué wurde zum Dank dafür fünf Jahre nach seinem Tod ins Panthéon überführt –, später folgten der Kongo, Syrien und Algerien. Bis 1943 hatten sich außer Indochina alle französischen Kolonien vom Regime Pétains distanziert.

In Frankreich selbst hatten einige wenige überzeugte Einzelkämpfer schon kurz nach der Kapitulation ihren Unmut in Sabotageakten und Protesten zum Ausdruck gebracht, doch war es noch ein weiter Weg bis zu koordinierten Widerstandsaktionen. Hier und da fanden sich an geheimen Orten ein paar Männer und Frauen zusammen, die bereit waren, ihr Leben zu riskieren – sei es aus Patriotismus, sei es aus entschiedener Ablehnung der NS-Ideologie. Sie verfügten weder über Erfahrung in illegaler Arbeit noch über klare Perspektiven, doch alle waren beseelt von der Idee, ein Zeichen zu setzen, sich als Gegner der deutschen Besatzer zu positionieren. Mit Mut, Idealismus und einem großen Maß an Solidarität machten sich die verschiedenen Gruppierungen an die Arbeit, manche druckten und verteilten Flugblätter, andere sammelten Informationen über Truppenbewegungen und militärische Einrichtungen, die sie nach England weiterleiteten.

Zu Beginn des Jahres 1941 konstituierten sich die ersten Untergrundbewegungen, wobei die unabhängig voneinander agierenden Widerstandsgruppen ein breites politisches Spektrum abdeckten und sich teilweise von de Gaulles *France Libre* abzugrenzen suchten, so die den Gewerkschaften nahestehende Gruppe *Libération-Sud,* die eher katholisch geprägte Bewegung *Combat* sowie *Franc-Tireur,* eine Gruppierung, die Republikaner und Linkssozialisten ansprach. Im Norden Frankreichs gingen die meisten Widerstandsbewegungen aus Untergrund-Zeitungen hervor, so die Gruppe *Libération-Nord*, die sich aber wie *Ceux de la Résistance* und *Ceux de la Libération* schnell radikalisierte. Seit der zweiten Hälfte des Jahres 1941 wurden die Widerstandsaktionen in Paris koordinierter und wirkungsvoller. Um gezielte militärische Aktionen durchführen zu können, hortete man Sprengstoff, Waffen und Munition.

Schließlich brachten auch die Kommunisten nach dem Angriff Hitlers auf die Sowjetunion ihre Untergrunderfahrung ein und wurden als *Front National* zum militärisch schlagkräftigsten Arm der Résistance. Teilweise traten bei diesen Auseinandersetzungen auch klassenkämpferische Aspekte hervor. So richteten sich die Operationen der kommunistisch geprägten Widerstandsbewegung häufig gegen Industrielle, Geistliche und bürgerliche Parteifunktionäre, die mit dem Vichy-Regime paktierten. Nachdem die Deutschen am 11. November 1942 in die bis dahin unbesetzte Vichy-Zone einmarschiert waren, organisierte sich der Widerstand verstärkt in den schwer zugänglichen ländlichen Regionen Südfrankreichs, so in den Cevennen oder im alpinen Vercors. Dort fanden nicht nur politisch Verfolgte, sondern seit Februar 1943 auch viele junge Männer Unterschlupf, die sich durch die Flucht in die Illegalität der drohenden Verpflichtung zur Zwangsarbeit in Deutschland entzogen hatten. Vielerorts wurden sie von den lokalen Bürgermeistern und Pfarrern gedeckt, die ihnen selbstlos falsche Papiere und Geburtsurkunden ausstellten. Neben spanischen Republikanern lebten auch zahlreiche Deutsche wie der ehemalige KPD-Reichstagsabgeordnete Otto Kühne im Untergrund und engagierten sich für die militärische Ausbildung der Partisanen. Als sich im weiteren Kriegsverlauf ab 1943 eine Niederlage Deutschlands abzuzeichnen begann, nahm nicht nur die landesweite Solidarität mit der Résistance erheblich zu, sondern auch die Zahl der Résistancekämpfer – zuletzt dürften einhundert- bis zweihunderttausend Personen am aktiven Widerstand beteiligt gewesen sein. Allerdings mischten sich in den letzten Kriegstagen auch viele Opportunisten und stille Sympathisanten unter die Résistance. So nahmen am 29. August 1944 an der Siegesparade anlässlich der Befreiung von Marseille zehntausend stolze „Kämpfer" teil, obwohl kurz zuvor nur rund siebenhundert Mitglieder aktiv an den Gefechten beteiligt gewesen waren.

Je häufiger Sabotage- und Widerstandsaktionen wurden, desto entschlossener und rigoroser gingen die deutschen Besatzungstruppen dagegen vor. Verhaftungen, Folterungen und Exekutionen standen auf der Tagesordnung, berüchtigt war vor allem Klaus Barbie, der als „Schlächter von Lyon" eine wahre Schreckensherrschaft der Gestapo etabliert hatte.

Nach der Landung der Alliierten in der Normandie am 6. Juni 1944 kam es in zahlreichen Regionen Frankreichs zum offenen Widerstand durch die Résistance. Die Deutschen reagierten mit rücksichtsloser Härte und brutalem Terror, auch gegen die Zivilbevölkerung. Die Gewaltexzesse gipfelten im berüchtigten Massaker von Oradour-sur-Glane, bei dem die Waffen-SS am 10. Juni 1944 im Rahmen einer angeordneten Partisanenbekämpfung den kompletten Ort zerstörte und fast alle Einwohner einschließlich 207 Kindern und 254 Frauen ermordete. Oradour wurde nie wieder aufgebaut und blieb als erstarrtes Mahnmal mit verfallenen Häusern, verbrannten Autokarosserien und kümmerlichen Hausratsresten zurück.

Das wahre Frankreich

Unmittelbar nach der Befreiung von Paris wandte sich General de Gaulle am 25. August 1944 an das französische Volk: „Paris geschmäht! Paris zertrümmert! Aber Paris befreit! Befreit durch seine Bewohner, mit Hilfe der Bevölkerung Frankreichs, mit Hilfe der Armee Frankreichs, des kämpfenden Frankreichs, des einzigen Frankreichs, des wahren Frankreichs, des ewigen Frankreichs!"

Mit dieser vor dem Pariser Rathaus gehaltenen Ansprache läutete Charles de Gaulle eine jahrzehntelange Epoche des Verleugnens und Vergessens ein, denn er wusste sehr wohl, dass die Befreiung von Paris nur zu einem geringen Teil ein Verdienst der Franzosen war. Dabei spielte ihm in die Hände, dass der ihm treu ergebene General Philippe Leclerc vom alliierten Oberkommandierenden General Dwight D. Eisenhower die Erlaubnis erhalten hatte, mit seiner 2. Französischen Panzerdivision des „Freien Frankreichs" in das Zentrum von Paris vorzudringen.

Statt seine Landsleute mit der Tatsache zu konfrontieren, dass sie im Krieg katastrophal versagt und sich mehrheitlich der Kollaboration mit den Nationalsozialisten schuldig gemacht hatten, tischte General de Gaulle ihnen ein Lügengebilde auf und verschwieg ganz nebenbei die aufopfernde Leistung der anglo-amerikanischen Streitkräfte, die die Hauptlast bei der Befreiung Frankreichs getragen hatten. Geschickt erweckte de Gaulle den Eindruck, Frankreich sei nie besiegt worden und habe sich aus eigener Kraft von der deutschen Besatzung befreit. Damit schuf de Gaulle den Gründungsmythos für das Frankreich der Nachkriegszeit, der sich tief im kollektiven Bewusstsein verankerte. Selbst die Résistance, die seit dem 19. August 1944 im aufreibenden Häuserkampf große Teile von Paris unter ihre Kontrolle gebracht hatte, erwähnte er nur am Rande. Um den Eindruck, die französische Bevölkerung hätte sich selbst befreit, zu verstärken, verzichtete General de Gaulle bei seinem Triumphzug über die Champs-Élyséss bewusst auf Soldaten mit arabischen oder schwarzafrikanischen Wurzeln, obwohl diese Kämpfer mehr als die Hälfte der 2. Französischen Panzerdivision stellten, die Paris befreit hatte.

Statt von der Kollaboration sprach General de Gaulle in den folgenden Monaten in erster Linie von den Leiden des französische Volkes. Er würdigte den Patriotismus der „riesigen Mehrheit“, die nur an das Heil und die Größe des Vaterlandes gedacht hätte. Die Fronten zwischen Gut und Böse ließen sich vermeintlich leicht ziehen: Es war nur eine „Handvoll von Elenden und Unwürdigen“, denen er im Oktober 1944 eine gerechte Strafe androhte. Zu diesen „Unwürdigen“ gehörten der ehemalige Ministerpräsident Pierre Laval und der einstige Milizchef Joseph Darnand, denen de Gaulle 1945 eine Begnadigung verweigerte. Hingerichtet wurden vor allem Repräsentanten der intellektuellen Kollaboration wie der Schriftsteller Robert Brasillach und der Journalist Jean Luchaire. Dem Gros der Franzosen, die sich während der Okkupation „verirrt“ hatten, wurde vergeben. Dieses Vorgehen wurde von Vertretern des linken Flügels der Résistance wie Albert Camus vergeblich kritisiert.

Im Namen der „Versöhnung der Nation“, „um das Volk nicht zu spalten“ und um „die Wunden Frankreichs nicht aufbrechen zu lassen“, hat de Gaulle nach Kriegsende jede weitere juristische Aufarbeitung der Kollaboration unterbunden; die kompromittierte Staatsverwaltung von Vichy wurde mit offenen Armen im „neuen Frankreich“ aufgenommen. De Gaulle wusste, dass ohne die traditionelle Beamtenschaft kein rascher Wiederaufbau der Institutionen möglich war. Da er eine amerikanische Verwaltung ebenso verhindern wollte wie chaotische Zustände, von denen seiner Meinung nach die Kommunisten profitiert hätten, nahm er in Kauf, auf ehemalige Anhänger des Vichy-Regimes zurückgreifen zu müssen.

Eine Abrechnung mit den Kollaborateuren erfolgte nur oberflächlich. Im Zuge der Befreiungskämpfe wurden rund zehntausend Franzosen – darunter zweitausend Frauen – hingerichtet. Vor allem in den südlichen Landesteilen kam es zu einer kurzen, aber heftigen Säuberungswelle, die sich in spontanen Gewaltaktionen und willkürlichen Hinrichtungen entlud. Seltsamerweise richtete sich der Hass vor allem gegen Frauen, die sich in der Regel nichts anderes hatten zu schulden kommen lassen, als eine sexuelle Beziehung mit einem Besatzer unterhalten zu haben. Tausende weitere Frauen, die mit dem

Leben davon kamen, wurden öffentlich gedemütigt: Erst rasierte man ihnen vor den Augen einer johlenden Menge die Haare ab, dann wurden sie bespuckt und halb oder ganz nackt durch die Straßen getrieben. Ebenso schlimm erging es Kindern aus solchen Beziehungen; sie sahen sich bis ins Erwachsenenalter mit dem Vorwurf konfrontiert, minderwertige deutsche Bastarde zu sein.

Sieht man von den Prozessen gegen die Hauptverantwortlichen der Kollaboration ab, so stand die Trauer um die gefallenen Soldaten und Märtyrer der Résistance im Vordergrund. Zahlreiche Mitläufer und Nutznießer des Vichy-Regimes kamen äußerst glimpflich davon. Insgesamt wurden knapp hunderttausend Franzosen wegen Kollaboration angeklagt, wobei sich die meisten nur wegen geringer Vergehen verantworten mussten.

Jean Moulin, der perfekte Held

De Gaulles zentrales Anliegen in der Nachkriegszeit bestand darin, die Kollaborateure zu integrieren, weshalb er auf eine offizielle Würdigung der Résistance bewusst verzichtete. Zwei Jahrzehnte später hielt er diesen Prozess für abgeschlossen. Bei den Feierlichkeiten anlässlich der Befreiung von Paris erinnerte man sich 1964 an Jean Moulin, der aufgrund seiner Treue zu de Gaulle und seinem tragischen Tod wie geschaffen schien, den Helden der Résistance zu verkörpern.

Der 1899 in Béziers geborene Jean Moulin war als Präfekt 1940 von den Deutschen verhaftet und misshandelt worden, weil er sich ihren Befehlen widersetzt hatte. Anschließend lebte er zeitweise im Untergrund, bevor er im September 1941 über Spanien und Portugal nach London reiste und Kontakt zu Charles de Gaulle und anderen Exilfranzosen aufnahm. Zusammen mit zwei Mitstreitern sprang Jean Moulin in der Nacht zum 2. Januar 1942 mit dem Fallschirm nördlich von Salon-de-Provence über den Alpilles ab, um im Auftrag von de Gaulle die Aktionen der verschiedenen Widerstandsgruppen zu koordinieren. Erschwert wurde diese Annäherung, weil die meisten Résistance-Führer eine politische Mission für den Wiederaufbau Frankreichs vor Augen hatten, während de Gaulle die Widerstandsbewegungen vor allem als eine ihm unterstellte militärische Hilfsorganisation betrachtete. Nach langen Verhandlungen mit den verschiedenen Widerstandsgruppen gelang es Moulin im März 1943, den *Conseil National de la Résistance* (CNR, Nationaler Widerstandsrat) zu gründen, dem auch Parteien und Gewerkschaften angehörten.

Durch den sich politisch an den Programmen der Sozialisten und Kommunisten orientierenden CNR wurde der aktive Widerstand erheblich schlagkräftiger. Schnell stand der unter verschiedenen Decknamen lebende Moulin ganz oben auf der deutschen Fahndungsliste. Überall in Frankreich wurde fieberhaft nach ihm gesucht. Unter nie ganz geklärten Umständen wurde ein Treffen der Résistance am 21. Juni 1943 in der Nähe von Lyon verraten, so dass Jean Moulin zusammen mit anderen hochrangigen Résistance-Mitgliedern in die Hände von Klaus Barbies Schärgen fiel, die ihn folterten, ohne ihm jedoch ein Wort über seine Verbindungsmänner entlocken zu können. Nach weiteren schweren Misshandlungen starb Moulin zwei Wochen später in einem Zug, der ihn nach Deutschland bringen sollte.

Moulins bleibendes Verdienst war es, die verschiedenen Résistancegruppen geeint und hinter General de Gaulle versammelt zu haben. Nachdem der CNR den bis dato nicht unumstrittenen General im Mai 1943 als „obersten Repräsentanten des französischen Widerstands“ anerkannt hatte, mussten ihn auch die Alliierten als *chef des Français libres* akzeptieren. Das war vor allem eine Niederlage der Amerikaner, die sich für den 1942 aus deutscher Kriegsgefangenschaft geflohenen General Giraud stark gemacht hatten. Giraud, der inzwischen die französischen Truppen in Nordafrika befehligte, wurde wegen seiner Vichy-Nähe von Churchill und vielen Franzosen abgelehnt.

Auf Betreiben ehemaliger Résistance-Verbände und mit Unterstützung von Präsident de Gaulle wurden Jean Moulins sterbliche Überreste 1964 in einer feierlichen Zeremonie vom Friedhof Père Lachaise in das Pariser Panthéon, den Ruhmestempel der französischen Nation, überführt – die höchste Auszeichnung, die die französische Republik ihren Toten verleiht. Der damalige Kulturminister André Malraux würdigte die Verdienste Moulins und bezeichnete ihn als „Antlitz Frankreichs"; der Résistance verlieh er den Status einer „Legende", war sie doch identisch mit de Gaulle, der sie ins Leben gerufen und dessen Autorität Jean Moulin nie in Frage gestellt hatte. Jetzt sollte das Gedenken an die Résistance das Land einen, daher verlor Malraux in seiner auch im Fernsehen übertragenen Rede kein Wort über die Kollaboration und die Verbrechen von Vichy; stattdessen pries er Moulin mit pathetischen Worten: „Jean Moulin war kein Mann des angemaßten Ruhms. Nicht den Freiheitskampf des Maquis im Norden, nicht die Kolonnen des Widerstands gründete er. Er stellte keine Regimenter auf, sondern schmiedete das Heer der Résistance!"

Niemand in Frankreich wollte am Résistance-Mythos rütteln, im Gegenteil: In der Filmkomödie *La Grande vadrouille* („Die große Sause"), die 1968 in die Kinos kam, wurden zwei von Louis de Funès und Bourvil gespielte Durchschnittsfranzosen zu tapferen Helden der Résistance, die sich gegen so beschränkte wie brutale Deutsche und unsympathische Kollaborateure zu behaupten wussten. Nicht ohne Grund war der Film mit siebzehn Millionen Besuchern bis zum Jahr 2008 der größte Erfolg des französischen Kinos. In der Erinnerung der Franzosen war die Résistance das einigende Band, das ein erstarktes Frankreich hervorbrachte, auch wenn der Beitrag der Résistance zur Befreiung Frankreichs als eher symbolisch denn militärisch zu bewerten ist. Jean Moulin, der sich selbstlos für sein Vaterland geopfert hatte, wird bis heute als größter Held der Résistance verehrt. Hunderte von Straßen und Schulen sind nach ihm benannt, 1993 wurde sogar eine Zwei-Franc-Münze mit seinem Porträt geprägt. An der Stelle seines Fallschirmabsprungs in der Provence steht eine von Marcel Courbier geschaffene Bronzeskulptur, die einen überdimensionalen Mann zeigt, der die Arme dem Himmel entgegenstreckt. In Erinnerung an Jean Moulin wurden die Straßen zwischen Salon-de-Provence, Eygalières und Saint-Andiol, die er nach seiner Landung benutzte, zum *Chemin de la Liberté* („Weg der Freiheit") erklärt.

Frankreichs „dunkle Jahre"

War die Dritte Republik ein Opfer des Vichy-Regimes, oder gab es eine staatliche Kontinuität? Für Charles de Gaulle hatte das „wahre", das „ewige" Frankreich nie aufgehört zu existieren, da es in ihm und seiner Exilregierung weitergelebt hatte. Er versagte der Vichy-Regierung die Anerkennung als Teil der französischen Geschichte, blendete die Kollaboration aus, um die Nation durch die Identifikation mit der Résistance zu einen und Frankreich seine Würde zurückzugeben. Gleichwohl: Die Dritte Republik war am 10. Juli 1940 in einer legalen Abstimmung von 569 der 669 Parlamentarier liquidiert worden.

Ähnlich wie man in Deutschland in der Nachkriegszeit von den nationalsozialistischen Verbrechen nichts mehr wissen wollte, legten die Franzosen ihrerseits den Mantel des Schweigens über das Vichy-Regime. Erst nach de Gaulles Tod wurde der Résistance-Mythos allmählich kritisch hinterfragt, und die Vichy-Jahre wurden neu bewertet. Statt über politische Ereignisse wie den Waffenstillstand und die Rolle Pétains zu diskutieren, traten nun die Innenpolitik und das Verhalten der Franzosen unter dem Vichy-Regime ins öffentliche Bewusstsein. Mit Robert Paxton war es bezeichnenderweise ein amerikanischer Historiker, der in seinem 1973 in Frankreich erschienenen Buch *La France de Vichy 1940–1944* eine neue Sichtweise auf die „dunklen Jahre" etablierte und von einer kollektiven Verantwortung sprach, denn die diskriminierende Vichy-Politik gegenüber den Juden habe der „Endlösung" letztlich den Weg gebahnt: „Die Kollaboration war kein deutsches Ansinnen, auf das einige Franzosen aus Sympathie oder List eingingen, sondern eine Offerte Frankreichs."

Die französische Öffentlichkeit verdrängte die Erinnerung an die Kriegsjahre weitgehend. Zu den wenigen Ausnahmen gehörte der Schriftsteller Patrick Modiano, der 1968 in seinem Debütroman *Place de l'Étoile* das Leben französischer Juden unter deutscher Besatzung thematisierte. Etwa zeitgleich arbeitete Marcel Ophüls an seinem Dokumentarfilm „Das Haus nebenan – Chronik einer französischen Stadt im Kriege" (Originaltitel: *Le Chagrin et la Pitié*). Der vierstündige Film schildert am Beispiel von Clermont-Ferrand, wie Kollaboration und Widerstand den Alltag einer französischen Provinzstadt während der Besatzungsjahre bestimmten. Vor allem die Interviews mit Normalbürgern, Kollaborateuren und Angehörigen der Miliz räumten mit dem Klischee des im Kampf gegen die Besatzer geeinten Landes auf. Als der Film 1969 fertiggestellt war, durfte er in den von der Regierung kontrollierten Fernsehprogrammen der ORTF nicht ausgestrahlt werden. Es sei nicht nur unpatriotisch, sondern zerstöre „Mythen, die das französische Volk immer noch braucht", beschied Jean-Jacques de Bresson, der Leiter von ORTF, der übrigens selbst in der Résistance aktiv gewesen war. Erstmals wurde der Film im April 1971, also fast zwei Jahre später, in einem kleinen Kino im Pariser Quartier Latin präsentiert. Weitere zehn Jahre vergingen, bevor man sich 1981 entschloss, den Film auch im staatlichen französischen Fernsehen zu zeigen.

Die Aufarbeitung der eigenen Geschichte gestaltete sich in Frankreich wie in Deutschland schwieriger als die Aussöhnung zwischen den beiden Ländern. Viele Funktionsträger des Vichy-Regimes blieben nach Kriegsende im Amt und spielten weiterhin eine tragende Rolle im politischen und öffentlichen Leben. Besonders eindrucksvoll spiegeln sich diese Kontinuitäten in der Karriere von Maurice Papon wider. Papon war als Generalsekretär der Präfektur Bordeaux für die Polizei und das Transportwesen zuständig und organisierte ab 1942 die Verhaftung aller Juden im Großraum Bordeaux und deren Abtransport ins Sammellager Drancy, von wo aus sie nach Auschwitz deportiert wurden. Mit einem fragwürdigen Dokument als Widerstandskämpfer der letzten Stunde im Amt belassen, diente er als Präfekt von Marokko und Algerien auch nach Kriegsende dem französischen Staat, bevor er im April 1958 von Charles de Gaulle zum Polizeipräfekten von Paris ernannt und drei Jahre später mit dem Kreuz der Ehrenlegion ausgezeichnet wurde. Papon war übrigens auch der Hauptverantwortliche für das berüchtigte Massaker vom 17. Oktober 1961, als in Paris bei einer Demonstration für ein unabhängiges Algerien die Polizei auf die friedlichen Demonstranten losging und mehr als zweihundert von ihnen ermordete und in die Seine warf.

Als Finanzminister unter Valéry Giscard d'Estaing erreichte Papon 1978 den Höhepunkt seiner Laufbahn. Kurz nach dem Ende seiner Amtszeit tauchten 1981 Dokumente auf, die seine Beteiligung an den Judendeportationen eindeutig belegten. Es dauerte aber weitere sechzehn Jahre, bis sich Maurice Papon vor Gericht verantworten musste. Ähnlich lange wurden auch die Prozesse gegen Paul Touvier und René Bousquet hinausgezögert, so dass letztlich erst Mitte der 1990er Jahre eine juristische Aufarbeitung der Kollaboration durch die französische Justiz stattfand. Maurice Papon wurde der „Mitwirkung an Verbrechen gegen die Menschheit" für schuldig befunden und zu zehn Jahren Gefängnis verurteilt, aber trotz Protesten aus gesundheitlichen Gründen bereits nach drei Jahren entlassen. Die Zeitung *Le Monde* reduzierte im Zusammenhang mit dem Papon-Prozess die Kollaboration zu einem Fehlverhalten einiger weniger und verkündete auf ihrer Titelseite in gaullistischer Manier: „Nein, Vichy war nicht Frankreich."

Mitterrand und Chirac

Wie kein anderer französischer Politiker verkörpert François Mitterrand die Ambivalenz von Kollaboration und Résistance. Mitterrand, von 1981 bis 1995 französischer Staatspräsident, sympathisierte in seiner Jugend mit einer rechtsextremen Organisation und nahm an einer fremdenfeindlichen Demonstration teil. Im Krieg geriet er in deutsche Kriegsgefangenschaft, doch glückte ihm 1941 unter mysteriösen Umständen die Flucht. Kurz nach seiner Rückkehr übernahm er in der Vichy-Regierung die Leitung eines Amtes zur Betreuung entlassener Kriegsgefangener und wurde von Marschall Pétain mit dem *Francisque*, einem Orden, der die besondere Wertschätzung des Regimes bekundete, ausgezeichnet. Gleichzeitig hatte er seine Fühler in Richtung Résistance ausgestreckt und unter dem Tarnnamen „Jacques Morland" ein Widerstandsnetz aufgebaut, das sich aus ehemaligen Kriegsgefangenen zusammensetzte. In seiner Zeit als Staatspräsident setzte sich dieses ambivalente Verhalten fort: François Mitterrand würdigte alljährlich den Jahrestag von de Gaulles Widerstandsappell und legte Kränze am Grab von Marschall Pétain auf der Île d'Yeu nieder; er blieb mit René Bousquet befreundet, der an der Deportation französischer Juden maßgeblich beteiligt war und verschleppte mit Rücksicht auf den „zivilen Frieden" das Verfahren gegen Maurice Papon. Gleichzeitig führte Mitterrand einen Gedenktag für die Razzia unter den Pariser Juden ein.

Ein Umdenken erfolgte erst unter Jacques Chirac. Chirac war nicht nur der erste Staatspräsident der Fünften Republik, der sich weigerte, Blumen auf Pétains Grab legen zu lassen, er war auch als erster bereit, die Vichy-Zeit als festen Bestandteil der französischen Geschichte und eine Mitverantwortung Frankreichs an den damals begangenen Verbrechen anzuerkennen. Bei einer Gedenkveranstaltung vor der einstigen Pariser Radsporthalle *Vélodrome d'Hiver* – hier waren 1942 fast 13 000 Juden, darunter etwa 4000 Kinder, zusammengetrieben worden, um in Viehwaggons nach Drancy und weiter ins Vernichtungslager Auschwitz deportiert zu werden – erklärte Jacques Chirac am 16. Juli 1995 in einer bewegenden Rede: „Frankreich, das Mutterland der Aufklärung und der Menschenrechte, Gast- und Asylland, dieses Frankreich ... vergaß sein Wort und lieferte Schutzbefohlene an ihre Henker aus. (...) Vierundsiebzig Zugtransporte fuhren nach Auschwitz. Sechsundsiebzigtausend aus Frankreich deportierte Juden kamen nicht mehr zurück. Wir haben ihnen gegenüber eine unverjährbare Schuld."

IRRTUM 10:

Die Franzosen lieben die Revolution

Frankreich ist das Land der Revolution. „Freiheit, Gleichheit, Brüderlichkeit" – diese Inschrift erinnert an jedem französischen Rathaus zwischen Amiens und Perpignan an die Kerngedanken der Revolution von 1789. Als Geburtsstunde des modernen Frankreichs ist die Revolution allgegenwärtig, ihre Ideale bilden das Fundament der nationalen Identität: Nationalfahne, Nationalhymne und Nationalfeiertag gehen unmittelbar auf sie zurück.

Mit dem Sturm auf die Bastille und der Erklärung der Menschen- und Bürgerrechte verabschiedete sich Frankreich vom *Ancien Régime* und ebnete der Demokratie den Weg – ein epochaler Einschnitt, der nicht nur das politische, sondern auch das soziale, wirtschaftliche und kulturelle Leben nachhaltig prägte und veränderte. Auf dieser Vorreiterrolle gründet ein politisches Sendungsbewusstsein, das weit über die eigenen Grenzen hinausstrahlte; bis heute werden im Hexagon die revolutionären Ideale hochgehalten.

Im Gegensatz zu Deutschland, wo man – abgesehen von der friedlichen Revolution von 1989 – Aufstände gegen die Obrigkeit nicht schätzt, ist das französische Volk stolz auf seine revolutionäre Vergangenheit. Revolution wird in Frankreich mit dem Streben nach Freiheit und der Abschaffung von Missständen assoziiert, während die Deutschen vor allem an Unruhen und Unsicherheit denken.

Gleichzeitig gibt es kaum ein europäisches Land, in dem die soziale Segregation so ausgeprägt ist wie in Frankreich. Die Oberschicht versteht es seit jeher, sich abzuschotten – sichtbar wird dies an der Wahl der Wohngebiete über die Schulen bis zu den Ferienzielen. Man trifft sich in elitären Zirkeln und Clubs, besucht die gleichen Salons und Diners. Damit man auch zukünftig unter sich bleibt, wird für den jugendlichen Nachwuchs eine *Rallye* veranstaltet – kein Autorennen, sondern regelmäßig angebotene kulturelle Ausflüge und Bälle, die die Basis für einen zukünftigen Heiratsmarkt bilden. Die Einladungen werden selbstverständlich auf handgeschöpften Karten zugestellt. Trotz zahlreicher Revolutionen gibt es in den *Beaux quartiers* keine soziale Durchmischung, dafür gehören eigene Eingänge und Treppen für die Bediensteten zum guten Ton. Auch in den Unternehmen und Handwerksbetrieben ist alles streng hierarchisch geregelt, Tradition wird groß geschrieben, und der Patron ist der Souverän.

Paris, die Stadt der Revolutionäre

Die Franzosen haben die Revolution im Blut, kein anderes Land der Welt kann mit einer vergleichbaren Revolutionsgeschichte aufwarten. Und Paris ist das Epizentrum der Revolutionswellen, die nicht nur Frankreich, sondern oft ganz Europa überflutet haben. Ob beim Sturm auf die Bastille, bei den Barrikaden der Julirevolution von 1830, den Aufständen von 1848, der Pariser Kommune oder der Studentenrevolte von 1968 – das Bild vom aufständischen Paris ist fest in den Geschichtsbüchern verankert. Hinzu kommen viele kleine, längst vergessene Aufstände wie die namenlosen Barrikaden im November 1827 oder im Juni 1832. Kein Wunder, dass Paris auf revolutionäre Geister besondere Anziehungskraft ausgeübt hat: Simón Bolívar, Karl Marx, Lenin, Leo Trotzki, Rosa Luxemburg, Deng Xiaoping und Ho Chi Minh – sie alle haben mehr oder weniger lange an der Seine gelebt und hier prägende Erfahrungen gemacht.

Wer den Verlauf der zahlreichen Revolutionen betrachtet, wird Eric Hazan beipflichten: „Zwei Dinge wurden in Paris erfunden, die noch eine große Zukunft haben sollten: die rote Fahne auf Seiten der Aufständischen und Kanonen auf Seiten der Ordnungskräfte." Und jedes Mal stand das Hôtel de Ville im Fokus. Erst durch die Eroberung des Rathauses wurde die Rebellion zur Revolution geadelt. Wer sich vor dem Rathaus stehend an das Volk wendet, demonstriert, dass er die Macht übernommen hat. Das wussten nicht nur die Revolutionäre und deren Bezwinger, es war auch Charles de Gaulle bewusst, als er sich am 25. August 1944 nach der Befreiung von Paris zum Rathaus begab, um dem wahren, kämpfenden Frankreich zu danken.

Sieht man einmal von der Revolution von 1789 ab, so beschränkten sich die Kampfhandlungen fast ausschließlich auf Paris, genaugenommen auf die ärmeren Viertel im Nordosten der Stadt, in denen die meist aus der Provinz nach Paris gezogenen Arbeiter und Tagelöhner zur Untermiete wohnten. Hier, wo die sozialen Bedingungen besonders schlecht waren und der Frauenanteil am geringsten, fand sich immer jemand, der bereit war, sich einer Erhebung anzuschließen und den Aufstand zu wagen. Diese Tradition ist auf friedliche Weise bis in die Gegenwart lebendig: Fast jede große Demonstration, die in Paris zum Thema Freiheit oder Bürgerrechte stattfindet, nimmt ihren Ausgang an der Place de la Bastille oder der Place de la République.

Auf die Barrikaden

Paris ist die Stadt der Revolutionäre, wo man nicht nur sprichwörtlich auf die Barrikaden geht. So verwundert es nicht, dass das Wort „Barrikade", das in vielen Sprachen für „städtischen Aufruhr" steht, aus dem Französischen kommt. Es leitet sich von den *Barriques* (Fässer) ab, die man mit Sand und Steinen füllte, um Straßen zu blockieren. Die ersten Barrikaden wurden am 12. Mai 1588 im Quartier Latin an der Place Maubert errichtet – jedoch nicht von Freiheitskämpfern, sondern von fanatischen Katholiken. Anfangs dienten die aus ein paar Fässern und umgekippten Karren errichteten Barrikaden nur dazu, das Vorrücken der Soldaten zu verzögern und die Pferde straucheln zu lassen. Später wurden die Barrikaden zu kleinen Verteidigungsanlagen ausgebaut, das Pflaster wurde aufgerissen, Steine wurden aufgetürmt und zwischen die Fässer noch Matratzen und Strohballen als Kugelfang gepresst, um die dahinter versammelten Aufständischen zu schützen. War der Feind zurückgeschlagen, errichtete man aus den Pflastersteinen eine Treppe und stürmte „auf die Barrikaden".

Zwischen 1827 und 1851 wurden die verwinkelten Pariser Altstadtgassen insgesamt neunmal zum Schauplatz von Barrikadenkämpfen. Doch die jeweiligen Triumphe währten nur kurz, denn die Barrikaden waren eher sichtbares Symbol des Protestes als wirksames Instrument, konnten sie doch den Kanonen nicht standhalten.

Selbst die Pariser Stadttopographie ist ein Produkt der Angst der Herrschenden vor einer Rebellion des Volkes. Als Paris zwischen 1853 und 1870 ein modernes Stadtbild mit Boulevards, Avenuen und Parkanlagen erhielt, ließ der Präfekt Baron Georges-Eugène Haussmann rund 28 000 Häuser abreißen, um Schneisen in das mittelalterliche Gassengewirr zu schlagen und die Stadt dem zunehmenden Verkehr zu öffnen. Ein Nebeneffekt dieser Baumaßnahmen war, dass aufgrund der breiten Boulevards nicht nur der Bau von Barrikaden erschwert wurde, sondern auch, dass die Armee beweglicher war und somit wirksamer zur Niederschlagung von Aufständen eingesetzt werden konnte. Damals verschwand auch der *Canal Saint-Martin* unter der Erde, da Haussmann, Aufstände im proletarischen Osten fürchtend, die leicht zu verteidigenden Kanalbrücken durch den *Boulevard Richard Lenoir* ersetzte. „Wo das Volk sich in zähen Massen aufeinander klumpt, hat die Herrschaft ein unsicheres Terrain, das jeden Augenblick zu einem Angriffspunkt gegen sie werden kann" – mit diesen Worten hat der deutsche Historiker Theodor Mundt in seinen „Skizzen aus dem französischen Kaiserreich" (1858) die Situation treffend beschrieben und erkannt, dass von den breiten Boulevards ein disziplinierender Impuls ausgeht.

Revolutionsfeste

Parallel dazu entwickelte sich die Revolution von 1789 zum nationalen Mythos. Seit 1880 ist der 14. Juli Nationalfeiertag, und die *Marseillaise*, das Kampflied eines republikanischen Bataillons aus Marseille, wurde zur Nationalhymne erklärt. Welche Bedeutung die Revolution für das nationale Selbstverständnis spielte, zeigte sich 1889 auch an den Feierlichkeiten zum 100. Jahrestag der Erstürmung der Bastille. Frankreich wollte ein Zeichen setzen und richtete zeitgleich mit dem Jubiläum die zehnte Weltausstellung in Paris aus – ein Umstand, der bei den Monarchen der europäischen Nachbarstaaten verständlicherweise wenig Begeisterung hervorrief. Die unumstrittene Hauptsehenswürdigkeit der Weltausstellung war der Eiffelturm, der als schmiedeeisernes Denkmal vom Triumph der Revolution kündete und seither als leuchtende Metapher in den nächtlichen Himmel der Seinemetropole ragt. Zur Eröffnung gab es einundzwanzig Schüsse Salut, Gustav Eiffel zog eigenhändig die Trikolore auf, und alle riefen *Vive la République!*

Auch das zweihundertjährige Jubiläum der Französischen Revolution im Jahre 1989 wurde im geschichtsverliebten Frankreich als einheitsstiftendes, nationales Volksfest inszeniert. Die Feierlichkeiten des *Bicentenaire de la Révolution* wurden von zahlreichen Baumaßnahmen flankiert, allen voran die *Opéra de la Bastille*. Für den Bau der gigantischen Volksoper wurde der alte Bahnhof von Vincennes abgerissen, denn Staatspräsident François Mitterrand konnte sich keinen symbolkräftigeren Ort vorstellen als die Place de la Bastille, wo am 14. Juli 1789 alles begonnen hatte. Doch nicht genug: Mit der *Grande Arche* spendierte Mitterrand Frankreich zum Jubiläum noch einem riesigen modernen Triumphbogen, der den Arc de Triomphe in den Schatten stellt und die berühmte Achse vom Louvre über die Champs-Élysées bis nach La Défense verlängert.

Wann ist eine Revolution eine Revolution?

„Es handelt sich also um eine Revolte?", soll Ludwig XVI. gefragt haben, als er vom Sturm auf die Bastille erfuhr. Worauf ihm der Herzog von Liancourt antwortete: „Nein, Majestät, es ist keine Revolte, es ist eine Revolution."

Keine Frage: Nicht jeder Umsturz, nicht jeder Machtwechsel ist revolutionär. Eine Revolution wird nicht nur vom Willen zur und der Hoffnung auf Veränderung getragen, sondern auch vom Wunsch nach Freiheit und Selbstverwirklichung. Ihr Antipode ist die Restauration, die die Zukunft mit den Insignien der Vergangenheit gestalten will.

Jede Revolution ist eine historische Zäsur – doch nur wenn sie eine dauerhafte, tiefgreifende Veränderung nach sich zieht, ist sie mehr als eine Revolte. Die politisch-gesellschaftliche Ordnung wird auf den Kopf gestellt: Revolutionsfeste statt religiöser Prozessionen, Kokarden statt Familienwappen, Mitbestimmung statt Despotismus. Doch selbst eine gescheiterte Revolution kann tiefgreifende mentale, soziale und gesellschaftliche Veränderungen bewirken. In diesem Sinne war die blutig niedergeschlagene Pariser Kommune ein Erfolg, denn bis hin zum Laizismus wurden die Ideale der Kommunarden prägend für die Dritte Republik.

Der Versuch von Marschall Pétain und seiner Vichy-Regierung, eine „nationale Revolution" in die Wege zu leiten, scheiterte hingegen nicht nur an ihrer Judenpolitik und der Abhängigkeit vom übermächtigen Hitler-Deutschland, sondern vor allem auch daran, dass die Trias „Gott, Familie und Vaterland" und die damit einhergehenden restriktiven Maßnahmen von der Mehrheit der Franzosen nicht geteilt wurden und dass Pétains verordnete „Revolution" alle bisherigen revolutionären Errungenschaften negierte.

Als im Herbst 2005 in den Banlieues von Paris und in anderen französischen Städten Autos, Müllcontainer und Bushaltestellen brannten, wohnte diesen Aufständen zwar die revolutionäre Kraft der sozial Ausgegrenzten und wirtschaftlich Benachteiligten inne, doch blieb die politische Sprengkraft der Unruhen zu begrenzt, um eine

Revolution zu entfachen. Weder wurden die Fackeln des Aufstandes ins Zentrum von Paris getragen, noch fanden sich intellektuelle Fürsprecher oder politische Vertreter, die dem Anliegen der Jugendlichen – fast ausschließlich solche mit Migrationshintergrund – parlamentarisches Gehör verschafften. Im Gegenteil: Für Politiker wie Nicolas Sarkozy waren die randalierenden Jugendlichen nichts als „Gesindel", dem man mit aller Härte begegnen müsse.

1789 – die Mutter aller Revolutionen?

Der erste Aufstand in der französischen Geschichte fand nicht im Juli 1789 statt, sondern im Februar 1358, als sich in Paris die von Étienne Marcel angeführten Kaufleute gegen die Macht des Königs erhoben. Marcel wird deshalb seit der Französischen Revolution als Nationalheld angesehen, ihm zu Ehren hat man beim Pariser Rathaus ein Reiterstandbild errichtet; auch sind eine Straße und eine Métrostation nach ihm benannt. Der Aufstand scheiterte, nachdem Étienne Marcel im Juni des gleichen Jahres von einem königstreuen Beamten erstochen worden war. Um Volkserhebungen zukünftig unterbinden zu können, ließ König Charles V. wenige Jahre später ein mächtiges Bauwerk namens *Bastille* errichten.

Jahrhundertelang galt die Bastille als Symbol königlicher Willkür, doch dann genügte ein Funke, dass sich der Volkszorn entlud. Die Erstürmung der Bastille und die damit einhergehende Befreiung von sieben Gefangenen – der berühmt-berüchtigte Marquis de Sade war allerdings wenige Tage zuvor in das Hospiz von Charenton eingewiesen worden – erfolgte spontan und bildete den Auftakt einer ganzen Reihe weiterer Aufstände, an deren Ende die Republik stand. Jordan de Launay, der Kommandant der Bastille, wurde von den Aufständischen verhaftet und auf dem Weg zum Rathaus getötet – solche Lynchjustiz des Pöbels wurde zur stilbildenden Begleiterscheinung der Revolution. Später fraß die Revolution sogar ihre eignen Kinder – nicht nur Danton und Robespierre, sondern Zigtausende fielen dem Terror und der Guillotine zum Opfer.

Übrigens paarte sich an jenem 14. Juli 1789 revolutionäre Leidenschaft mit der Unzufriedenheit des einfachen Volkes: Das Brot war an diesem Tag teurer als jemals zuvor im 18. Jahrhundert! Die Bedeutung des Getreidepreises darf nicht unterschätzt werden, bereits im März waren die kleinen Leute in Marseille und Toulon wegen der Brotteuerung auf die Straße gegangen. In Paris mussten die Bäckereien und Getreidetransporte von der Nationalgarde geschützt werden. Hunger und der Ruf nach Brot führten auch zu einem noch nie dagewesenen Protestzug, dessen Folgen den weiteren Revolutionsverlauf prägten: Am 5. Oktober 1789 versammelten sich mehrere Tausend Frauen aus dem Hallenviertel vor dem Rathaus, um anschließend – gefolgt von den Nationalgardisten und zahllosen Neugierigen – nach Versailles zu ziehen. Dieser „Marktweiberzug“ nötigte den König, als Gefangener seines eigenen Volkes mitsamt Familie nach Paris zurückzukehren. Die Massen erzwangen die Anwesenheit des Königs in Paris – seine Gegenwart barg die Hoffnung, es werde fortan nicht mehr an Brot mangeln. Der gedemütigte König wurde zur Geisel der Revolution.

Innerhalb kürzester Zeit wurden der Absolutismus und das Feudalsystem hinweggefegt und die Privilegien von Adel und Klerus abgeschafft. Im Namen der Gleichheit wurde es zur Pflicht aller Bürger, die Staatsaufgaben durch Steuern zu gewährleisten. Doch die Angst vor einer Gegenrevolution führte zur Radikalisierung und brachte nicht nur den König aufs Schafott.

Letztlich war es Napoleon zu verdanken, dass die revolutionären Errungenschaften bewahrt und durch den *Code civil* dauerhaft gesichert wurden, wofür ihn das französische Volk als Alleinherrscher akzeptieren musste. Nach Napoleons Niederlage bei Waterloo und seiner endgültigen Abdankung gelangten die Bourbonen wieder an die Macht. Fünfundzwanzig Jahre nach dem Sturm auf die Bastille hieß es wieder *Vive le roi!* Es folgte eine Phase der Restauration, in der die Royalisten die Uhr zurückzudrehen versuchten: Der Adel gewann erneut an Einfluss, die Monarchie wurde verherrlicht, und die katholische Kirche gab im öffentlichen Leben wieder den Takt an.

Gleichzeitig wuchs der Unmut des Volkes, und Ende Juli 1830 kam es in Paris erneut zu Aufständen, nachdem König Karl X. die Zensur eingeführt und das Parlament durch eine Verordnung aufgelöst hatte. Soziale Probleme verschärften die Situation. Schon am nächsten Tag wurden in der Nähe des Palais Royal die ersten Barrikaden errichtet, das Volk rebellierte und griff zu den Waffen, um einen Umsturz herbeizuführen. Republikaner, Studenten, ehemalige Soldaten und Arbeiter aus den benachteiligten Stadtvierteln zogen am gleichen Strang – die Regierung verlor die Kontrolle, und der König wurde innerhalb von drei Tagen zur Abdankung und Flucht nach England gezwungen. Eugène Delacroix hat in seinem berühmten Gemälde „Die Freiheit führt das Volk" weniger die Kämpfe als vielmehr die Hoffnungen der Aufständischen verewigt. Doch das Ergebnis der Revolution war letztlich nur ein Dynastie-Wechsel. Mit Louis-Philippe bestieg ein entfernter Verwandter als „Bürgerkönig" den Thron. Statt Aristokratie und katholischer Kirche bestimmte nun die Großbourgeoisie die politischen Geschicke des Landes. Wer wählen wollte, musste eine Steuerleistung von mindestens zweihundert Franc erbringen – ein Umstand, der den meisten Handwerkern und allen Arbeitern das Wahlrecht weiterhin vorenthielt.

Die zunehmende Unzufriedenheit des Bürgertums entlud sich für alle Beteiligten überraschend in der Februarrevolution von 1848 – die Republik wurde ausgerufen, und erneut ging ein französischer König ins englische Exil. Mit lediglich rund dreihundertfünfzig Toten verlief diese Revolution gemessen an den anderen Pariser Volksaufständen des 19. Jahrhunderts geradezu unblutig. Der Schriftsteller Maxime du Camp bilanzierte nüchtern: „Paris hatte mit einem Aufstand gespielt und endete bei einer Revolution." Und Alexis de Tocqueville befand, man sei „noch damit beschäftigt gewesen, die Revolution nachzuspielen, statt sie fortzusetzen". Die Mehrheit der Franzosen wollte keine tiefgreifenden Veränderungen, sondern war lediglich an der Behebung diverser Missstände interessiert, und so siegten bei den im April durchgeführten Wahlen nicht die Sozialisten, sondern die Konservativen und gemäßigten Liberalen.

Doch in der Pariser Bevölkerung gärte es noch immer, Zigtausende lebten am Existenzminimum. Durch die zunehmende Massenarbeitslosigkeit kam es im Juni 1848 nach der Schließung der zur Arbeitsbeschaffung eingerichteten *Ateliers nationaux* (Nationalwerkstätten) zu einem weiteren Aufstand, der von der geballten Unzufriedenheit der Unterschicht getragen wurde. „Freiheit oder Tod" lautete der Schlachtruf, der von den mehr als tausend Barrikaden ertönte, die die Aufständischen errichtet hatten. Karl Marx sah sich in seiner Theorie der Klassenkämpfe zwischen Bürgertum und Proletariat bestätigt, denn die im Osten von Paris gelegenen Arbeiterviertel erhoben sich gegen den bourgeoisen Westen der Stadt. Doch der Kampf um Arbeit, gerechten Lohn und billiges Brot scheiterte: Den Aufständischen fehlte es an charismatischen Anführern, und die vom arrivierten Bürgertum angeforderte Armee kannte keine Gnade. Schätzungsweise dreitausend Arbeiter wurden getötet, mindestens fünftausend wurden in die Straflager der Kolonien in Übersee verbannt. Noch monatelang blieb der Ausnahmezustand über Paris in Kraft – die Republik war an der Realität gescheitert. Diesen Umstand im Blick, formulierte Victor Hugo treffend: „Die Männer, die seit Februar im Land das Sagen haben, hielten zunächst die Anarchie für die Freiheit; jetzt gilt ihnen die Freiheit als Anarchie."

Pariser Kommune – die erste proletarische Revolution?

Frankreich befand sich nach der demütigenden Niederlage bei Sedan, die in der Gefangennahme Napoleons III. durch die deutschen Truppen unter der Führung Preußens gipfelte und den Sieg der Monarchisten bei den Februarwahlen nach sich zog, im Ausnahmezustand. Die Verzweiflung über die Kapitulation paarte sich mit der Angst vor einer erneuten Restauration. Täglich fanden Kundgebungen und Demonstrationen statt. Vor allem der Versuch, die aus wehrfähigen Bürgern bestehende Nationalgarde zu schwächen, führte zu heftigen Protesten. Schließlich übernahm das Zentralkomitee der Nationalgarde am 18. März 1871 beim Aufstand der Pariser Kommune quasi über Nacht die Macht in der Hauptstadt. Neuwahlen zum Gemeinderat führten zu einer linksbürgerlichen, kommunistischen und sozialistischen Mehrheit der Abgeordneten, und die Pariser „Kommune“ versuchte sich als Gegenregierung zu etablieren.

Zug um Zug waren die Aufstände in eine Revolution gemündet: „Wir sind die Barrikade!“ Die Kommunarden stürzten nicht nur die Vendôme-Säule, die die Herrschaft Napoleons symbolisierte, sondern markierten mit ihren Forderungen auch den Beginn einer neuen Epoche. Staat und Kirche wurden getrennt, der Unterricht war kostenfrei und stand fortan unter der Obhut weltlicher Lehrer. Zum ersten Mal in der Geschichte ging es, wie Sebastian Haffner resümierte, „um Dinge, um die heute in aller Welt gerungen wird: Demokratie oder Diktatur, Rätesystem oder Parlamentarismus, Sozialismus oder Wohlfahrtskapitalismus, Säkularisierung, Volksbewaffnung, sogar Frauenemanzipation – alles das stand in diesen Tagen plötzlich auf der Tagesordnung“.

Die Regierung unter Führung von Adolphe Thiers und das konservative Bürgertum flohen nach Versailles; Soldaten rückten gegen die Hauptstadt vor. Paris wurde erst wochenlang belagert, dann überwanden die Regierungstruppen am 21. Mai 1871 die von der Kommune nur halbherzig verteidigten Befestigungsanlagen und drangen in die Stadt ein. Das Pariser Rathaus, das Finanzministerium und die Tuilerien gingen in Flammen auf. Der Konflikt mündete in einen blutigen Bürgerkrieg – selbst vor gegenseitigen Geiselerschießungen schreckte man nicht zurück. In den folgenden Tagen wurden die Rebellen, die sich immer weiter in den Pariser Osten zurückgezogen und verbarrikadiert hatten, von den überlegenen Versailler Regierungstruppen niedergemetzelt. Die letzten 147 Kämpfer, die sich auf dem Friedhof Père Lachaise verschanzt hatten, wurden von einem Schnellgericht noch zwischen den Grabsteinen zum Tode verurteilt und sogleich vor einer Mauer erschossen, die zur Gedenkstätte der revolutionären Linken werden sollte.

Insgesamt hatten die Aufständischen während der „Blutigen Maiwoche“ mehr als 30 000 Tote zu beklagen, die teils bei den erbittert geführten Gefechten starben, teils nach Ende der Kämpfe willkürlich hingerichtet wurden. Tausende von Kommunarden wurden in die Überseekolonien deportiert oder zur Zwangsarbeit verurteilt. Bis heute wird die Erinnerung an die gescheiterte Revolution durch den romantischen Chanson *Le Temps de Cerises* („Die Zeit der Kirschen“) hochgehalten. Das Lied hat Jean Baptiste Clement komponiert, der die letzte noch nicht überrannte Barrikade der Kommunarden in der Rue de la Fontaine-au-Roi befehligte; er hat das Lied der Anarchistin Louise Michel gewidmet, die den Kommunarden bis zur letzten Stunde als Krankenpflegerin zur Seite stand.

Unter dem Pflaster der Strand

Ein letztes Mal berauschte sich Paris im Mai 1968 am Geist der Revolution. Zur Abwechslung waren es einmal nicht Arbeiter, sondern Studenten, die mit ihren Protesten ganz Frankreich in eine Staatskrise stürzten. Als sich die Studenten der Sorbonne in der Nacht des 10. Mai anschickten, entlang der Rue Gay-Lussac und in den benachbarten Straßen die ersten Barrikaden zu errichten, lebte das Gespenst der Revolution wieder auf und brachte die Mechanismen der Herrschaft ins Wanken. Ein symbolischer Akt, dessen Funke fast auf die ganze Welt übersprang, aber in dieser Form nur in Paris und nicht etwa im kalifonischen Berkeley denkbar war.

Genau genommen war der Pariser Mai kein singuläres Ereignis, sondern Teil einer ganzen Welle von Protesten, die in Amerika begonnen hatte und ganz Westeuropa und sogar Japan und die Ostblockstaaten erfasste. Die gesamten 1960er Jahre waren eine Zeit des Umbruchs gewesen, geprägt von der sexuellen Revolution und den Protesten gegen den Vietnamkrieg. Der Pariser Mai markierte den Höhepunkt der Studentenbewegung – die Revolution wurde als Happening inszeniert, das Aufbegehren zum Lebensstil erklärt.

Im denkwürdigen Mai ’68 erschütterte die in der Universität von Nanterre ausgelöste Studentenrevolte mit ihren blutigen Straßenkämpfen die Republik bis in ihre Grundfesten, obwohl diese sich weitgehend auf das Quartier Latin und das angrenzende Saint-Germain-de-Prés beschränkten. Zur Zentralfigur der Aufstände wurde Daniel Cohn-Bendit, von den Medien zu *Dany le Rouge* hochstilisiert. Wie bei allen Pariser Volksaufständen wurden die Pflastersteine zur bevorzugten Waffe der Unzufriedenen. Mit den Worten „Unter dem Pflaster der Strand“ (*Sous les pavés la plage*) verteidigten die Studenten ihre Ideale gegen die Vertreter der Staatsmacht: Straßenschlachten tobten, Autos gingen in Flammen auf. Die Polizei griff hart durch und prügelte die Protestierenden rigoros nieder, woraufhin sich die Arbeiter mit den Studenten solidarisierten und Frankreich durch einen Generalstreik lahmgelegt wurde. Nicht nur in Paris türmten sich die Abfälle am Straßenrand, das ganze Land rebellierte: Vom Lehrer bis zum Totengräber legten rund elf Millionen Menschen die Arbeit nieder, so dass das gesamte öffentliche Leben zum Erliegen kam. Die deutsche Studentenbewegung staunte, als sich die französischen Kommilitonen vor den Fabriktoren und auf der Straße mit Arbeitern und Kleinbürgern verbrüderten.

Das bürgerliche Frankreich war paralysiert. Als Staatspräsident Charles de Gaulle Paris am 29. Mai mit unbekanntem Ziel verließ, schien ein Großteil der Wähler zu befürchten, Frankreich werde im revolutionären Chaos versinken. Die konservativen Minister André Malraux und Michel Debré führten eine Gegendemonstration an, auf der sich weit mehr als hunderttausend Menschen versammelten. In den nächsten Tagen kam es zu einem Umdenken: Arbeitgeber, Gewerkschaften und Regierung verständigten sich auf eine Anhebung des Mindestlohns und Tariferhöhungen, auf eine Verkürzung der Arbeitszeit, Mitbestimmung und andere arbeitsrechtliche Verbesserungen. Doch die Öffentlichkeit blieb nachhaltig verunsichert, was letztlich dazu führte, dass die Gaullisten aus den Juniwahlen als Sieger hervorgingen.

Nichtsdestotrotz veränderte der Mai 1968 die Gesellschaften in Europa tiefgreifend und leitete zahlreiche kulturelle, soziale und politische Reformen ein. Vor allem die jüngeren Deutschen waren von den Pariser Studentenunruhen fasziniert. Das kreative Aufbegehren der Studenten machte Schule – nicht nur die deutsche Friedens- und Ökologiebewegung nährte sich vom Pariser Mai und seinen Idealen.

Revolutionstourismus

Die Kunde von der Französischen Revolution des Jahres 1789 wurde vor allem in Deutschland mit Begeisterung aufgenommen. Getrieben von Neugier und Enthusiasmus, brachen Reisende zu einer politischen Wallfahrt nach Paris auf. Bereits drei Wochen nach dem Sturm auf die Bastille traf der Pädagoge Joachim Heinrich Campe in der französischen Hauptstadt ein, „um dem Leichenbegängniß des französischen Despotismus beizuwohnen“. Nationale und sprachliche Grenzen schienen sich aufgelöst zu haben, als Campe begeistert notierte: „Meine Reisebegleiter und ich hatten ... für den Augenblick aufgehört, Brandenburger und Braunschweiger zu sein. Aller Nationalunterschied, alle Nationalvorurteile schwanden dahin. Jene waren wieder zum Besitz ihrer lang entbehrten Menschenrechte gelangt; wir auf unserer Seite fühlten gleichfalls, dass wir Menschen waren.“ In ihrer Anfangszeit wurde die Revolution als „herrlicher Sonnenaufgang“ verklärt, politisches Interesse gepaart mit Sensationshunger wies den Weg an die Seine, denn hier konnte man den Puls der Zeit fühlen, hier wurde debattiert und abgestimmt, hier wurde die Welt verändert. Viele Besucher zeigten sich beeindruckt von den Pariser Geschehnissen, die meisten Berichte unterstützten die Ziele der Revolution, so Pressefreiheit und Steuergleichheit, doch kritische Stimmen wie August Ludwig Schlözer warnten, Frankreich könne in Anarchie und „gesetzlosem Despotismus“ versinken.

Vive la liberté! war in aller Munde – in Tübingen tanzten Hegel, Schelling und Hölderlin um einen selbst errichteten Freiheitsbaum. Paris wurde zu einem Jerusalem der Revolution, da deren Schauplätzen die Aura von Reliquien zugesprochen wurde, die den Weg zu einem besseren Diesseits weisen sollten. Man bewunderte vor allem die Ruinen der erstürmten Bastille, für die sich vorher niemand interessiert hatte; jetzt galt das Bauwerk als Symbol von Despotismus und Knechtschaft, fasziniert blickte man in den „furchtbaren Schlund, der so manches Schlachtopfer der Tyrannei verschlang“. Ein Abstecher zu Rousseaus Grab in Ermenonville, eine Besichtigung des Panthéons sowie ein Besuch der Zuschauerränge der Nationalversammlung gehörten zum Pflichtprogramm späterer Paris-Reisender, die in Zeitschriften und Büchern von ihren Erlebnissen und Erkenntnissen berichteten. Der weitgereiste Georg Forster hielt den revolutionären Idealen auch nach der Hinrichtung des Königs die Treue: „Die Revolution ist ein Orkan. Wer kann ihn hemmen? Ein Mensch, durch sie in Tätigkeit gesetzt, kann Dinge tun, die man in der Nachwelt nicht vor Entsetzlichkeit begreift."

Nach der Julirevolution von 1830 blieb Paris das große Vorbild des aufgeschlossenen Bürgertums. „Wie ich die Freiheit liebe, so liebe ich Frankreich", bekundete Heinrich Heine, und Ludwig Börne schwärmte beim Anblick einer französischen Kokarde, sie sei „ein kleiner Regenbogen nach der Sündflut unserer Tage". Börne war sich sicher: „Paris ist der Telegraph der Vergangenheit, das Mikroskop der Gegenwart und das Fernrohr der Zukunft." Auch das Fundament für die enge Zusammenarbeit zwischen Karl Marx und Friedrich Engels wurde in Paris gelegt. Durch die 68er-Aufstände entflammte nochmals die deutsche Liebe für das revolutionäre Paris. Zusammen mit den französischen Studenten reckte man die Fäuste in die Höhe, wenn die *Internationale* ertönte.

IRRTUM 11:

Paris ist (nur) eine Stadt

Weit gefehlt, wer denkt, Paris sei (nur) eine Stadt. Paris ist weit mehr als das – Paris ist Frankreich, so wie Frankreich Paris ist. Paris ist nicht nur der Brennpunkt des französischen Lebens, sondern auch ein lebendiger Mythos. Selbst Personen, die noch nie in Paris waren, ist die Stadt nicht fremd, denn ihre Vorstellung von Paris ist aufgeladen mit inneren Bildern, Photographien und Filmen, sie wurde genährt durch zahllose Romane und Gedichte, klingt wie Musik und Unbeschwertheit. Paris ist ein imaginäres Museum, ein Geflecht aus Geschichte und Geschichten, eine Projektionsfläche von Erwartungen und Wünschen – in gewisser Weise trägt jeder seine eigene Vorstellung von Paris in sich. Paris ist Revolution, Paris ist Bohème, Paris ist Existenzialismus, Paris ist Mode. Vor dem inneren Auge ziehen Bilder vom Eiffelturm, dem Canal Saint-Martin, dem Markt in der Rue Mouffetard und von mit Bistrotischen bestückten Caféterrassen in strahlender Sonne vorbei.

Es gibt in Paris kaum eine Straße, einen Platz, die nicht mit Bedeutung aufgeladen sind, selbst die Friedhöfe haben mythisches Flair – Zigtausende pilgern zu den Gräbern von Balzac, Proust, Colette, Serge Gainsbourg und Simone de Beauvoir, um in deren Aura einzutauchen. Paris ist eine dichte Folge von Erinnerungsorten, der Bogen spannt sich von Notre-Dame über den Eiffelturm bis zur Bastille und den Champs-Élysées – doch letztlich reicht die Vergangenheit immer in die Gegenwart hinein. Gleichzeitig scheint sich der Mythos Paris stetig fortzuschreiben. „Die Straßen singen, die Steine sprechen. Die

Häuser triefen von Geschichte, Ruhm und Romantik", rief Henry Miller von seinen Eindrücken überwältigt aus. Die Stadt an der Seine betört die Sinne über alle Maßen, sie sei „ein Fest fürs Leben" befand Ernest Hemingway, während die Schriftstellerin Colette wusste: „Mode gibt es nur aus Paris." Jede Generation, jede Epoche erfindet sich ihr eigenes Paris. Paris ist ein Mythos, stets nahe am Klischee.

„Die Stadt ist das Ungreifbare, sie ist ebenso gegenwärtig wie abwesend", befand Karlheinz Stierle in seinem zum Klassiker avancierten Buch „Der Mythos von Paris". Für Stierle ist der Mythos von Paris letztlich auch der Mythos der Moderne, der sich vor allem im 19. Jahrhundert herausgebildet hat, als Paris zur Stadt der Maler, Literaten und Flaneure wurde. Damals verwandelte sich Paris in eine Metropole, die ihre Gestalt im Bewusstsein ihrer Bewohner gewinnt, deren Bewusstsein sie wiederum zu formen vermag. Vor allem die Literaten haben Paris eine mythische Aura verliehen. Von Sébastian Merciers *Tableau de Paris* über Victor Hugo, Emile Zola, Charles Baudelaire bis zu Walter Benjamin – jeder Schriftsteller hat auf seine Art am Mythos Paris gestrickt. Und jeder Schriftsteller hat sein eigenes Stadtbild entworfen: Das Paris von Balzac ist ein anderes als das Paris von Aragon oder Céline.

Die Stadt der Flaneure

Spazierengehen kann man in jeder Stadt, flanieren kann man nur in Paris. Zum Flanieren bedarf es einer besonderen Stadtphysiognomie mit Boulevards und überdachten Passagen. „Flanieren ist das Leben", konstantierte Balzac. Dieses Sich-treiben-lassen, dieses Schwimmen im Strom der Passanten gehört zum Großstadtmythos von Paris. Dieses besondere Gefühl, die Stadt und ihre Bewohner auf sich einwirken zu lassen, bis man selbst Teil dieser Szenerie wird, hat Charles Baudelaire eindringlich beschrieben: „Für den vollendeten Flaneur, den leidenschaftlichen Beobachter ist es ein ungeheurer Genuß, Aufenthalt zu nehmen in der Vielzahl, in dem Wogenden, in der Bewegung, in dem Flüchtigen und Unendlichen. Draußen zu sein, und sich doch überall zu Hause zu fühlen; die Welt zu sehen, mitten in der Welt zu sein, und doch von der Welt verborgen zu sein."

Paris ist zweifellos die Stadt der Flaneure und Müßiggänger. Nirgendwo sonst auf der Welt ist es schöner, sich in den Straßen zu verlieren, bis man schließlich in einen rauschhaften Zustand gerät. Walter Benjamin, der Paris als „Zaubergarten für den Flaneur" rühmte, hat die besondere Stimmung, die einen Flaneur ereilt, in seinem „Passagen-Werk" eingefangen: „Das Gehen gewinnt mit jedem Schritt wachsende Gewalt; immer geringer werden die Verführungen der Bistros, der Läden, der lächelnden Frauen, immer unwiderstehlicher der Magnetismus der nächsten Straßenecke, eines fernen Platzes im Nebel, des Rückens einer vor ihm schreitenden Frau. Dann kommt der Hunger. Er aber will nichts wissen von den hundert Möglichkeiten, ihn zu stillen; sondern wie ein Tier streicht er durch unbekannte Viertel auf der Suche nach Nahrung, nach einer Frau, bis er in tiefster Erschöpfung auf seinem Zimmer, das ihn befremdet, zusammensinkt. Diesen Typus erschuf Paris."

Das Paris des Victor Hugo

Es war der Schriftsteller Victor Hugo, der die Erinnerung an das mittelalterliche Paris wieder ins Bewusstsein rückte und mit seinem 1831 veröffentlichten Roman *Notre Dame de Paris* einen neuen Stadtmythos schuf. In Hugos Roman, dessen französischer Titel *Notre Dame de Paris* seine Intention besser zum Ausdruck bringt als der deutsche Titel „Der Glöckner von Notre-Dame", lebt die Vision des mittelalterlichen Paris weiter. Vor allem in seinem berühmten Stadtporträt-Kapitel „Paris aus der Vogelschau" verneigt sich Hugo vor der französischen Metropole: „Dieses Paris war damals nicht nur schön, es war auch einheitlich, ein künstlerisches und geschichtliches Erzeugnis des Mittelalters, eine steinerne Chronik."

Notre Dame de Paris wurde schnell zum Bestseller und löste eine regelrechte Begeisterungswelle für die „französische Mutterkirche" aus, wodurch die Kathedrale vor dem weiteren Verfall bewahrt werden konnte. Die Île de la Cité, die Victor Hugo zufolge aussah „wie ein großes Schiff, das sich der Stromrichtung nach im Schlamm festgefahren hat und nun gescheitert beinahe mitten in der Seine liegt“, wurde wieder als das Herz von Paris wahrgenommen.

Und auch nachdem Victor Hugo infolge des Staatsstreichs Napoleons III. 1851 ins Exil gegangen war, um sich seiner drohenden Verhaftung zu entziehen, träumte er auf den Kanalinseln weiter von seiner „Modellstadt“. Für ihn blieb Paris das „Urbild der wohlgestalteten Kapitale, von dem jedes Volk versucht, eine Kopie zu erhalten, diese Metropole des Ideals“. Wenn Hugo am Strand von Jersey und Guernsey stand, war ihm eines stets bewusst: „Man schaut aufs Meer und man sieht Paris.“ Hinter der Gischt leuchtete seine Traumstadt auf. „Was für eine erhabene Erscheinung für den Verbannten. Paris, zugleich eine Idee und eine Stadt, allgegenwärtig. Den Parisern gehört Paris, und es gehört der ganzen Welt. Man kommt nicht davon los, auch wenn man gern möchte; Paris ist Atemluft. Wer das Leben hat, hat Paris in sich, auch wenn er davon nichts ahnt. Und erst recht, wer es kennen gelernt hat.“

Mehr als die Summe seiner Stadtviertel

Honoré de Balzac machte Paris, das er erstmals als Fünfzehnjähriger kennengelernt hatte, zum Sujet seines Romanzyklus „Die menschliche Komödie“. Er entwarf eine poetische Physiognomie der Seinemetropole, wollte ihre „Seele“ erkunden. Wahrscheinlich erging es dem jungen Balzac wie Eugène de Rastignac, einem aus der Provinz stammenden Fremdling, in der berühmten Schlüsselszene am Ende des Romans „Vater Goriot“: „Allein geblieben, schritt Rastignac den hügelig angelegten Kirchhof hinauf und blickte auf Paris hinab, das sich an beiden Ufern der Seine ausbreitete und schon in einigen Lichtern flammte. Fast gierig blickten seine Augen nach der Gegend zwischen der Säule des Vendôme-Platzes und dem Dôme des Invalides, dorthin, wo jene schöne Welt sich ausbreitete, in die er hatte eindringen wollen. Seine Blicke schienen den Honig dieses summenden Bienenstockes sehnsüchtig aufzusaugen, und er sprach die großen Worte: „Jetzt zu uns beiden!"‘

Balzac wusste, dass es nicht nur ein Paris gibt. Paris ist mehr als die Summe seiner einzelnen Stadtviertel, die wie Montmartre und Montparnasse oft selbst den Status eines Mythos haben. Besonders eindrucksvoll ist dies auch am *Rive Gauche* zu beobachten, wo in Saint-Germain-des-Prés und im Quartier Latin die künstlerische Avantgarde und die hehre Wissenschaft konzentriert sind. Das linke Ufer der Seine gilt als die Heimat des Geistes und der Intellektuellen. Es gibt kaum ein Haus, das nicht mit einem illustren Namen verbunden wäre, der im Lexikon zu finden ist. Die einstige Gelehrtensprache des Mittelalters gab dem *Quartier Latin* seinen Namen – eine Tradition, die bis heute lebendig geblieben ist: Wer in Frankreich die höchsten akademischen Weihen erhalten will, muss das Quartier Latin nicht einmal verlassen. Die berühmtesten Lehranstalten des Landes sind nur einen Steinwurf weit voneinander entfernt: von den Elitegymnasien *Lycée Henri IV* und *Lycée Louis le Grand* über die *Ecole Normale Supérieure* in der Rue d'Ulm bis hin zur altehrwürdigen *Sorbonne* und dem *Collège de France*, in dem Michel Foucault und Claude Lévi-Strauss lehrten.

Saint-Germain lebt noch von seinem Ruf, Hort geistiger Unruhe und avantgardistischer Umtriebe zu sein. Auch wenn heute kein Schriftsteller mehr wie einst Jean-Paul Sartre und Simone de Beauvoir im Café Flore arbeitet, ist Saint-Germain noch immer das Pariser Viertel, in dem die meisten Schriftsteller und Intellektuellen wohnen. Hier sind die angesehensten Verlage wie Gallimard oder Flammarion zu Hause. Eine derartige Konzentration und Dichte des Geisteslebens auf so engem Raum lässt sich weder in London noch New York, geschweige denn in Berlin oder Moskau finden.

Bauten für die Ewigkeit

Fast alle französischen Herrscher haben versucht, sich im Stadtbild von Paris zu verewigen. Während die mittelalterlichen Könige vor allem trutzige Zweckbauten errichteten, wurde im Zeitalter der Renaissance der *Louvre* zum repräsentativen Palast ausgebaut. Seit der Französischen Revolution interessierte man sich nicht mehr für Wehrbauten oder Schlösser, stattdessen war das Augenmerk der Potentaten darauf gerichtet, die Stadt mit gefühlsmäßig besetzten Bauwerken zu dekorieren. Stück für Stück wurde die Pariser Architektur zu einer steinernen Botschaft an die Nachwelt.

Schon Napoleon wollte Paris mit seinen Triumphbögen in ein zweites Rom verwandeln, Baron Haussmann erhob im Auftrag von Napoleon III. die Stadt zum Gesamtkunstwerk, die *Opéra Garnier* machte Paris zur europäischen Kulturmetropole, mit dem Eiffelturm wurde dem Revolutionsjubiläum gehuldigt, Grand und Petit Palais spiegeln den Reichtum und Glanz der Belle Époque. Georges Pompidou verewigte sich in dem inzwischen nach ihm benannten *Centre Beaubourg*; Valéry Giscard d'Estaing ließ einen stillgelegten Bahnhof zum *Musée d' Orsay* umbauen; François Mitterrand stellte nicht nur eine gläserne Pyramide in den Innenhof des *Louvre*, wie ein barocker Fürst bereicherte er Paris mit der *Opéra de la Bastille*, der *Grande Arche*, dem *Institut du Monde Arabe* und der unterdessen nach ihm benannten *Bibliothèque Nationale de France* am Ufer der Seine. Geld spielte keine Rolle, ließ Mitterrand doch zum Ruhm der Nation und zu seinem eigenen Ruhm bauen. Jacques Chirac hinterließ immerhin das *Musée Quai Branly*, nur Nicolas Sarkozy hat es versäumt, sich im Stadtbild zu verewigen.

Die Stadt als Gesamtkunstwerk

Unter Federführung des Präfekten Baron Georges-Eugène Haussmann erhielt Paris zwischen 1853 und 1870 ein modernes Stadtbild mit breiten Boulevards, Avenuen und Parkanlagen, aber auch neue Wasserleitungen und ein dringend notwendiges Kanalisationssystem – 1832 und 1849 hatten zwei verheerende Choleraepidemien jeweils mehr als 10 000 Todesopfer gefordert – wurden verlegt. Um seine weitreichenden Pläne verwirklichen zu können, ließ Haussmann rund 28 000 Häuser abreißen, ohne Rücksicht auf die historische Bausubstanz zu nehmen. Haussmann war ein Technokrat, ein Zyniker, der mit unnachgiebigem Eifer an seinem Traum von einem „schöneren" Paris arbeitete. Er ließ Schneisen in das mittelalterliche Dickicht schlagen, um die Stadt für den Verkehr zu öffnen, Bürgersteige anlegen; er ließ Barackensiedlungen abreißen und siedelte die Industrie in die Vororte um. Die architektonische und urbane Umgestaltung von Paris ging einher mit sozialen Umbrüchen und rigoroser Gentrifizierung – die Armenquartiere wurden aus dem Zentrum verbannt, und die neureiche Bourgeoise machte sich breit.

Vor allem dem Westen der Hauptstadt galt Haussmanns Aufmerksamkeit. Mit urbaner Theatralik führte er die „mit dem Säbel angelegten Straßen" (Zola) sternförmig zum Arc de Triomphe, damit hat sich „das Gesicht der Stadt schneller verändert als das Herz einer Sterblichen" (Baudelaire). Die damals in schneller Folge errichteten fünfstöckigen neoklassizistischen Wohnhäuser bestimmen mit ihren tiefgezogenen „Pariser" Fenstern, ihren schmiedeeisernen Balkonbrüstungen und der maximalen Firsthöhe von 35 Metern bis heute das Bild der Stadt. Unzweifelhaft wäre Paris ohne diese brutalen Eingriffe an seinen ungelösten Problemen regelrecht erstickt. Ganz nebenbei verwandelte Haussmann die Stadt in eine internationale Touristenattraktion – Paris wurde zum Inbegriff der modernen Großstadt.

Das Paris der Maler

Wie keine andere Metropole der Welt hat Paris die moderne Kunst geprägt. Das einzigartige Flair der französischen Hauptstadt zog Künstler magisch an. In den Ateliers wie im *Bateau Lavoir* am damals noch dörflichen Montmartre oder im *La Ruche* am Montparnasse herrschte eine einzigartige Bohème-Atmosphäre. Die zwielichtige Halbwelt der Bordelle war nah, das Leben vergleichsweise billig, und auch freizügige Modelle waren leicht zu finden – nirgendwo sonst in Europa gab es eine solche Konzentration von Kunstschaffenden an einem einzigen Ort.

Mehrere Künstlergenerationen schufen nicht nur den Mythos von Paris als Stadt der Kunst, sondern schrieben hier Kunstgeschichte: Impressionismus, Symbolismus, Fauvismus, Kubismus oder Surrealismus – die Wiege dieser Stilrichtungen stand an der Seine. Gewiss, die Impressionisten wie beispielsweise Monet holten sich ihre Anregungen vorzugsweise an den lichtdurchfluteten Küsten der Normandie, doch es war das Pariser Atelier des Photographen Nadar, in welchem Claude Monet 1874 neben den Werken befreundeter Künstler sein Gemälde *Impression, Soleil Levant* ausstellte. Ein Kunstkritiker zeigte sich von der Ausstellung wenig begeistert und verhöhnte die Maler in Anlehnung an Monets Bild, das den Hafen von Le Havre im Morgennebel darstellt, als „Impressionisten". Rund vier Jahrzehnte später war es wieder ein Journalist, der im Anschluss an eine Pariser Ausstellung den Namen einer Stilrichtung prägte. Der Kritiker war von den Bildern einer Gruppe von Malern, zu der der junge Henri Matisse gehörte, so entsetzt, dass er die Künstler als *Fauves* („wilde Tiere") bezeichnete. Zwei Jahre später wurde der Fauvismus von einer neuen Stilrichtung, dem Kubismus, abgelöst. *Les Demoiselles d'Avignon*, eines der Hauptwerke des sich durch eine neue Wahrnehmungsweise auszeichnenden Kubismus, stammte von einem jungen Spanier, der bis zum Zweiten Weltkrieg zum ungekrönten König der Pariser Kunstszene aufstieg: Pablo Picasso. Zusammen mit Max Ernst, Hans Arp, Joan Miró, Salvador Dalí, Yves Tanguy und Marcel Duchamp gehörte Picasso auch zu den führenden Vertretern des Surrealismus, der letzten Kunstströmung, die in Paris ihre Wurzeln hatte.

Nur wer auf der Pariser Bühne bestehen und sich in den Salons und Ateliers gegenüber seinen Konkurrenten ins rechte Licht rücken konnte, hatte dauerhaft Erfolg. Zwar gab es immer wieder Künstler wie Vincent van Gogh oder Paul Cézanne, die am Pariser Kunstbetrieb scheiterten und sich in der Hauptstadt nicht durchsetzen konnten, doch auch sie erhielten entscheidende Anregungen in ihren Pariser Jahren.

Die Hauptstadt der Photographie

Paris war die „Hauptstadt des 19. Jahrhunderts“ – nirgendwo sonst hätte die Photographie als die in jenem Jahrhundert wichtigste Erfindung auf visuellem Gebiet eine größere Bühne finden können. Lange Zeit war es Malern und Dichtern vorbehalten, den Pariser Alltag in all seinen Facetten festzuhalten, doch dann kamen die Photographen und fingen mit ihren Kameras das Pariser Leben bis in die letzte Ecke, bis ins kleinste Detail ein.

Der Mythos von Paris und derjenige der Photographie ergänzten sich geradezu perfekt. Die Anfänge der Photographie und die photographische Eroberung von Paris bildeten eine Einheit: Zu den ersten Bildern, die die beiden Erfinder der Photographie, Louis Daguerre und Fox Talbot, aufgenommen haben, gehören Ansichten der breiten Pariser Boulevards. Durch die Photographie wurde die Physiognomie der Stadt lesbar, Gebäude und Objekte wurden nicht einfach abgebildet, sondern in all ihren Details zu einem einzigartigen urbanen Lebensgefühl verdichtet. Charles Nègre, Gustave Le Gray und Henri Le Secq eroberten mit ihren Bildern der Photographie einen Platz unter den angewandten Künsten.

„Die Welt der Vorstädte zu beobachten heißt, eine Amphibienwelt zu beobachten“, notierte Victor Hugo 1862 in seinem Roman „Die Elenden“: „Ende des Grases, Beginn des Pflasters, Ende der Ackerfurchen, Beginn der Läden …“ Das Paris der Handwerker und einfachen Leute war dem Untergang geweiht, doch Photographen wie Charles Marville dokumentierten im Auftrag der Stadt die Umgestaltung und Modernisierung in der Haussmann-Ära. Man bediente sich der Photographie, um an das Verschwinden einer Epoche mit ihren Ladenschildern und Hinterhöfen zu erinnern.

Zu Marvilles mehr als würdigem Nachfolger wurde Eugène Atget, der mit seinen atmosphärischen Aufnahmen die großbürgerliche Welt mit ihren Parks und Stadthäusern ebenso festhielt wie das Leben der Tagelöhner und Prostituierten, den Alltag der Scherenschleifer und Lumpensammler. Jedes seiner Bilder ist von dem Willen durchdrungen, die vergänglichen urbanen Strukturen der Stadt mit geradezu rhetorischer Kraft für die Nachwelt zu bewahren. Atget unternahm eine geradezu Proustsche „Suche nach der verlorenen Zeit", wenngleich er von seinem Ansatz her eher Balzacs „Menschlicher Komödie" nacheiferte. Der einflussreichste Photograph war Nadar (1820–1910), der sich allerdings auf Porträtaufnahmen spezialisiert hatte. In seinem Atelier am Boulevard des Capucines standen Nerval, Jules Verne, Alexandre Dumas, Charles Baudelaire, George Sand, Eugène Delacroix, Franz Liszt, Richard Wagner und viele andere berühmte Persönlichkeiten vor der Kamera. Nadal experimentierte aber auch mit Luftaufnahmen von einem Fesselballon sowie mit Langzeitbelichtungen in den Pariser Katakomben und Abwasserkanälen.

In der Epoche zwischen den beiden Weltkriegen erlebte die Paris-Photographie eine erneute Glanzzeit. Allerdings waren es jetzt weniger die Franzosen selbst als vielmehr Ortsfremde, die Paris mit viel Neugier und der Kamera in der Hand durchstreiften. Sieht man einmal von dem amerikanischen Multitalent Man Ray ab, so stammten auffallend viele Photographen aus Osteuropa und hatten meist auch jüdische Wurzeln: von Brassaï, André Kertész und Robert Capa, die alle in Ungarn geboren wurden, bis hin zu dem Polen David „Chim" Seymour und den aus Deutschland geflohenen Photographinnen Gisèle Freund und Ilse Bing.

Nach dem Ende des Zweiten Weltkriegs lebte die Symbiose zwischen Paris und der Photographie wieder auf: Am 27. April 1947 gründeten Robert Capa, Henri Cartier-Bresson, David Seymour und George Rodger hier die berühmte und bis heute existierende Photoagentur *Magnum Photos*. Mit Willy Ronis und Robert Doisneau, der unglaubliche rund 350 000 Paris-Photos aufgenommen haben soll, hat die französische Metropole noch einmal zwei außergewöhnliche Chronisten gefunden, doch mit dem Rückgang der Schwarz-Weiß-Photographie in den 1960er Jahren begann sich die leidenschaftliche Beziehung zwischen Paris und der Photographie aufzulösen.

Der Mythos im Kino

Nicht nur Literatur und Photographie huldigen dem Mythos Paris, auch die Filmkunst hat hierzu einen wichtigen Beitrag geleistet. Zahlreiche Filmklassiker wurden an der Seine gedreht, beispielsweise Louis Buñuels „Andalusischer Hund" (*Un chien andalou*), der heute als eines der eindrucksvollsten surrealistischen Werke gewürdigt wird, oder der ebenfalls sehr avantgardistische Film *Le retour à la raison*, mit dem sich Man Ray ein cineastisches Denkmal gesetzt hat. Die Straßen von Paris waren eine beliebte Inspirationsquelle, so für René Clairs poetische Huldigung „Unter den Dächern von Paris" oder Marcel Carnés Kultfilme „Kinder des Olymp" und „Hôtel du Nord" mit der unsterblichen Arletty. Nach dem Ende des Zweiten Weltkriegs erfuhr der avantgardistische Film durch Jean Cocteaus „Die Schöne und das Biest" und *Orphée* eine kurze Renaissance. Billy Wilder ließ sich von dem frivolen Charme der Rue Saint-Denis zu *Irma la Douce* inspirieren, und Vincente Minelli verklärte die französische Metropole mit „Ein Amerikaner in Paris".

In den späten 1950er Jahren traten dann die Regisseure der *Nouvelle Vague* mit einem neuen Anspruch auf. Statt im Studio drehten sie direkt in den Straßen von Paris, teilweise mit einer Handkamera wie Jean-Luc Godard, der 1959 mit „Außer Atem" (*A Bout de Souffle*) dem jungen Jean-Paul Belmondo und seiner Filmpartnerin Jean Seberg zum internationalen Durchbruch verhalf. Neben Godard übten sich noch Claude Chabrol, Jacques Rivette, Éric Rohmer und François Truffaut in der neuen Kunst des Filmemachens. Zu den herausragenden Werken jener Epoche gehört sicherlich Truffauts „Die letzte Métro" (1980), das die düstere Stimmung während der deutschen Okkupation einfängt, als sich der jüdische Theaterbesitzer Lucas Steiner im Keller versteckt halten muss. Neben Heinz Bennent sind die Hauptrollen mit Catherine Deneuve und Gérard Depardieu kongenial besetzt. Éric Rohmer wiederum hat sich nicht nur in „Vollmondnächte" (1984) den Pariser Vorstädten gewidmet, zuletzt zeichnete er in dem in Cergy-Pontoise gedrehten Film „Der Freund meiner Freundin" (1987) ein authentisches Bild des Lebens in den Pariser Vororten. Das Gegenprogramm findet sich in Mehdi Charefs „Tee im Harem des Archimedes", einem Film, der die sozialen Konflikte in den von nordafrikanischen Einwanderern dominierten Banlieues schildert.

Auch für internationale Produktionen hat Paris immer wieder als attraktive Filmkulisse gedient: Bernardo Bertolucci setzte den alternden Marlon Brando in „Der letzte Tango von Paris" gekonnt in Szene, und Roger Moore turnte als James Bond in „Im Angesicht des Todes" auf der Jagd nach Grace Jones auf dem Metallgerüst des Eiffelturms herum. Hinzu kommen moderne französische Kultfilme wie Luc Bessons „Subway" oder Leos Carax' „Die Liebenden vom Pont-Neuf" mit der faszinierend-geheimnisvollen Juliette Binoche in der Hauptrolle. Schließlich wurde auch der Montmartre durch zwei Kinofilme wieder in den Mittelpunkt gerückt: Da ist einmal Baz Luhrmanns „Moulin Rouge" mit Nicole Kidman zu nennen, der jedoch an Beliebtheit von dem französischen Filmmärchen „Die fabelhafte Welt der Amélie" weit in den Schatten gestellt wurde. Paris bildete auch die Kulisse für „Before Sunset", in dem Julie Delpy und Ethan Hawke an einem Spätsommertag über romantische Allgemeinplätze eilen und die großen Fragen der Liebe klären. Zuletzt spielte Woody Allen in seiner ironischen Filmkomödie „Midnight in Paris" mit dem Topos Paris und ließ die 1920er Jahre mit F. Scott Fitzgerald, Gertrude Stein und Ernest Hemingway wieder aufleben, ohne in Klischees abzugleiten.

IRRTUM 12:

Die französische Küche war der deutschen schon immer überlegen

Wer könnte daran zweifeln, dass die französische Küche der deutschen überlegen ist? Gilt doch Frankreich als das Land, in dem nicht nur der Himmel voller Sterne ist – ein Land, in dem die Regentschaft der Spitzenköche mit der Regierungszeit der Staatspräsidenten verglichen wird und Köche in der öffentlichen Wahrnehmung mit Fußballstars konkurrieren können: Paul Bocuse oder Michel Platini, Alain Ducasse oder Zinedine Zidane, Joël Robuchon oder Thierry Henry?

In Frankreich wird die Esskultur als Teil der nationalen Identität verstanden. Daher war es für die meisten Franzosen eine längst überfällige Entscheidung, als die UNESCO im November 2010 die stilbildende Folge von Apéritif, Vorspeise, Hauptgericht, Nachspeise, Käse und Kaffee zum „immateriellen Weltkulturerbe" erklärte. „Wie kann man ein Land regieren, das 365 verschiedene Käse produziert?", hat schon Charles de Gaulle liebevoll geseufzt. Doch es sind nicht nur die 365 Käsesorten und das halbe Dutzend verschiedener Baguette-Arten, die die kulinarische Identität Frankreichs ausmachen, sondern ein ganzes Sammelsurium von regionalen Spezialitäten, deren einzigartige Qualität und lange Tradition sie zum Synonym für einen Landstrich haben werden lassen. Wer von Nyons spricht meint Oliven, Isigny steht für Butter und Dijon für Senf. Und wer kennt sie nicht: Austern von Saint-Vaast, Seeigel aus Cassis, Anchovis aus Collioure, Blutwürste aus Mortagne-au-Perche, Lamm aus Sisteron, Rinder aus dem Limousin, Hühner aus der Bresse, Fleur de Sel aus Guérande, Knoblauch aus Lautrec, Melonen aus Cavaillon, kandierte Früchte aus Apt, Trüffel aus der Provence, Maronen aus den Cevennen, Reis aus der Camargue, Wein aus Saint-Émilion oder Châteauneuf-du-Pape? Vom Champagner ganz zu Schweigen. Bei Froschschenkeln scheiden sich allerdings die Geister.

Und nur in Frankreich kann man sich vorstellen, dass ein Koch aus Verzweiflung Selbstmord begeht. So geschehen am 24. April 1671, als sich François Vatel das Leben nahm. Vatel, der die Crème Chantilly erfunden haben soll und als Küchenmeister für den berühmten Finanzminister Fouquet wie auch für den Prinzen von Condé gekocht hat, sollte an diesem Abend ein großes Fest für den Sonnenkönig ausrichten. Als eine fest eingeplante Fischlieferung nicht eintraf, soll er sich aus Scham in seinen Degen gestürzt haben. Ein tragischer Einzelfall? Nein, denn im Frühjahr 2003, so halten sich hartnäckig die Gerüchte, soll sich der Drei-Sterne-Koch Bernard Loiseau aus Verzweiflung mit einem Jagdgewehr erschossen haben, weil sein Restaurant von den Gault-Millau Kritikern von 19 auf 17 Punkte herabgestuft worden war.

Currywurst oder Ortolan

Was sind die Schrödersche Currywurst und Kohls Pfälzer Saumagen gegen Chiracs Kalbskopf oder Mitterrands Vorliebe für gemästete Ortolane, wobei der Feinschmecker die auch als Fettammer bezeichneten Singvögel komplett zu verspeisen pflegte?

Lange ist es her, dass Deutschland auf dem kulinarischen Sektor eine Vorreiterfunktion hatte. Als Michel de Montaigne im Herbst 1580 durch Süddeutschland reiste, war er von den kulinarischen Angeboten so sehr angetan, dass er die kultivierte Gastlichkeit über jene in Frankreich stellte. Der französische Edelmann bestätigte das Vorurteil vom allgegenwärtigen Sauerkraut: „Überall werden Kohlköpfe gezogen, die man mit einem besonderen Instrument klein zerhackt und dann in großen Mengen in Zubern einsalzt: davon werden den ganzen Winter Kohlsuppen gekocht." Neben dem Sauerkraut wurde Montaigne jedoch mit allerlei Köstlichkeiten bewirtet, die ihm Anlass zum Schwärmen gaben: „Was die Aufwartung bei Tisch betrifft, machen sie solchen Aufwand an Lebensmitteln und bringen in die Gerichte eine solche Abwechslung an Suppen, Soßen und Salaten, und das alles ist in den guten Gasthäusern mit solchem Wohlgeschmack zubereitet, daß kaum die Küche des französischen Adels damit verglichen werden kann, auch fände man in unseren Schlössern wenige derartig geschmückte Säle. Uns unbekannt waren Quittensuppe, Suppe, in die gebackene Äpfel eingeschnitten waren, und Krautsalat, ferner dicke Suppen ohne Brot ... Bemerkenswert ist der Reichtum an gutem Fisch ... Wild, Schnepfen und junge Hasen, die ganz anders als bei uns, aber mindestens ebenso gut hergerichtet werden, sind reichlich vorhanden. Wir sahen niemals so zarte Fleischspeisen, wie sie dort täglich aufgetragen werden. Mit dem Fleisch werden gekochte Pflaumen, Birnen- und Apfelschnitze gereicht, bald wird der Braten zuerst und die Suppe zuletzt aufgetragen, bald umgekehrt."

Im Augsburger Garten der Fugger war Montaigne von den Salaten und Gemüsesorten begeistert, die damals von den Patriziern kultiviert wurden. Das Angebot reichte von Artischocken über Lattich und Spinat bis zu Zichorie. Vor allem in Reichsstädten wie Köln, Nürnberg oder Frankfurt gab es bei den Kaufleuten ein breites kulinarisches Angebot, das durchaus den Einfluss der Niederlassungen in Venedig, Antwerpen oder Lissabon widerspiegelte. Doch infolge des Dreißigjährigen Krieges war es mit der deutschen Speisenvielfalt vorbei, während die französische Küche zu einem Höhenflug ansetzte.

Die Kunst der Soßenverfeinerung

Einen einschneidenden Wandel erlebte die französische Küche in der Mitte des 17. Jahrhunderts, als François Pierre de La Varenne, der unter anderen für Maria de Medici gekocht hat, sein berühmtes Kochbuch *Le Cuisinier François* (Der französische Koch) veröffentlichte. La Varenne revolutionierte die Kochkunst dahingehend, dass er eine sparsame Verwendung von heimischen Gewürzen sowie Gemüse als Beilage zu den Hauptgerichten empfahl; zudem betonte er die Bedeutung der Garzeit bei Fleischgerichten. Manche in seinem Kochbuch beschriebenen Gerichte wie die in einem Gemüse-Kräuter-Weißwein-Sud geköchelte *Truite au bleu* (Forelle blau) stehen bis heute auf den Speisekarten. Während sein Zeitgenosse Descartes die Philosophie von den mittelalterlichen Denkstrukturen befreite, löste La Varenne die Kochkunst aus den Fängen der so einfältigen wie schweren Klosterküche.

Die Tafelfreuden standen im Zeitalter des Absolutismus hoch im Kurs. Ludwig XIV. wollte nicht nur einen ehemaligen Koch – Gourville – zum Minister erheben, er ließ neben seinem Schloss in Versailles auch einen eigenen, von hohen Mauern geschützten Gemüsegarten anlegen, den noch heute existierenden *Potager du Roi*. Die Gärtner hatten die Aufgabe, auf dem neun Hektar großen Areal erlesenes Obst und Gemüse für die königliche Tafel anzubauen. Es gab und gibt Dutzende alter Apfelsorten, Birn- und Kirschbäume, Auberginen, Kürbis, Bohnen und verschiedene Spargelsorten. Da der Sonnenkönig bekanntlich kein Kostverächter war und bereits im März die ersten Erdbeeren genießen wollte, wurde mit Gewächskästen und Dünger experimentiert, um die natürlichen Erntezeiten zu verlängern. Seine Lieblingsfrucht, die Feige, fand er so sechs Monate lang frisch auf seinem Teller vor. Das Leben am Hof war ritualisiert, nicht nur das Aufstehen und Zubettgehen des Sonnenkönigs, auch die Mahlzeiten wurden vor erlesenem Publikum eingenommen. Es gab das formelle *Grand couvert* und das weniger formelle *Petit couvert*, und selbst das *Trés petit couvert* bestand noch aus drei Gängen und vielen Zwischengerichten.

Die im Zeitalter des Absolutismus zur politischen Bedeutungslosigkeit herabgestuften Höflinge kultivierten ihre Tafelsitten, um sich vom Bürgertum abzugrenzen. Ein illustres Spiel von informellen Zwängen und Etikette bildete sich heraus und mündete allmählich in eine besondere Tisch- und Esskultur – soziale Abgrenzung durch kulinarische Distinktion. Man griff auf immer raffiniertere Techniken der Zubereitung zurück, erhöhte die Anzahl der Gänge und forderte den Gaumen zur Geschmacksanalyse auf, statt sich der fleischlichen Völlerei hinzugeben.

Die gesellschaftliche Bedeutung der Kochkunst lässt sich auch an den zahlreichen Kochbüchern ablesen, die einen eigenen nationalen Stil entwickelten. Bücher wie Varennes *Le Cuisinier François* halfen, Frankreichs Anspruch auf die kulinarische Vorherrschaft in Europa zu begründen. Nicolas de Bonnefons, der Kammerdiener des Sonnenkönigs, forderte in seinem Buch *Délices de la Campagne*, nicht alle Zutaten auf einmal in den Topf zu werfen: „Die Kohlsuppe muß nach Kohl schmecken, Lauchsuppe nach Lauch, weiße Rüben-Suppe nach weißen Rüben, und so fort. (...) Was ich von den Suppen sage, soll ganz allgemein für alles gelten, was man ißt."

Der Koch kreiert nicht einfach nur ein Gericht, er spricht zudem eine Sprache, die über verschiedene Differenzierungsebenen verfügt. Um den Geschmack zu verbessern, wurde Fleisch entweder blanchiert, gebraten oder geschmort. Man begann mit Garzeiten zu experimentieren. Ein besonderes Augenmerk verwendeten die Köche auf die Soßenzubereitung: Anfangs wurden Brühen und Bratensäfte mit Kräutern und Gewürzen verfeinert, sodann entfettet und eingekocht, um ihre Geschmacksintensität zu erhöhen, denn die Soßen sollten den Geschmack der Gerichte abrunden und verstärken. Später ging man dazu über, einen Grundfond zu erstellen, von dem man andere Soßen ableiten konnte.

Schon damals scheint es Spielarten der *Nouvelle Cuisine* gegeben zu haben, die allerdings nicht überall mit Freude aufgenommen wurden. Der Herzog von Richelieu, ein Großneffe des berühmten Kardinals, lehnte eine Heirat ab, da ihm der kulinarische Selbstverwirklichungstraum seiner zukünftigen Gattin nicht ganz geheuer war: „Wir würden uns nur dauernd zanken, ob man Salat mit Rahm zubereitet oder einen Kuchen mit gesponnenem Zucker verziert, der dann an den Zähnen kleben bleibt. Sie ist ganz vernarrt in diesen Unfug. Alles Eßbare wird von ihr derart aufgeputzt, daß man überhaupt nicht mehr erkennt, was man ißt."

Revolutionäre Küche

Die Revolution stellte den französischen Alltag in vielerlei Hinsicht auf den Kopf. Die Dienerschaft der Herren des Ancien Régimes war von einem auf den anderen Tag arbeitslos geworden, da ihre Arbeitgeber entweder unter der Guillotine gelandet oder ins Ausland geflohen waren. Da die wenigsten Adeligen ihren Küchenchef mit ins Exil nahmen, musste sich das Gros der Rôtisseurs, Sauciers, Boulangers und Patissiers nach einem neuen Geschäftsmodell umsehen. Manche wagten mit einem eigenen Lokal den Sprung in die Selbstständigkeit – damals entstand und verbreitete sich übrigens auch die Bezeichnung *Restaurant*, abgeleitet vom lateinischen *restaurare* („erneuern, wiederherstellen"). Das Restaurant als neue Form der Gastronomie entstand zwar schon kurz vor der Revolution, doch erst der Zusammenbruch des Ancien Régime brachte den Durchbruch.

Noch im Revolutionsjahr eröffnete Robert, der Küchenchef des geflüchteten Prince de Condé, in der Rue de Richelieu sein eignes Restaurant. Die hohe Kochkunst wurde mit dem Bürgertum vermählt. Schnell verbreiteten und institutionalisierten sich die Restaurants, deren Köche sich bei der Qualität der Speisen um gleichbleibendes Niveau bemühten. Die bürgerlichen Gäste wurden in aristokratischer Manier an Einzeltischen bedient, statt wie zuvor in einfachen Schenken mit Handwerkern und Krämern an einer schlichten Holztafel zu sitzen. Die Kellner wiederum sollten ihren Gästen unabhängig von Stand und Status höflich, aber nicht devot begegnen. Durch die Deputierten aus der Provinz und die ausländischen Beobachter wuchs die Nachfrage nach öffentlicher Verköstigung. Vor allem im *Palais Royal*, das als Zentrum des Nachtlebens und der politischen Diskussion galt, gab es vornehme Restaurants. Das damals unter dem Namen *Café de Chartre* eröffnete und ein paar Jahre später in *Grand Véfour* umbenannte Restaurant bewahrt mit seinen roten Velourbezügen, dicken Teppichen und vielen Spiegeln bis heute das Flair jener Epoche.

Vielen Köchen gelang innerhalb kürzester Zeit der soziale Aufstieg; so stellte der Restaurantkritiker Grimod de la Reynière mit kritischem Unterton fest: „Obskure Küchenjungen haben sich etabliert, die jetzt fast Millionäre sind." Auch Jean Véfour konnte sich bereits nach drei Jahren als wohlhabender Mann zur Ruhe setzen. Kein Wunder, kostete doch ein opulentes Diner mit Champagner, Wein und Digestive leicht so viel wie der Jahresverdienst eines Arbeiters. Doch gab es in Paris scheinbar genug Advokaten und Manufakturbesitzer, die sich diese kulinarischen Ausflüge leisten konnten.

„Die Entdeckung eines neuen Gerichtes macht die Menschheit glücklicher als die Entdeckung eines neuen Sterns", befand der Schriftsteller und Gastrosoph Jean Anthelme Brillat-Savarin, der 1826 eine „Physiologie des Geschmacks" veröffentlichte und diese mit flotten Aphorismen würzte: „Sage mir, was du isst, und ich sage dir, wer du bist." Für Brillat-Savarin war das Essen neben der Liebe die wichtigste Lebensfreude der Franzosen: „Das Tafelvergnügen gehört jedem Alter, jedem Stande, allen Ländern und Zeiten; es schließt sich allen anderen Genüssen an und bleibt am Ende, uns über deren Verlust zu trösten."

Vom Stellenwert der feinen Esskultur zeugt auch, dass Schriftsteller wie Balzac, Flaubert, Zola und Maupassant in ihren Romanen ausführlich Mahlzeiten beschreiben, der bekennende Feinschmecker Alexandre Dumas hat sogar eigenhändig ein Küchenlexikon (*Dictionnaire de cuisine*) verfasst. Ohne Zweifel hatte sich die französische Küche einen festen Platz in der bürgerlichen Gesellschaft erobert. Sich über Kulinarisches auszutauschen gehörte in gehobenen Kreisen zum guten Ton. Auch die Nachfrage nach frischen und edlen Zutaten wuchs – Trüffel und Gänsemastleber wurden zum festen Bestandteil der französischen Küche.

Paris war seit dem Zeitalter des Absolutismus das Zentrum der Kochkunst, hier liefen alle Straßen zusammen und wurden die Waren aus allen französischen Regionen umgeschlagen. Vom mediterranen Olivenöl über Weine aus dem Burgund und normannische Butter bis hin zum Atlantikfisch war alles verfügbar. Sébastian Mercier hat in seinem *Tableau de Paris* das Nahrungsangebot in den Pariser Markthallen geschildert: „Niemals wird wohl an irgendeiner Stelle Europas der Gourmand sich an einem besseren Platz finden, um seine Gefräßigkeit zu befriedigen: Er muss nur die Hände ausstrecken und kann die roten Rebhühner des Quercy und die Barsche des Rheins greifen; kann wählen zwischen dem Haselhuhn aus den Pyrenäen und den feinen Poularden der Caux."

Das berühmte Pariser Hallenviertel, dessen Wurzeln bis ins Mittelalter zurückreichen, entstand in der Mitte des 19. Jahrhunderts, als der Architekt Pierre Baltard seine berühmten Metallzelte errichtete – ein kühnes und sehr praktisches Beispiel früher Eisenarchitektur. Es war die modernste und geräumigste Anlage dieser Art, die Europa bis dahin gesehen hatte. Der Lebensmittelhandel erfüllte das ganze Quartier mit brodelndem Leben. Das von Aktivität, Gerüchen und Farben geradezu berstende Viertel regte Emile Zola 1873 zu seinem berühmten Roman „Der Bauch von Paris" an, einer realistischen Schilderung „dieses gigantischen Stilllebens". Aufgrund der wachsenden Bedürfnisse, des alltäglichen Verkehrschaos und der veränderten hygienischen Anforderungen erschienen die Hallen in den 1960er Jahren nicht mehr zeitgemäß. In Rungis bei Orly südlich von Paris entstand 1969 ein funktional-nüchterner Großmarkt. Die leerstehenden Hallen fielen der Abrissbirne zum Opfer – ein Fehler, wie man heute weiß. Rungis wurde zum neuen „Bauch" von Paris, von dem bis heute die Spitzengastronomie viele ihrer Produkte bezieht. Selbst deutsche Gastronomen beziehen seit 1978 über das Großhandelsunternehmen „Rungis Express" französische Spezialitäten.

Besternt und bepunktet

Keine Frage – die Gastronomiekritik konnte nur in Paris erfunden werden. Nur dort, wo die Liebe zum guten Essen auf das vielfältige kulinarische Angebot einer Großstadt traf, konnte der Wunsch entstehen, das Niveau der verschiedenen Restaurants zu sichten und den Lesern einen Überblick zu verschaffen.

Mit dem *Almanach des gourmands* („Almanach der Feinschmecker") erfand Alexandre Balthazar Grimod de la Reynière im Jahre 1803 die Gastronomiekritik, um die neureiche Bürgerschaft „durch das unübersichtliche Gestrüpp der gerade entstehenden neuen Feinkostläden, Restaurants, Auftragsküchen" zu führen, schließlich hatte sich die Zahl der Restaurants seit der Revolution verfünffacht. Der *Almanach* war ein buchhändlerischer Erfolg – er erschien bis 1812 in mehreren Auflagen und wurde durch seine Gütesiegel zum Vorreiter aller späteren Restaurantführer. Reynière, der auch als Theaterkritiker gearbeitet hatte, gab gezielt Empfehlungen ab, so lobte er ein auf Mittagstisch spezialisiertes Etablissement auf dem Boulevard des Italiens: „Wir kehren bei Madame Hardy zum Dejeuner ein. Hier gibt es die besten Nieren und die besten Koteletts der Hauptstadt, und so gilt ihr Lokal bei allen Kennern als die erste Adresse für ein Gabelfrühstück. Wir empfehlen dem wahren Feinschmecker auch ihre im Papier gegarten Hühnerbeine, ihr Geflügelfrikassee mit Trüffeln, ihre getrüffelten Kaldaunenwürste, ihre Champignons in Eierschale: Speisen, die nach allen Regeln der Kunst hergestellt sind und wohl noch einem Sterbenden Appetit machen würden." Reynière fügte seinem *Almanach* einen „Küchenkalender" bei, um das Bewusstsein für eine saisonal orientierte Küche zu wecken. Als Reynières Nachfolger positionierte sich Honoré Blanc mit seinem *Guide des Dîneurs de Paris*. Blanc wollte Ortsfremde vor einem „Fehlgriff bewahren, der nur das bitterste Bedauern zurücklassen kann, denn schließlich muss man wissen, daß jeder Mann von Geschmack, der, nur vom Zufall geleitet, schlecht unterrichtet oder beraten, ein schlechtes Abendessen zu sich nimmt, wie Titus denken muß, einen Tag verloren zu haben: *amici, diem amisi*."

Im Automobilzeitalter war es dann der Reifenhersteller Michelin, der mit seinem rot gebundenen *Guide Michelin* die Reisenden mit Hinweisen auf Werkstätten und Tankstellen unterstützte. Schnell merkte man, dass die französischen Autofahrer nicht nur ihren Tank auffüllen wollten: Seit 1923 enthielt der Michelin-Führer zusätzlich Empfehlungen, wo man am besten speisen und übernachten konnte. Um die empfohlenen Etablissements besser einordnen zu können, wurden besonders gute Restaurants 1926 erstmals mit einem Stern versehen. In den Folgejahren wurde das Bewertungssystem erweitert, um die Leistungen der Spitzenköche differenzierter angeben zu können: Ein Stern steht seither für „eine sehr gute Küche, welche die Beachtung des Lesers verdient“, zwei Sterne stehen für eine hervorragende Küche, die einen Umweg verdient, und drei Sterne für „eine Reise wert“. Dass Deutschland damals noch ein kulinarisches Entwicklungsland war, lässt sich auch daran ablesen, dass erst 1964 eine deutsche Ausgabe erschien – und erst 1979 wurde mit Eckart Witzigmann (Restaurant Aubergine in München) erstmals ein deutscher Koch mit den begehrten drei Sternen ausgezeichnet.

Da den Journalisten Henri Gault und Christian Millau die Bewertungen der Michelin-Tester zu konservativ waren und sie die aufkommende *Nouvelle Cuisine* nicht recht gewürdigt sahen, beschlossen die beiden im Jahre 1969, einen eignen Restaurantführer herauszubringen. Seither bewertet der *Gault-Millau* die Leistungen der Küchenchefs mit ausführlichen Beschreibungen und einem Bewertungssystem, das von einer bis fünf Mützen reicht, wobei in Deutschland keine Mützen, sondern zwischen 11 und 20 Punkte vergeben werden können.

Les Chefs

Der erste namentlich bekannte Küchenchef war ... selbstverständlich ein Franzose! Guillaume Tirel, ein gebürtiger Normanne, wirkte ab 1381 am Hof von Charles V., der ihn für seine Verdienste zum Rat ernannte. In dieser Zeit entstanden auch mit *Le Viandier*, *Ménagier de Paris* und *Du fait de cuisine* drei spätmittelalterliche Rezeptsammlungen, die als Schlüsselwerke für die Erschließung der frühen französischen Esskultur gelten.

Nach dem schon erwähnten La Varenne war Marie-Antoine Carême (1784–1833) der nächste einflussreiche Koch. Carême, der für Talleyrand, Napoleon und Rothschild tätig war, erwarb sich vor allem als Pâtissier und Saucier Verdienste, zudem verfeinerte er die Esskultur, da er auf das Anrichten der Speisen höchsten Wert legte. Die englische Schriftstellerin Lady Sydney Morgan lobte seine Kreationen: „Keine stark gewürzte Sauce ... Jedes Fleisch erschien im natürlichen Gewand seines eigenen Geschmacks, jedes Gemüse in seinem eigenen Grün.“

Der aus einfachen Verhältnissen stammende Auguste Escoffier (1846–1935) gilt als derjenige Koch, der die *Haute-Cuisine* international etabliert hat. Escoffier, der bereits mit achtzehn Jahren im Hôtel Bellevue in Nizza als *Chef de Cuisine* debütierte, hat wie kaum ein anderer den Ruf der französischen Küche geprägt, wenngleich seine bekannteste Kreation *Pfirsich Melba* – benannt nach der Opernsängerin Nellie Melba – heute in jeder Eisdiele serviert wird. Seine bedeutendsten Wirkungsstätten waren das Pariser Ritz und das Londoner Carlton, aber er hat auch Hotelküchen in New York und Pittsburgh organisiert und war Küchendirektor der Hamburg-Amerika-Linie. Die Arbeit in den unterschiedlichen Ländern fiel ihm leicht, da in den wichtigsten Restaurants fast ausschließlich Franzosen beschäftigt waren. Die Grandhotels der Belle Epoque waren international ausgerichtet, in der Küche galten jedoch seit Escoffier französische Maßstäbe. Trotz der enormen Vielfalt an Rezepten beschränkte man sich auf die Verwendung von wenigen Produkten, die wie die Rouenaiser Ente oder Spargel aus Argenteuil fast immer aus Frankreich stammten und dank der Eisenbahn ebenso nach Monte Carlo wie nach Luzern oder London geliefert werden konnten.

Escoffier wurde so zu einem der größten Botschafter französischer Kultur: „Kochkunst ist vielleicht eine der nützlichsten Formen von Diplomatie. In alle Teil der Welt gerufen, um die Restauration der großartigsten Palasthotels zu organisieren, habe ich immer dafür gesorgt, daß französisches Material, französische Produkte verwendet und französische Köche eingestellt wurden ... die ihr Land verließen, um in fernen Ländern die französischen Produkte und die Kunst ihrer Zubereitung bekannt zu machen."

Escoffier, der im Laufe seiner Karriere mehr als zweitausend Köche ausgebildet hat, setzte bis heute gültige Standards in der Spitzengastronomie, indem er ein professionelles System der Arbeitsteilung etablierte. Er gab seinen Angestellten feste Aufgaben: der *Rôtisseur* war für das Braten zuständig, der *Saucier* kreierte die Saucen, der *Entremetier* kümmerte sich um Suppen, Gemüse und Beilagen, der *Pâtissier* um die Zubereitung der Teigwaren sowie Desserts, und der *Gardemanger* sorgte dafür, dass die Vorräte nie ausgingen. Auch in technischer Hinsicht modernisierte Escoffier die Kochkunst – mit ihm zog das Industriezeitalter in die Küchen ein. Er arbeitete mit Maschinen, entwickelte einen Semmelbrösler und eine Kleinobst-Entkernungsmühle. Escoffier gilt übrigens auch als Erfinder der klassischen großen Restaurantkarte, die auf der Annahme basiert, nur eine möglichst große Auswahl könne den anspruchsvollen Gast zufriedenstellen. Gleichzeitig war Escoffier um die Vereinfachung und Harmonisierung der Geschmacksnuancen bemüht: Sein *Pfirsich Melba* balancierte den Geschmack eines frischen Pfirsichs und von Vanille-Eiscreme durch die Zugabe pürierter Himbeeren aus.

Wer in einem Grandhotel tafelte, hatte den Anspruch und die Gewissheit, dass ihm jeder kulinarische Wunsch erfüllt wird, weshalb man vorzugsweise *à la carte* bestellte. Kosten spielten keine Rolle, doch war der damit verbundene Aufwand enorm – im Service und mehr noch in der Küche, wo innerhalb kürzester Zeit die Bestellungen von zwei- oder dreihundert Gästen umgesetzt werden mussten. Im Laufe der Zeit wurden, dem Wunsch nach Distinktion entsprechend, die großen Banketttafeln in den Speisesälen durch kleinere Tische ersetzt. Um die Arbeitsabläufe zu erleichtern, erweiterte Escoffier in England, wo die Gäste Schwierigkeiten mit der französisch verfassten Restaurantkarte hatten, das System der À-la-Carte-Bestellungen durch ein „Menü zu festen Preisen", für das sich alle Gäste eines Tisches entscheiden mussten. Diese günstigere und schnellere Variante galt schon bald als Standard, obwohl aus Prestigegründen an der großen Restaurantkarte festgehalten wurde. Hungrig musste sowieso keiner nach Hause gehen, denn Escoffiers Hotelküche war der damaligen Zeit entsprechend opulent – serviert wurde oft schwere Kost in großen Portionen. Zu seinen Klassikern gehörten *Sole Coquelin* (Seezunge mit Weißweinsauce und Kartoffeln) und *Suprèmes de volailles Jeannette* (eisgekühlter Aspik aus Hühnerbrust und Gänseleber). Als Escoffier mit 74 Jahren den Kochlöffel aus der Hand legte und die Leitung des *Carlton* abgab, war auch die Zeit der Grandhotels vorbei.

Fernand Point, der in Vienne das Restaurant *La Pyramide* betrieb und von 1933 bis zu seinem Tod 1955 jedes Jahr mit drei Michelin-Sternen ausgezeichnet wurde, gebührt das Verdienst, das Restaurant vom Grandhotel emanzipiert zu haben. Statt Bankette auszurichten, beschränkte er die Zahl seiner Gäste auf vierzig Personen, um ein gleichbleibend hohes Niveau halten zu können und eine persönliche Handschrift zu bewahren. Über seine Schüler Pierre Troisgros, Alain Chapel und Paul Bocuse hat Point mit seiner stark auf regionalen und frischen Zutaten basierenden Küche die *Nouvelle Cuisine* maßgeblich beeinflusst. Durch Paul Bocuse und seine inoffiziellen Mitstreiter wurden kurze Garzeiten und das Dämpfen als Garmethode etabliert, zudem verbannte man schwere Saucen und Mehlschwitzen aus der Küche. Mit Alain Ducasse gelang es dann 1998 erstmals einem Küchenchef, für zwei verschiedene Restaurants – eines in Monaco, eines in Paris – drei Sterne verliehen zu bekommen und den Grundstein für ein weltweites Gourmetimperium zu legen.

Längst gibt es weltweit hervorragende Chefköche, doch nur in Frankreich besitzen *Les Chefs* – wie die Köche ehrfurchtsvoll genannt werden – besonderes gesellschaftliches Renommee und werden als spezielle Ausdrucksform der kulturellen Identität angesehen. Die Verleihung oder Aberkennung eines dritten Michelin-Sterns bestimmt die Schlagzeilen der überregionalen Zeitungen, und der Durchschnittsfranzose kann aus dem Stehgreif ein Dutzend aktueller Sterneköche aufzählen, während solche Kenntnisse in Deutschland nur in Gourmetkreisen verbreitet sind. Selbst bei einfachen Angestellten oder Handwerkern ist es in Frankreich üblich, dass man zu bestimmten Anlässen ein Gourmetrestaurant besucht und fröhlich eine Zeche begleicht, deren Höhe vom typischen Deutschen mit Fassungslosigkeit quittiert werden würde.

Dass Essen und Ernährung in Frankreich eine besondere Bedeutung haben, ließe sich zwar aus den schnöden Fakten ablesen – so gibt der Durchschnittsfranzose monatlich mit zwanzig Prozent seines Einkommens einen wesentlich größeren Anteil für Lebensmittel aus als der Durchschnittsdeutsche mit elf Prozent –, man kann sich aber auch beim Besuch eines Wochenmarktes davon überzeugen. Ob in der Bretagne, in den Hautes-Alpes oder im Languedoc: Die Stände sind ein wahres Fest der Sinne! Salate, Obst und Gemüse werden zu kunstvoll-bunten Kaskaden aufgetürmt. Der Duft von reifem Rohmilchkäse und frischem Brot lässt einem das Wasser im Mund zusammenlaufen. Statt nur die Wahl zwischen mehligen oder festkochenden Kartoffeln zu haben, findet man Stände mit mehr als einem Dutzend Sorten. Fast jede Region ist auf den großen Wochenmärkten mit ihren Besonderheiten vertreten: Das Angebot reicht von normannischen Austern bis zum Ziegenkäse aus der Provence, von Salami aus den Cevennen bis zu Schinken aus Bayonne. Selbstverständlich kann man auch diverse Honigsorten und Olivenöle probieren und Weine aus verschiedenen Herkunftsregionen verkosten. Und wer beim Metzger das Angebot sondiert, entdeckt gerupfte Hühner, die mit Kopf und Krallen in der Auslage liegen. Hat man sich entschieden, trennt das Metzgerbeil mit kurzen Schlägen Hals, Kopf und Füße vom restlichen Federvieh. Anschließend wird das Hühnerklein einpackt, schließlich lässt sich damit eine herrliche Suppe kochen.

Weit gefehlt, wer jetzt denkt, Frankreich sei ein einziger Gourmethimmel. Seltsamerweise hat der amerikanische Fastfoodkonzern McDonald's nirgendwo sonst in Europa so viel Erfolg wie im Heimatland der Haute-Cuisine, wo „McDo" nicht nur aus den Vorstädten nicht mehr wegzudenken ist – Cheeseburger statt *Steak tartare*, Big Mac statt *Magret canard*. Zum beliebtesten Gericht ist inzwischen die Pizza mutiert, die fahrenden Pizzastände gehören inzwischen zum Stadtbild wie der obligatorische Bouleplatz. Und auch an asiatischen Schnellrestaurants herrscht landesweit kein Mangel. Einzig um die berühmte Pariser Café-Kultur muss man sich keine Sorgen machen, obwohl auch Starbucks seine Fühler bis an die Seine ausgestreckt hat. Andere gastronomische Institutionen wie das Bistro sind hingegen vom Aussterben bedroht.

Auf der Suche nach dem letzten Bistro

Das Bistro gilt als der Inbegriff der Pariser Gastronomie. Knapp zwei Drittel aller Pariser erachten diese Einrichtung als „einen unentbehrlichen Bestandteil des Lebens", und der klassische Bistrotisch mit seiner Marmorplatte und dem gusseisernen Fuß hat seinen Siegeszug durch ganz Europa inzwischen erfolgreich abgeschlossen. Obwohl das Bistro(t) – mal mit, mal ohne „t" geschrieben – eine Pariser Institution ist, ist sein Bestand akut gefährdet: Nur ein paar hundert „echte" Kulturstätten dieser Art gibt es noch an der Seine.

Einer Legende nach geht das Wort *Bistrot* auf ein versprengtes Häuflein Kosaken zurück, das nach dem Sieg über Napoleon in die Pariser Schenken einfiel, mit der Faust auf den Tisch schlug, unwirsch Getränke orderte und dabei am Ende lautstark *bistro, bistro* („schnell, schnell") rief. Eine andere Theorie besagt, der Name leite sich von *Bistouille* ab, worunter man damals in Nordfrankreich sowohl Kaffee mit einem Schuss Alkohol als auch schlechten Schnaps verstand.

Längst ist Bistro ein dehnbarer Begriff geworden, oft handelt es sich um eine Mischung aus Café, Restaurant und Stehpinte, die eine große Auswahl offener Weine anbietet. Doch die Grenzen sind fließend: Das Spektrum reicht von der schlichten Kneipe bis zum edlen Bistro, in dem die Speisen ebenso teuer sein können wie in einem guten Restaurant. In der Regel handelt es sich um ein Lokal mit lockerer Atmosphäre, das im jeweiligen Quartier fest verwurzelt ist. Die Gäste sind größtenteils Stammkunden, die kurz hereinschauen, um Bekannte zu treffen und eine Kleinigkeit zu sich zu nehmen. Häufig handelt es sich um Familienbetriebe: Vergilbte Photos hängen in alten Holzrahmen an den Wänden, der Patron steht hinter dem Tresen und schenkt Wein in bauchige Gläser, *Ballon* genannt, während seine Frau emsig in der Küche werkelt. Oft stehen die kleinen Tische dicht gedrängt vor den rot gepolsterten Sitzbänken mit den obligatorischen Spiegelwänden. Manche Gäste kehren schon morgens auf dem Weg zur Arbeit auf einen *Café Noir* oder *Café Crème* ein, werfen einen Blick in die Tageszeitung und tunken ihr Croissant gedankenverloren in die Tasse.

Es gibt unter den Bistros wahre Perlen, in denen solide Hausmannskost in traditionellem Ambiente aufgetischt wird. Serviert werden beispielsweise ein Schweinefleischeintopf mit gefülltem Kohl (*Potée de choux farci*), Kalbsrücken mit Nieren oder ein würziger Rinderschmorbraten. Andere Bistros bieten Sauerkrautgerichte und reichen dazu Wein aus dem Elsass. Das ist einer der wenigen positiven

Nebeneffekte des französischen Zentralismus: In den Pariser Bistros vereinigen sich die kulinarischen Einflüsse der verschiedenen Regionen. Neben dem Elsass bereichern Auvergne, Normandie, Bretagne, Provence und Savoyen mit ihren Spezialitäten den Speisezettel der französischen Hauptstadt. Erweitert wird das Spektrum durch Nobelbistros, die Restaurantkritiker wie Siebeck ihren Lesern zu empfehlen pflegen. Häufig bemühte äußere Kennzeichen dieser Bistro-Spezies sind das oft denkmalgeschützte Interieur und ein distinguiertes Ambiente. Die schönsten Pariser Bistros stammen aus der Belle Époque oder besitzen eine authentische Jugendstileinrichtung wie das *Chardenoux* oder das *Perraudin*.

IRRTUM 13:

Frankreich ist eine Großmacht

Es ist nicht leicht zu erklären, was ein Land zur Großmacht werden lässt. Die Einwohnerzahl, die Wirtschaftskraft, die Fläche, der politische Einfluss oder die militärische Schlagkraft? Ist man eine Großmacht, weil man mächtiger ist als die Nachbarstaaten, oder muss man eine führende Rolle auf dem internationalen Parkett spielen? Dass die Vereinigten Staaten, Russland und China Großmächte sind, steht außer Frage, aber was ist mit Indien oder Großbritannien? Und wie verhält es sich eigentlich mit Frankreich in Bezug auf Weltmachtanspruch und -wirklichkeit?

Es gibt wohl kaum ein Land, das über ein so ausgeprägtes Geschichtsbewusstsein verfügt wie Frankreich. Die nationale Identität ist das Ergebnis einer einzigartigen Erinnerungskultur, die schon Charles de Gaulle nutzte, um sich als Verkörperung des „ewigen Frankreichs" zu inszenieren. Mit patriotischen Jahrestagen und den *Journées du Patrimoine* wird regelmäßig das nationale Erbe beschworen. Wenn es um die eigene Größe und das kollektive Gedenken geht, werden Widersprüche gern zugedeckt und die dunklen Flecken verdrängt. Gern wird Frankreich aber auch der Spiegel der Selbstüberschätzung vorgehalten. Ein schönes Beispiel ist die Verwendung der Bezeichnung *Grande Nation*. Während in Frankreich seit dem Sturz Napoleons I. im Jahr 1815 kein Mensch mehr von der Grande Nation redet, sind deutsche Journalisten geradezu versessen darauf, den Begriff zu benutzen, als wollten sie die Franzosen in leicht herablassendem Ton an glanzvollere Tage ihrer Geschichte erinnern.

Auf dem Weg zur Großmacht

Frankreichs Streben nach territorialer Erweiterung begann spätestens unter den Bourbonenkönigen. Die Regionen Bresse und Bugey im Südosten des Landes kamen noch unter Heinrich II. hinzu, Ludwig XIV. verleibte sich das Roussillon genauso ein wie das Artois, ebenso weite Teile des Elsass und die Franche-Comté. Im Auftrag des Sonnenkönigs setzte Minister Colbert eine merkantilistische Politik durch, die sich durch niedrige Importe, hohe Exporte sowie eine durchgreifende Staatsreglementierung aller Gewerbe auszeichnete. Diese hervorragende Ausgangsbasis wurde aber durch endlose Kriege erschüttert, die Frankreich wirtschaftlich und finanziell ruinierten. Bis in die Neue Welt streckte der Sonnenkönig seine Fühler aus. Durch den Kabeljaufang waren baskische, bretonische und normannische Fischer zwar schon vorher an den Küsten Neufundlands unterwegs, doch erst als Folge der Religionskriege suchten Franzosen ihr Glück verstärkt jenseits des Atlantiks und wanderten vor allem nach Kanada aus, um sich in der Gegend von Québec und Montréal niederzulassen. Zu den bekanntesten Persönlichkeiten, deren Vorfahren damals Frankreich verließen, gehören Céline Dion, Angelina Jolie, Madonna und Hillary Clinton.

Abschied von Louisiana

Robert Cavelier de La Salle, ein französischer Entdecker, erkundete die Großen Seen in Nordamerika und beanspruchte im Auftrag des Sonnenkönigs weite Teile des Landesinneren für Frankreich. Mit Schlitten und Kanus drang er immer weiter nach Süden vor und gelangte mit seiner Expedition 1682 als erster Europäer ins Mississippi-Delta. Zu Ehren Ludwigs XIV. nannte er das Territorium *La Louisane* und errichtete am Illinois River eine Niederlassung, die den Namen Fort St. Louis erhielt. Die französischen Ambitionen wurden aber schon 1713 erheblich gebremst, als Ludwig XIV. im Vertrag von Utrecht nicht nur auf die Vereinigung der Kronen Frankreichs und Spaniens verzichtete und die neue britische Erbfolge anerkannte, sondern auch Neufundland und Neuschottland an England abtrat. Kurz vor Ludwigs Tod war Frankreich ein verarmtes Land mit einer maroden Währung, das sich seine Weltmachtträume eigentlich nicht mehr leisten konnte. Doch waren die Franzosen in Nordamerika noch immer präsent.

Das vom französischen König beanspruchte Gebiet erstreckte sich vom Sankt-Lorenz-Strom über die Großen Seen bis hinunter nach New Orleans. Sieht man von einem schmalen Band von kleinen Forts ab, so war dieses riesige Territorium zivilisatorisch weitgehend unberührt, da die englischen Kolonisten nur östlich der Appalachen siedelten. Zu Ehren Philipps II., Herzog von Orléans, wurde 1718 am Golf von Mexiko die Stadt *La Nouvelle-Orléans* (New Orleans) gegründet. Die zahlenmäßig unterlegenen Franzosen waren auf die Unterstützung der Indianer angewiesen, doch schreckten sie, wenn es ihnen nützte, vor Gewalt und Völkermord nicht zurück. So kam es ab 1729 zu blutigen Konflikten mit den Natchez und Chickasaw, bei denen rund ein Viertel der Indianer niedergemetzelt wurde.

Schließlich mündeten die Konflikte in den Siebenjährigen Krieg. Trotz anfänglicher Erfolge geriet Frankreich immer stärker ins Hintertreffen. Voltaire, der wenig Verständnis für das Nordamerika-Engagement hatte, befand: „Ich hätte lieber Frieden als Kanada." Schließlich endeten die französischen Träume 1763 mit dem Vertrag von Paris: Bis auf Saint-Pierre und Miquelon – zwei unbedeutende Inseln vor der Atlantikküste – wurde Kanada an Großbritannien abgetreten. Zudem verzichtete Frankreich zu Gunsten Spaniens auf seine Ländereien am Westufer des Mississippi und begnügte sich mit den Zuckerinseln Guadeloupe und Martinique.

Nachdem Napoleon das europäische Machtgefüge aus den Angeln gehoben hatte, willigte Spanien im Jahre 1800 ein, Louisiana, das sich damals nicht auf den heutigen Bundesstaat beschränkte, sondern flächenmäßig den gesamten mittleren Teil Nordamerikas umfasste, an Frankreich zurückzugeben. Frankreichs koloniale Träume gerieten allerdings schnell ins Stocken, schon die Revolution in Haiti überforderte die französischen Kräfte. Da sich Napoleon auf den europäischen Kriegsschauplatz konzentrieren wollte und die Unterstützung Amerikas für seine Politik gegen England erhoffte, verkaufte er Louisiana kurzerhand für 22,5 Millionen Dollar an die Vereinigten Staaten, deren Territorium sich dadurch verdoppelte. Zwar war Napoleons Kriegskasse nun gut gefüllt, doch langfristig stellte sich der größte Grundstücksverkauf der Weltgeschichte als Fehlentscheidung heraus.

Die kurze Phase, als Frankreich die dominierende Macht auf dem europäischen Kontinent war, ist untrennbar mit dem Namen Napoleon verbunden. Spätestens seit seinem Italienfeldzug eilte er von Sieg zu Sieg; seine Erfolge auf dem Schlachtfeld bildeten die Grundlage für eine Neuordnung Europas – einzig England widersetzte sich dauerhaft. Napoleon fühlte sich unbesiegbar und versammelte vor dem Russlandfeldzug die größte Armee, die es in Europa bis dahin gegeben hatte. Doch Napoleons Weltmachtträume erfroren 1812 im russischen Winter. Drei weitere Jahre dauerte es, bis der französische Einfluss im Zuge der Befreiungskriege wieder auf die Landesgrenzen zurückgedrängt war.

Von Algerien bis Vietnam

Marseille gilt gemeinhin als das Tor zum Orient. Schon in der Römerzeit und im Mittelalter gab es regen Handel und Austausch mit der anderen Seite des Mittelmeers, und so erscheint es geradezu selbstverständlich, dass sich im Kolonialzeitalter französische Ambitionen auf Nordafrika richteten. Um Frankreich eine Vormachtstellung im levantinischen Handel zu sichern, musste zuvor die britische Vormachtstellung im Mittelmeerraum beendet werden. Schon im ausgehenden Ancien Régime hatten Politiker und Diplomaten vorgeschlagen, Ägypten zu erobern, doch erst Napoleon streckte 1798 die französischen Fühler bis zum Nil aus. Seine Ägypten-Expedition scheiterte zwar, doch war das französische Interesse am Orient geweckt.

Indirekt hatte das ägyptische Abenteuer auch Auswirkungen auf die Geschichte Algeriens. Der Dey von Algier hatte nämlich für den Feldzug Getreide auf Kredit geliefert. Doch Frankreich weigerte sich trotz wiederholter Mahnungen, die offenen Rechnungen zu begleichen. Als der Dey von Algier 1827 deshalb einen französischen Gesandten aus Verärgerung mit einem Fliegenwedel ins Gesicht schlug, verschlechterten sich die Beziehungen zusehends. Karl X. nahm dies zum Anlass, gleichsam am Vorabend der Julirevolution ein Expeditionsheer aufzustellen. Zwar wurde offiziell behauptet, man wolle die Seeräuberei ausrotten und die Versklavung der Christen beenden, doch wollte der unter Druck geratene König von seinen innenpolitischen Problemen ablenken und neuen Raum für französische Siedler erobern. Im Juni 1830 landeten 37 000 französische Soldaten an der Küste Algiers und beendeten die mehr als dreihundertjährige osmanische Herrschaft. Es dauerte aber noch bis zum Jahr 1847, dass der algerische Widerstand gebrochen war. Als Algerien 1870 formell von Frankreich annektiert wurde, lebten bereits 250 000 Siedler im Land und beackerten die besten Böden, während die einheimische Bevölkerung in weniger fruchtbare Gebiete abgedrängt wurde.

Nach dem schmerzlich empfundenen Verlust von Elsass und Lothringen forderte der Politiker und spätere Premierminister Léon Gambetta 1872, Frankreich müsse seine Isolation überwinden und wieder den seiner Geschichte gebührenden Rang einnehmen: „Allein durch die Expansion, durch die Ausstrahlung auf das Leben außerhalb, durch den Platz, den sie im allgemeinen Leben der Menschheit einnehmen, können sich die Nationen auf Dauer behaupten." Es vergingen allerdings noch ein paar Jahre, bis Frankreich im April 1881 seine Herrschaft auf das benachbarte Tunesien ausdehnen konnte, wo ein französisches Protektorat errichtet wurde. Erneut war es ein vergleichsweise nichtiger Vorfall, den Frankreich nutzte, um Tunis innerhalb von drei Wochen zu erobern und sein nordafrikanisches Kolonialreich zu vergrößern. In den nächsten Jahrzehnten erweiterte Frankreich seinen Einflussbereich auf Marokko und Syrien. Zunächst zögerlich, dann getrieben von imperialistischer Gier streckte Frankreich seine Fühler auch nach West- und Zentralafrika aus. Im Wettlauf mit den Briten wollte man sich die besten Stücke aus dem großen afrikanischen Kuchen sichern.

Es lockten nicht nur neue Absatzmärkte und schier unermessliche Rohstoffvorkommen, es bestand auch der feste Wille, sich als Großmacht zu etablieren. Bis zum Ende des 19. Jahrhunderts wehte nicht nur in Senegal, sondern auch in Mali, im Sudan, in Gabun und Madagaskar die Trikolore. Nahezu zeitgleich konnte Frankreich auch in Asien Fuß fassen. Ausgehend von der Eroberung Saigons umfasste Französisch-Indochina bis 1893 ganz Vietnam, Kambodscha und Laos. Die führenden französischen Politiker sahen ihr Handeln durch die damals weit verbreiteten rassenideologischen Vorstellungen legitimiert. So bekundete Regierungschef Jules Ferry: „Die höheren Rassen haben ein Recht gegenüber den niederen Rassen. Ich sage, dass es für sie ein Recht gibt, weil es eine Pflicht für sie gibt. Sie haben die Pflicht, die niederen Rassen zu zivilisieren."

Frankreich hatte sich im Laufe des 19. Jahrhunderts ein riesiges Kolonialreich geschaffen, das in seiner Ausdehnung mit dem Britischen Empire konkurrieren konnte. Im Ersten Weltkrieg gerieten die Franzosen in Afrika unweigerlich mit den Deutschen aneinander. Man lieferte sich nicht nur in Flandern und in der Champagne heftige Schlachten, sondern auch auf dem Schwarzen Kontinent, wobei Frankreich in erster Linie an der Erweiterung seines Kolonialbesitzes interessiert war. Nach Kriegsende wurden die vormaligen deutschen Kolonien Togo und Kamerun Frankreich vom Völkerbund als Mandatsgebiete übertragen. Es war, wie der Schriftsteller Jacques Yonnet in seinem Roman *Rue des Maléfices* zynisch anmerkt, eine „ruhmreiche Bande" französischer Soldaten, „die in unterschiedlichen Breitengraden unterentwickelten Bevölkerungen die süße Nachricht der Doulce France näherbrachte … und mittels Nagelschuhen die universelle Strahlkraft unserer Kultur bekräftigte …".

In Marseille, dessen Beziehungen zum Orient und zu Afrika traditionell besonders eng waren, weihte der französische Präsident Gaston Doumergue 1927 die neue Freitreppe am Bahnhof Saint-Charles als Monument zur Huldigung des Kolonialreiches mit einem feierlichen Akt ein. Am gleichen Tag ehrte er die toten Helden der französischen Orientarmee mit einem monumentalen Denkmal (*Monument aux morts des armées d'Orient et des terres lointaines*), das man direkt an der Uferstraße errichtete. Der gigantische Torbogen, in dessen Mitte eine bronzene Frauenstatue mit hoch erhobenen Armen steht, ist ein Symbol des Sieges und des Triumphes. Der Torbogen – im Jahre 2011 gewissermaßen geadelt und vom französischen Staat zum *Monument historique* erklärt – wird von steinernen Soldaten flankiert, an den Seiten sind die Namen und Daten der großen Feldzüge eingemeißelt. Bewusst lenkt das Tor den Blick des Betrachters Richtung Orient, und eine Treppe führt hinter dem Monument direkt zum Meer hinunter.

Die Erfolge in den Kolonien stärkten zwar das nationale Selbstbewusstsein, doch erschütterten die späteren Unabhängigkeitsbestrebungen die französische Politik schwer. Ausgehend von dem Versuch, die afrikanischen Kolonien im Zweiten Weltkrieg in den Kampf um die Befreiung Frankreichs einzubinden, hatte Charles de Gaulle im Februar 1944 auf der Konferenz von Brazzaville vage eine größere Autonomie und wirtschaftliche Reformen in Aussicht gestellt, doch keinesfalls die Unabhängigkeit.

Siegermacht mit atomarer Sprengkraft

Charles de Gaulles Anspruch, zu den „Siegermächten“ zu gehören, gründete auf dem bis zur Befreiung von Paris anhaltenden Widerstand, der allerdings nur von einer sehr kleinen Bevölkerungsgruppe getragen wurde. Teilweise war es dem diplomatischen Geschick de Gaulles, der auch auf die strategische Rolle der französischen Kolonien verwies, teilweise dem Entgegenkommen der Amerikaner und Briten zu verdanken, dass Frankreich nach dem Zweiten Weltkrieg am Tisch der Siegermächte Platz nehmen durfte, obwohl dessen politische Vertreter zur Konferenz von Jalta nicht eingeladen worden waren. Erst mit Verspätung erhielt Frankreich im Südwesten Deutschlands eine eigene Besatzungszone, und bei den Nürnberger Prozessen durften auch zwei Franzosen auf der Richterbank sitzen.

Als die Vereinten Nationen gegründet wurden, gehörte Frankreich zusammen mit den Vereinigten Staaten von Amerika, Russland, Großbritannien und China zum Kreis der fünf ständigen Mitglieder des Sicherheitsrates, die ein Vetorecht besitzen. Wie die anderen Vetomitglieder ist Frankreich eine der fünf offiziellen Atommächte. Um die Sicherheit Frankreichs besorgt, trieb Charles de Gaulle in den Zeiten des Kalten Krieges den Aufbau einer eigenen Atomstreitmacht voran: „In allem, was eine Nation ausmacht, und vor allem in dem, was unsere ausmacht, gibt es nichts wichtigeres als die Verteidigung“, verkündigte de Gaulle 1959 vor französischen Offizieren. Ein Jahr später fand der erste Nukleartest in der algerischen Wüste statt; am 13. Februar 1962 wurde dann die erste französische Atombombe in der Sahara gezündet – gerade so, als wollte Frankreich wenige Wochen, bevor Algerien in die Unabhängigkeit entlassen wurde, noch einmal seine Stärke demonstrieren. „Weil Frankreich es kann, wie es dazu auffordert, weil es Frankreich ist, muss es in der Welt eine Politik machen, die Weltpolitik ist“, forderte Charles de Gaulle 1963 und machte deutlich, wie er sich Frankreichs zukünftige Rolle vorstellte.

Die französische Atompolitik mag ein verteidigungspolitischer Sonderweg sein, der ein nationales, wenn auch trügerisches Sicherheitsgefühl nährt. Die *Force de Frappe* ermöglicht es, auf dem internationalen Parkett die Muskeln spielen zu lassen. In diesem Zusammenhang steht auch der 1966 vollzogene Austritt aus der NATO, da Staatspräsident de Gaulle die amerikanische Dominanz im Verteidigungsbündnis ablehnte und darauf verwies, dass Frankreich die volle Ausübung seiner Souveränität anstrebe. Dieses Denken bestimmte jahrzehntelang die französische Außenpolitik. So stellte François Mitterrand 1988 bei einer Rede mit Nachdruck fest: „Frankreich ist eine freie Nation und gedenkt, für sich selbst zu bestimmen sowie über seine Lebensweise und seinen Weg in die Zukunft zu entscheiden. Frankreich will sich gegen jeden Angriff verteidigen können. Das übergeordnete Ziel unserer Verteidigung ist die Wahrung unserer Identität und unserer Unabhängigkeit.“ Angesichts der sich zuspitzenden Krise um das iranische Atomprogramm drohte Jacques Chirac im Januar 2006 unverhohlen, dass jeder Staatsführer, der Frankreich mit terroristischen Mitteln angreife oder den Einsatz von Massenvernichtungswaffen auch nur erwäge, sich auf eine „entschlossene und angepasste Antwort" einstellen müsse, die konventionell oder auch „anderer Art" sein könne. Es war sicherlich kein Zufall, dass Chirac seine Rede auf dem Atom-U-Boot-Stützpunkt Ile Longue in der Bretagne gehalten hat.

Abschied vom Kolonialreich

Der Friede nach dem Zweiten Weltkrieg währte für Frankreich nur kurz. Bereits am 8. Mai 1945 kam es im algerischen Sétif zu einem Massaker, bei dem in den folgenden Wochen 45 000 Algerier starben. Frankreich griff rigoros durch. Nach der Demütigung durch die Deutschen gierte man danach, die einstige Weltgeltung wiederzuerlangen. Doch der Wunsch, erneut die Herrschaft über die zwischenzeitlich an Japan verlorene Indochina-Kolonie zu übernehmen, führte schnell zu Konflikten mit den von Ho Chi Minh angeführten Vietnamesen, die eine Unabhängigkeit des Landes erreichen wollten. Seit Dezember 1946 befand sich Frankreich faktisch in einem Krieg. Schon bald stellte sich heraus, dass man die Kampfkraft der Vietminh unterschätzt hatte. Zug um Zug wurden die Franzosen aus dem Norden Vietnams vertrieben, dann versuchte die französische Armee 1954 mit einer Entscheidungsschlacht bei Dien Bien Phu eine Wende herbeizuführen, erlitt jedoch eine vernichtende Niederlage, die bei den Militärs Bitterkeit und Erinnerungen an das Jahr 1940 weckte. Frankreich schloss einen Waffenstillstand und zog sich aus seinen asiatischen Kolonien zurück.

Nicht nur in Asien, auch in Nordafrika und anderswo begann es zu brodeln. Obwohl die Kolonien in der *Union française* rechtlich besser gestellt wurden, hatte der Krieg die Emanzipationsbestrebungen gefördert. Ein Aufstand in Madagaskar konnte 1948 blutig (80 000 Tote) niedergeschlagen werden. Auch Tunesien und Marokko strebten nach

Unabhängigkeit. Es kam zu Streiks und Unruhen, tunesische Partisanen führten einen Guerillakrieg. Die französische Niederlage bei Dien Bien Phu bestärkte die Aufständischen in ihren Bestrebungen. Obwohl sich die Anzeichen mehrten, dass die französische Kolonialpolitik auch in Nordafrika zum Scheitern verurteilt war, regierte man mit harter Hand. Als der algerische *Front de Libération Nationale* (FLN) im November 1954 den Befreiungskrieg mit einer Anschlagsserie startete, kündigte der damalige Innenminister François Mitterrand entschiedene Gegenmaßnahmen an: „Algerien ist Frankreich! Von Flandern bis zum Kongo gibt es ein Recht, eine einzige Nation, ein einziges Parlament ... Die einzige Verhandlung ist Krieg."

Während Tunesien und Marokko bereits 1956 die Unabhängigkeit erlangten, blieb die Lage in Algerien brisant. Algerien gehörte als Siedlungskolonie zu Frankreich. Jeder achte Einwohner hatte europäische Wurzeln; teilweise waren diese *Pieds noirs* schon seit Generationen in Algerien ansässig. Der 1962 schließlich mit einer Niederlage Frankreichs endende Algerienkrieg wurde mit aller Härte geführt, wobei die französische Armee auf systematische Folterungen und Exekutionen zurückgriff. Während auf französischer Seite 30 000 Tote zu beklagen waren, summierten sich die algerischen Verluste auf mehr als eine halbe Million, darunter viele Zivilisten. Nach Ende des Krieges mussten rund 1,4 Millionen *Pieds noirs* Algerien innerhalb weniger Monate verlassen und ins französische Mutterland zurückkehren. Da bereits zwischen Januar und November 1960 vierzehn afrikanische Länder, die zum französischen Kolonialreich gehört hatten, ganz ohne Blutvergießen in die Unabhängigkeit entlassen worden waren – allerdings wurden sie in zahlreichen Verträgen zur „Zusammenarbeit" mit Frankreich verpflichtet –, war die französische Kolonialzeit weitgehend abgeschlossen. Die Probleme, die im Zuge der Entkolonialisierung entstanden waren, begannen sich erst jetzt auszuwirken: Da in den meisten vormaligen Kolonien ein Nationalbewusstsein kaum ausgeprägt war, kam es früher oder später häufig zu blutigen Konflikten zwischen den verschiedenen Ethnien.

Vom einstigen *Empire Français* sind heute nur noch Französisch-Guayana, Guadeloupe, Martinique, Réunion, Mayotte und ein paar kleine tropische Inseln geblieben. Sie gehören zum französischen Staatsgebiet, die namentlich genannten fünf haben den Status von Übersee-Départements (*Départements d'Outre-Mer*); sie sind damit rechtlich dem französischen Festland gleichgestellt und haben den Euro als Währung. Wirtschaftlich profitieren sie von Frankreich, das wiederum durch deren Zugehörigkeit an die Welt das Signal sendet, dass der französische Einfluss und Frankreichs Ambitionen weit über das Hexagon hinausreichen.

Françafrique

Die Beziehungen zu den schwarzafrikanischen Kolonien blieben nach deren Unabhängigkeit bestehen. Schon Charles de Gaulle wollte mit der Hilfe Afrikas und der *Force de Frappe* die Weltmachtrolle Frankreichs erneuern. Als *Françafrique* bezeichnet man ein politisches System, das Frankreich wirtschaftliche Vorteile und den Beistand der frankophilen afrikanischen Staaten in internationalen Angelegenheiten zusichert, wofür die Franzosen im Gegenzug brutale Repression bis hin zu Menschenrechtsverletzungen und Völkermord akzeptierten, was wie im Fall von Kaiser Bokassa auch zu unrühmlichen Verstrickungen geführt hat. Mit Hilfe von Spezialdiensten und Söldnertruppen gewährte man militärische Unterstützung – und wenn es politisch notwendig erschien, wurden die jeweiligen Regierungen auch gegen den Willen der Bevölkerung an der Macht gehalten. Bis heute ist Frankreich an der Ausbildung von schwarzafrikanischen Armeen beteiligt und vermittelt Rüstungskäufe.

Zwar half und hilft Frankreich auch mit Lehrpersonal an weiterführenden Schulen aus, unterstützt die Gründung von Universitäten und erkennt Diplome an, doch ist die Motivation alles andere als altruistisch. Frankreich hat großes Interesse an intensiven wirtschaftlichen Beziehungen zu Afrika, die bis zur Entwicklungshilfe reichen – schließlich ist Frankreich der größte Handelspartner des Schwarzen Kontinents. Zudem hat Frankreich über seine Erdölgesellschaften Total und Elf-Aquitaine Zugriff auf die Erdölvorräte von Gabun, Kongo und Kamerun. Die Einnahmen kamen und kommen allerdings weniger den verschiedenen afrikanischen Völkern zugute, vielmehr wurden sie auf die Schweizer Konten der Diktatoren und Präsidenten, beispielsweise auf das von Ahmadou Ahidjo oder Paul Biya überwiesen – *Transparency International* stufte Kamerun als eines der korruptesten Länder der Welt ein.

Für die französische Fürsorge zeigen sich die afrikanischen Eliten mit teuren Geschenken erkenntlich: Die Aufmerksamkeit der Presse richtete sich beispielsweise auf die Diamanten, mit denen Kaiser Bokassa Guiscard d'Estaing erfreute oder auf eine Uhr mit rund zweihundert Diamanten, die Jacques Chirac vom gabunischen Präsidenten Omar Bongo geschenkt bekam. Doch damit nicht genug: „Wir wissen, dass afrikanische Herrscher französische Parteien seit General de Gaulle finanzieren", betont der französische Journalist Antoine Glaser, der unlängst einen Dokumentarfilm über das undurchsichtige Geflecht namens *Françafrique* gedreht hat. Schmiergeldskandale beschäftigen die französischen Gerichte immer wieder.

Kommt es zu Umstürzen oder Rebellionen, dann bietet Frankreich großzügig Asyl, so wie im Fall von Ahmadou Ahidjo oder dem berühmt berüchtigten Kaiser Bokassa, der von 1980 bis 1986 mit seiner Kinderschar und einer Freundin in einem Schloss westlich von Paris im Exil lebte. Sieht man einmal davon ab, dass er wegen Mordes, Folter, Korruption und Kannibalismus zum Tode verurteilt worden war, war er ein treuer Diener des französischen Staates gewesen: Er hatte 1944 als Soldat an den Kämpfen zur Befreiung Frankreichs teilgenommen, sich als Feldwebel in Indochina ausgezeichnet und war im Algerienkrieg zum Hauptmann befördert worden – zum Dank für seine dreiundzwanzig Dienstjahre in der Armee gewährte der französische Staat Bokassa im Exil eine stattliche Pension.

Durch seine jahrzehntelangen diplomatischen Verbindungen versucht Frankreich auch Einfluss auf die Weltpolitik zu nehmen. Die Ex-Kolonien sind ein verlässlicher Stimmenblock, der französische Interessen in der UNO und in anderen internationalen Organisationen unterstützt. Noch heute wird in ganz Westafrika französisch gesprochen, die Führungselite liebt die französische Lebensweise und fliegt zum Shoppen gern einmal für ein verlängertes Wochenende nach Paris.

Frankreich und Afrika sind sich nah – das hat nicht nur Präsident Sarkozy wiederholt betont und öffentlich gezeigt. So bei den in deutschen Augen seltsam anmutenden Feierlichkeiten zum fünfzigjährigen Jubiläum der „Unabhängigkeit" der afrikanischen Staaten, das die ehemalige Kolonialmacht am 14. Juli 2010, also just am französischen Nationalfeiertag, unter anderem mit einer Militärparade afrikanischer Soldaten auf den Champs-Élysées feierte. Im Gleichschritt huldigte man dem Mythos der französischen Großmacht. Sobald es in Afrika „brennt", ist Frankreich zur Stelle. Konsequenterweise war Frankreich auch das erste Land, das nach dem Sturz des Gaddafi-Regimes den Nationalen Übergangsrat als einzige legitime Vertretung des libyschen Volkes anerkannte.

Bis heute ist Frankreich in Afrika militärisch präsent, da es Verteidigungsabkommen mit mehreren Ländern unterhält. Es gibt Militärbasen in Senegal, in Gabun und in Dschibuti; im Tschad sind Mirage-Jets sowie Aufklärungs- und Transportflugzeuge stationiert; an der Elfenbeinküste, in Burkina Faso und in Niger halten sich Spezialeinheiten bereit. Paris betrachtet seine Ex-Kolonien noch immer als sein Schutzgebiet und interveniert notfalls auch mit militärischen Mitteln wie in Mali im Januar 2013, wobei nicht übersehen werden darf, dass ein Umsturz in Mali – ehemals Französisch-Sudan – nicht nur den radikalen Islamisten Auftrieb gegeben hätte, sondern auch Auswirkungen auf Niger und Mauretanien haben würde – und an Nigers Uran- sowie an Mauretaniens Ölvorräten hat Frankreich verständlicherweise großes Interesse.

IRRTUM 14:

Frankreich ist ein katholisches Land

Frankreich gilt als „älteste Tochter der katholischen Kirche" (*la fille aînée de l'Église*) – schließlich kann das Land auf eine fast zweitausendjährige christliche Vergangenheit zurückblicken, da an seiner Küste die Mütter dreier Apostel gestrandet sein sollen. Der Mythos vom katholischen Frankreich gründet zudem auf der Taufe Chlodwigs, der von monarchistisch-katholischen Kreisen deshalb als Stammvater der Nation verehrt wird. In den folgenden Jahrhunderten wurde Frankreich von einem dichten Netz von Kirchen und Klöstern überspannt, welche das Bild der Städte und Dörfer bis heute prägten. In Frankreich liegen die Wurzeln der Gotik und der Kathedral-Architektur und wurde ein so bedeutender Orden wie die Zisterzienser gegründet? In Avignon residierten sieben von der katholischen Kirche anerkannte Päpste, die französischen Könige durften den Ehrentitel „Allerchristlichste Majestät" führen, und mit Lourdes und Lisieux besitzt Frankreich zwei der berühmtesten Wallfahrtsorte des Christentums.

Wer sich vom katholischen Glauben abwandte wie die Hugenotten, musste den Zorn des Königs und seiner Kardinals-Minister fürchten, welcher die meisten Hugenotten damals ins Ausland trieb. Die Französische Revolution fegte den kirchlichen Einfluss hinweg und sprengte die jahrhundertelange Einheit zwischen Staat und Kirche dauerhaft. Bourgeoisie und katholische Kirche entfremdeten sich zunehmend – ein Prozess, der in den in der Verfassung verankerten Laizismus mündete. Der Grundgedanke des Laizismus wird allerdings in der jüngsten Vergangenheit nicht nur durch den sich ausbreitenden Islam auf eine harte Probe gestellt, auch die Einführung der Homosexuellen-Ehe verstehen viele Franzosen als Affront gegen die christlich-abendländische Tradition.

Ein Land wird christlich

Glaubt man der christlichen Legende, so wurden nach dem Tod Jesu einige seiner Anhänger, darunter Maria Magdalena, Maria Jacobäa und Maria Salome – die beiden Letzteren waren die Mütter dreier Apostel –, in einem Boot ohne Segel und Ruder ausgesetzt. Dank göttlicher Fügung wurden sie an die Gestade der Provence gespült, woraufhin das Christentum Eingang in die römische Provinz Gallia Narbonensis fand.

Ungefähr zeitgleich mit dem sich ankündigenden Niedergang des Römischen Reiches breitete sich das Christentum im späten zweiten und dritten Jahrhundert über die Provence in ganz Frankreich aus; die ältesten bekannten christlichen Gemeinden existierten in Lyon und Vienne, wenig später sind auch Gemeinden in Nordfrankreich bezeugt.

Die römische Verwaltungsstruktur überlebte in den Diözesen, Provinzen und Bistümern. Zu Beginn des 5. Jahrhunderts gab es in Gallien bereits 113 Bischofssitze, von denen aber bei Weitem nicht alle bis in unsere Tage erhalten geblieben sind. Der hl. Honoratus zog sich 410 mit ein paar Anhängern auf eine kleine, dem heutigen Cannes vorgelagerte Insel zurück und rief dort ein Kloster ins Leben, das alsbald zu einem Zentrum des religiösen Lebens in Gallien und darüber hinaus wurde. Die zahlreichen in der Provence abgehaltenen Konzile – etwa in Arles, Orange und Vaison-la-Romaine – unterstreichen die wichtige Rolle, die Südfrankreich damals im abendländischen Christentum spielte.

Ein für die französische Geschichte bedeutendes Ereignis war der Übertritt Chlodwigs zum Christentum. In einer hin- und herwogenden Schlacht gegen die Alemannen soll sich der Frankenkönig zum christlichen Glauben bekannt haben, wofür er dann – davon war jedenfalls sein Chronist Gregor von Tours überzeugt – mit Gottes Hilfe den Sieg erringen konnte. An Weihnachten des Jahres 496 oder 498 ließ sich der aus dem Geschlecht der Merowinger stammende Chlodwig zusammen mit einigen Tausend Gefolgsleuten vom Bischof Remigius in der Kathedrale von Reims taufen.

Die Konversion Chlodwigs war nicht nur ein Meilenstein für die Christianisierung Europas, sondern auch für die weitere Geschichte Frankreichs. Die Einheit zwischen Glaube und Königreich wurde das religiös-politische Fundament, das sich über Ludwig den Heiligen und Jeanne d' Arc wie ein roter Faden durch die französische Geschichte zieht und für deren Verständnis ungemein wichtig ist. Das gesamte Mittelalter hindurch bestimmte das katholische Weltbild die französische Politik. In Frankreich ruhte der Glaube auf einem festen politischen Fundament.

Als Bertrand de Got, Erzbischof von Bordeaux, im Jahre 1305 als Clemens V. zum Papst gewählt wurde, weigerte er sich, nach Rom überzusiedeln. Politische Intrigen ließen diesen ungewöhnlichen Entschluss reifen. Clemens V. blieb auf der französischen Seite der Alpen, um sich nach diversen Irrfahrten 1309 schließlich in Avignon niederzulassen. Sein Nachfolger Johannes XXII. hatte es da einfacher: Er war zum Zeitpunkt seiner Wahl bereits Bischof von Avignon und blieb in seinem Bischofspalais wohnen. Während der siebzig Jahre ihres Exils lösten sich sieben Päpste auf dem Heiligen Stuhl ab, denen dann noch zwei Gegenpäpste folgten.

Hugenottenkriege

Der französische Laizismus ist auch von den Erfahrungen der Religionskriege geprägt. Spätestens um die Mitte des 16. Jahrhunderts zeichnete sich ab, dass Europa in seinen Grundfesten bedroht war: Die „eine", universelle christliche Kirche des Mittelalters bestand nicht mehr! Die durch Luther und Calvin ausgelösten reformatorischen Bestrebungen waren auf fruchtbaren Boden gefallen, zukünftige Konflikte vorprogrammiert. Während sich die Kriegswogen im Heiligen Römischen Reich Deutscher Nation durch den Augsburger Religionsfrieden (1555) vorerst glätteten, spitzten sich im benachbarten Frankreich die Auseinandersetzungen zwischen den Katholiken und den Hugenotten – der Name leitet sich vermutlich vom *Aignos* („Eidgenossen") ab – genannten, stark von Calvin beeinflussten französischen Protestanten zu: Um sich besser gegen gewaltsame Übergriffe schützen zu können, bauten die Reformierten, die etwa ein Zehntel der französischen Bevölkerung ausmachten, sogar ein eigenes Heerwesen auf. Im März des Jahres 1560 kam es zu den ersten Aufständen in Nîmes und Annonay – Vorboten eines Religionskrieges, der über vierzig Jahre währte.

Faktisch hatten die Hugenotten jedoch keine andere Wahl, als zu den Waffen zu greifen. Ohne einen schlagkräftigen militärischen Arm wären sie mit Sicherheit innerhalb weniger Jahre von der katholischen Seite vernichtet worden, die sich öffentlich zu einer rigorosen Verfolgung der Ketzer bekannt hatte. Im Zuge der Auseinandersetzungen schreckten die Katholiken auch nicht vor heimtückischen Mordanschlägen zurück wie in der sogenannten Bartholomäusnacht, in der 1572 fast die gesamte hugenottische Elite niedergemetzelt wurde. Die Hugenotten, die in der Provence, im Languedoc sowie zwischen Navarra und Nantes ihre Hochburgen besaßen, richteten ihre Aktionen nicht nur gegen Personen, sie zerstörten auch Kirchen und katholische Kultstätten. Von Anfang an ging es in diesem Bürgerkrieg aber nicht nur um den einzig wahren Glaubens, die konkurrierenden Adelsparteien stritten vielmehr um ihren Einfluss auf das schwache französische Königshaus.

Die hugenottischen Ideale – ihrem Ursprung und ihrem Prinzip nach rein religiös –, bewirkten auch einen massiven Eingriff in die traditionellen Besitzverhältnisse. Das Hauptaugenmerk richtete sich auf die kirchlichen Landgüter, von deren Verkauf man sich eine Veränderung der gesellschaftlichen Kräfteverhältnisse erhoffte. Allerdings profitierten von diesen Umwälzungen weniger die Bauern als vielmehr die finanzstarken Städter, die in den nächsten beiden Jahrhunderten einen großen Teil des flachen Landes erwerben konnten.

Als Ludwig XIV. den französischen Thron bestieg, erhöhte er den öffentlichen Druck auf die Hugenotten. Vergeblich rebellierte die Bevölkerung gegen die Allmacht des Sonnenkönigs. Zwischen 1661 und 1685 erließ er mehr als dreihundert Verordnungen mit dem einzigen Ziel, die Reformierten in ihrer Religionsausübung einzuschränken. So durften beispielsweise „Beisetzungen generell nur am Morgen vor Tagesanbruch oder am Abend bis zum Eintritt der Nacht im Beisein von nicht mehr als zehn Personen erfolgen". Einen neuen Höhepunkt erreichten die Religionsstreitigkeiten, als Ludwig XIV. im Juli 1685 die gefürchtete Dragonade einsetzte: Um zu erreichen, dass ein gewisser Anteil der protestantischen Bevölkerung eines Ortes konvertierte – zumeist zwei Drittel –, wurden in den Häusern der Hugenotten königliche Soldaten einquartiert, die während dieser Zeit von den Hauseigentümern verpflegt und besoldet werden mussten. Um ihrem Auftrag Nachdruck zu verleihen, sorgten die „gestiefelten Missionare" mit ununterbrochenem Trommelwirbel für Psychoterror, und wenn dies immer noch nicht genügte, „amüsierten" sie sich mit den Frauen und Töchtern ihrer unfreiwilligen Gastgeber. Die Methode hatte Erfolg: Allein in Nîmes wuchs die katholische Bevölkerung innerhalb von nur drei Tagen um mehr als zehntausend Seelen.

Am 18. Oktober 1685 widerrief Ludwig XIV. im Edikt von Fontainebleau das den Hugenotten 1598 zugesicherte Privileg der Glaubensfreiheit (Edikt von Nantes), da sich „der bessere und größere Teil Unserer Untertanen von der besagten vorgeblich reformierten Religion" losgesagt hatte. Innerhalb weniger Monate setzte ein wahrer Massenexodus ein: Rund dreihunderttausend Hugenotten flohen aus dem französischen Königreich, in erster Linie in die Schweiz, in die Niederlande und nach Preußen. Die katholische Kirche legitimierte die bestehende monarchische Ordnung und bildete die kulturelle Stütze der ständischen Gesellschaft – die Epoche bis zur Französischen Revolution gilt als das goldene Zeitalter des französischen Katholizismus.

Revolution und Laizismus

Durch die Revolution verlor die katholische Kirche in Frankreich alle Privilegien – ihr Besitz wurde konfisziert, alle Orden wurden aufgelöst und Kirchen in „Tempel der Vernunft“ umgewidmet. Priestern, die sich weigerten, einen Eid auf die Verfassung zu leisten, drohte die Guillotine. Schließlich wurde 1794 die katholische Religion vom Parlament abgeschafft und durch den „Kult des höchsten Wesens“ (*Culte de l'Être suprême*) ersetzt. Papst Pius VI. war von den französischen Zuständen wenig begeistert und verurteilte die Erklärung der Menschenrechte als „gottlos“ – Priestern, die den Verfassungseid leisteten, drohte er mit der Exkommunikation.

Napoleon Bonaparte sah die Revolution als abgeschlossen an – er revidierte die bisherige Politik der Säkularisierung und schloss 1801 ein Konkordat mit Papst Pius VII., das die öffentliche Ausübung der Religion an Sonntagen und kirchlichen Feiertagen gestattete. Die Trennung zwischen Staat und Kirche sowie die Enteignung des Kirchenbesitzes blieben bestehen – selbst die Ernennung der Bischöfe blieb in staatlicher Hand. Die Religion wurde als moralisches Fundament anerkannt, gleichzeitig wurden der Kirche standesamtliche Funktionen wie auch solche im Gesundheitswesen entzogen. Wenig später stellte Napoleon die reformierte und die lutherische Kirche ebenso wie das Judentum als *Cultes reconnus* der katholischen Kirche rechtlich gleich und begründete so den religiösen Pluralismus.

Im Zuge der Restauration wurde der katholische Glaube 1814 vorerst wieder zur Staatsreligion, doch hielt die Debatte um das Verhältnis von Staat und Kirche, Nation und Religion, religiöser und öffentlicher Sphäre das gesamte 19. Jahrhundert hindurch an. Der Anteil der praktizierenden Katholiken nahm ab, der Laizismus etablierte sich als Gegenkultur. Der Katholizismus war königsnah und sozial konservativ, der Laizismus republikanisch und dem sozialen Fortschritt verpflichtet. Es kam zu einem regelrechten Kulturkampf, den die Laizisten im Ergebnis für sich entscheiden konnten.

Während Napoleon III. den sozialen und moralischen Einfluss der Kirche noch gestärkt, Kirchenbauten gefördert sowie Kardinäle und

Bischöfe bei offiziellen Anlässen einbezogen hatte, wurden zu Beginn der Dritten Republik das öffentliche Leben und insbesondere das staatliche Erziehungswesen entschieden entklerikalisiert. Damals wurde die Bezeichnung Laizismus (franz. *laïcité*) von dem Pädagogen und späteren Friedensnobelpreisträgers Ferdinand Buisson geprägt. Der damalige Erziehungsminister Jules Ferry hob die geistliche Schulaufsicht auf, untersagte das Tragen religiöser Symbole in öffentlichen Einrichtungen, verbannte Fächer und Themen wie Biblische Geschichte, Katechismus und Gottespflichten aus den Lehrplänen und entfernte die Kruzifixe aus den Klassenzimmern. Das konfessionslose Schulwesen sowie der kostenlose, verpflichtende Schulbesuch wurden fest verankert. Die verbleibenden katholischen Privatschulen mussten ohne jegliche staatliche Unterstützung auskommen.

Der gesellschaftliche Wandel manifestierte sich auch in der symbolkräftigen Legalisierung der Ehescheidung (1884) – vergeblich stellte sich die Kirche diesem Wertewandel entgegen. In der Dreyfus-Affäre entzündete sich dann noch einmal der Konflikt zwischen den beiden Lagern. Der jüdische Offizier Alfred Dreyfus war 1894 zu Unrecht wegen Verrats militärischer Geheimnisse verurteilt worden. Jahrzehntelang spaltete die Dreyfus-Affäre die französische Gesellschaft in Gegner und Anhänger des Hauptmanns, in Militaristen und Antimilitaristen. Auf der einen Seite standen Republikaner, Radikale, Sozialisten und Freimaurer, die, angeführt von Émile Zolas öffentlichem Brief (*J'accuse*) an den französischen Präsidenten Félix Faure, den Antisemitismus anprangerten und schließlich die Rehabilitierung von Dreyfus erreichten, auf der anderen Seite klerikale Reaktionäre und Royalisten.

Vor dem Hintergrund der Dreyfus-Affäre gewann die politische Linke 1902 die Parlamentswahlen. Um den Einfluss der katholischen Kirche zu beschränken, deren antimodernistische Grundhaltung für republikfeindlich erachtet wurde, beschloss die Regierung, das Verhältnis von Kirche und Staat neu zu regeln. Erst wurde die staatliche Besoldung von Bischöfen eingestellt, und alle Ordensgemeinschaften wurden aufgelöst, dann wurde trotz päpstlichen Protestes und vorausgegangener Unruhen im Dezember 1905 ein Gesetz (*Loi Combes*) verabschiedet, das den Grundsatz der Laizität zur allgemeinen Doktrin des französischen Staates erhob. Seither ist allen Franzosen die Glaubensfreiheit garantiert, die Ausübung der Religion jedoch Privatangelegenheit und aus dem öffentlichen Raum verbannt. Die meisten Kirchenbauten wurden dem Staat übertragen, der seither für ihren Unterhalt zuständig ist und sie wiederum den Kirchen zur Verfügung stellt. Eine Ausnahme bilden das Elsass und das lothringische Département Moselle, wo Priester und Pastoren vom Staat bezahlt werden. Da das Gebiet bei Erlass des *Loi Combes* zu Deutschland gehörte, wurde dort nach 1918 das napoleonische Konkordat beibehalten, um den Elsässern die Wiedereingliederung zu erleichtern.

Burka und Wallfahrten

Die katholische Religion spielt im öffentlichen Leben längst nur noch eine untergeordnete Rolle. Der Einfluss der Kirchen und der katholischen Religion ist in Frankreich wie in anderen westeuropäischen Staaten stark rückläufig. Gegenwärtig bezeichnet sich nur noch etwas mehr als die Hälfte der Franzosen als katholisch, weniger als die Hälfte der Neugeborenen wird getauft, und weniger als vierzig Prozent aller geschlossen Ehen werden vor dem Traualtar bekräftigt. Da Frankreich aufgrund seiner laizistischen Tradition keine Daten über die Religionszugehörigkeit erhebt, gibt es keine offiziellen Statistiken, sondern nur Hochrechnungen, die auf Umfragen beruhen. Rund ein Drittel aller Befragten gehört keiner Religion an. Gleichzeitig ist Frankreich das europäische Land mit der größten jüdischen Gemeinde und dem höchsten muslimischen Bevölkerungsanteil: Etwa sechshunderttausend Juden und rund fünf Millionen Muslime leben im Land. Der Islam hat sich damit zur zweitwichtigsten Religion des Landes entwickelt und ist vor allem in den großen Städten und in der Pariser Banlieue sehr präsent.

Einerseits ist die Trennung zwischen Staat und Kirche in Frankreich tief verankert: Kreuze und andere religiöse Symbole in öffentlichen Gebäuden sind undenkbar; es gibt keine Kirchensteuer, Priester und Bischöfe werden von den Gemeinden bezahlt; Religionsunterricht findet nur an Privatschulen statt, und es gibt keine theologischen Fakultäten an den staatlichen Hochschulen. Selbst von kirchlicher Seite gibt es in Frankreich keine Kritik am Laizismus, der im ersten Artikel der Verfassung verankert ist: „Frankreich ist eine unteilbare, laizistische, demokratische und soziale Republik." Andererseits werden Religionsgemeinschaften – vor allem die römisch-katholische Kirche, aber auch der Islam – auf unterschiedliche Art und Weise gefördert. Längst erhalten auch die kirchlichen Privatschulen wieder staatliche Subventionen. Es gibt inzwischen ein schwer durchschaubares Geflecht von Ministerialerlassen, Dekreten und Gerichtsentscheidungen, die sich teilweise widersprechen und die Trennung von Staat und Kirche unterlaufen. Diese Entwicklung setzt sich im politischen Alltag fort: Als der um die Integration bemühte Pariser Bürgermeister Bertrand Delanoë 2012 zum Ende des Ramadan ein großes Fest gab – im Rathaus und auf Staatskosten –, musste sich *Monsieur le maire* fragen lassen, ob diese Feier mit seiner Vorstellung von Laizität zu vereinbaren sei.

Frankreich ist längst kein katholisches Land mehr, sondern genauso atheistisch-laizistisch wie multireligiös geprägt, wobei die Neutralität des öffentlichen Raums vor allem durch die zunehmende Präsenz des Islams herausgefordert wird. Insbesondere an den Kopftüchern und Schleiern muslimischer Mädchen und Frauen entzündet sich Streit, die Kippot jüdischer Jungen und Männer oder die Kreuze und Gewänder katholischer Geistlicher werden hingegen akzeptiert. Die Diskussion mündete schließlich in ein 2004 verabschiedetes Gesetz, das „das Tragen von Zeichen oder Kleidung, durch welche die Schüler ostentativ ihre Religionszugehörigkeit manifestieren", in Schulen nicht erlaubt. Diese Bestimmung gilt wohlgemerkt nur für die staatlichen Schulen, nicht aber für die von der französischen Elite geschätzten Privatschulen, die von knapp einem Drittel der katholischen und jüdischen Kinder besucht werden.

Damit waren die Diskussionen aber nicht verstummt, sondern die Konflikte schwelten weiter, bis schließlich im April 2011 verboten wurde, islamische Kleidungsstücke wie Nikab oder Burka in der Öffentlichkeit zu tragen. Bei der Abstimmung über das Verbot im Senat stimmte nur ein einziger Abgeordneter dagegen. Ein paar Monate später wurde den Muslimen untersagt, ihre Gebetsteppiche in der Öffentlichkeit auszurollen. „Auf der Straße zu beten entspricht nicht der Würde einer Religion und widerspricht den Prinzipien der Trennung von Kirche und Staat", verteidigte der französische Innenminister Claude Guéant das Vorgehen der Sarkozy-Regierung. Laizismus hin, Laizismus her – man wird den Verdacht nicht los, dass allzu gern mit zweierlei Maß gemessen wird.

IRRTUM 15:

Versailles ist ein Schloss

Man könnte Versailles auf ein barockes Schloss im Nordwesten von Paris reduzieren, um das eine respektable Kleinstadt gleichen Namens gewachsen ist. Aber Versailles war und ist mehr als nur ein Schloss. Versailles steht für eine eigene Welt, einen eigenen Kosmos der höfischen Repräsentation. Der Hof von Versailles, der mit seiner Prachtentfaltung Neid und Bewunderung hervorgerufen hat, strahlte weit über Frankreich hinaus und wurde schnell zu einem Vorbild für alle europäischen Adelshöfe. Das von Ludwig XIV., dem „Sonnenkönig", „ersonnene" höfische System vom *Lever* („Aufstehen") bis zum *Coucher* („Zubettgehen") wurde zu einem Mythos absolutistischer Machtentfaltung. Die Strahlkraft von Versailles überdauerte selbst die Französische Revolution und rückte das Schloss 1871 und 1919 noch einmal in den Fokus der Weltpolitik.

Obwohl in Versailles keine Politik mehr gemacht wurde, blieb das Schloss ein Symbol für den verhassten französischen Zentralismus: Im Juni 1978 verübten bretonische Separatisten einen Bombenanschlag auf das Schloss, der schwere Schäden anrichtete und mehrere Säle verwüstete. Ein Jahr später wurde Versailles endgültig den irdischen Sphären entrückt: Als die UNESCO 1979 erstmals fünf französische Stätten zum Weltkulturerbe adelte, stand selbstverständlich das Schloss von Versailles mit seinem Park mit auf der Liste. Mit Versailles wurde weniger die größte Schlossanlage Europas gewürdigt als vielmehr ein französischer Mythos.

Der Name Versailles bezeichnet nicht nur das Schloss, sondern symbolisiert auch den absolutistischen Herrschaftsanspruch, der in Versailles eine neue höfische Lebensform hervorgebracht hat.

Versailles war ursprünglich ein sumpfiges Waldgebiet, in dem sich Ludwig XIII. 1623 ein kleines Schloss errichten ließ, um sich von den Intrigen des Hofes zurückziehen und seiner Jagdleidenschaft frönen zu können. Auch der junge Ludwig XIV. mochte das abgeschiedene Versailles, wohin er sich anfangs mit seiner Mätresse Louise de La Villière zurückzog, doch dann öffnete er sein privates Liebesversteck und lud eine kleine Anzahl von Höflingen als Akt der Ehre und besonderen Auszeichnung ein, ihn zu begleiten. Daraus entwickelte sich ein komplexes Herrschaftssystem, das den Alltag des Königs in ein öffentliches Ritual kleidete und sich im Laufe der Jahre immer weiter perfektionierte, so dass der Adel noch die demütigendste Dienstleistung als höchste Gunst empfand.

Und dann fand am 17. August 1661 jenes berühmt-berüchtigte Fest in Vaux-le-Vicomte statt, auf dem der französische Finanzminister Nicolas Fouquet sein neues Schloss präsentierte und seine Gäste auf goldenen Tellern bewirtete. Erstmals waren Architektur, Landschaftsgestaltung und Innendekoration zu einer vollkommenen Einheit verschmolzen, wofür Fouquet Louis Le Vau als Architekten, den Maler Charles Le Brun als Innenausstatter und André Le Nôtre als Gartenbaumeister engagiert hatte. Der junge Sonnenkönig erblasste angesichts dieser Pracht und seiner leeren Staatskasse vor Neid. Doch drei Wochen später hatte er sich wieder gefangen und einen Entschluss gefasst: Fouquet, der sich auf Staatskosten bereichert hatte, sollte bis zu seinem Lebensende 1680 im Gefängnis sitzen, während Ludwig XIV. die Herren Le Vau, Le Brun und Le Nôtre mit dem Bau eines neuen königlichen Schlosses in Versailles beauftragen wollte. Vaux-le-Vicomte wurde vollständig geplündert: Wochenlang wälzte sich eine ganze Karawane mit Möbeln, Teppichen, Gemälden, Statuen und selbst Orangenbäumen in Richtung Versailles.

Ein Schloss als Bühne

Ludwig XIV. schwebte kein barockes Lustschloss vor – das rationale Kunstverständnis des Königs verlangte nach einem schlichten und zugleich kraftvollen Bau, der vor allem durch seine ausgewogenen Proportionen beeindrucken sollte. Nach dem Tod von Louis Le Vau leitete Jules Hardouin-Mansart die Bauarbeiten, der sich in Versailles und in der Architekturgeschichte mit den nach ihm benannten Mansardendächern verewigte. Jahrzehntelang war eine ganze Armee von Arbeitern damit beschäftigt, den königlichen Traum zu verwirklichen. Gigantische Erdarbeiten waren nötig, um die Sichtachsen zu schaffen, die das Schloss und die Gartenanlagen mit ihren Wasserspielen besonders zur Geltung bringen sollten. Zeitweise arbeiteten bis zu 36 000 Mann gleichzeitig in Versailles. Der Druck, der auf den Arbeitern lastete, war enorm – doch für den schnellen Fortgang des Schlossbaus nahm man Hunderte von Todesfällen in Kauf. Der Glanz von Versailles sollte Frankreich und Europa blenden.

Dem Beispiel Fouquets nacheifernd, inszenierte Ludwig XIV. im Mai 1664 erstmals ein grandioses Fest in Versailles. Eine ganze Woche lang wurden 6000 geladene Gäste in einen Festrausch versetzt, wie ihn das moderne Europa noch nicht erlebte hatte. Sogar ein Elefant, ein Dromedar und ein Bär wurden in einer Prozession mitgeführt, der sich ein nicht enden wollender Reigen von Konzerten, Balletten, Diners, Feuerwerken und Akrobatenvorführungen anschloss. Der König hatte zu einem prachtvollen Fest geladen, und alle hochrangigen Adeligen Frankreichs kamen, in phantasievolle Kostüme gekleidet. Die Unsummen, die Ludwig in den nächsten Jahrzehnten für seine Feste ausgeben wird, untermauerten seine Stellung gegenüber dem Adel und werteten diesen gleichzeitig zur Staffage ab.

Seit dem Jahre 1682 residierte der Hof ständig in Versailles, das der Sonnenkönig zum Zentrum seines absolutistischen Herrschaftsanspruches machte, wobei er Architektur und Kunst geschickt zu nutzen wusste. Man denke nur an die *Escalier des Ambassadeurs*, die große Gesandtentreppe, mit welcher der König gleich beim Empfang ausländischer Botschafter seine Macht demonstrierte. Der kritische Moment war das erste Aufeinandertreffen auf der Treppe, wo die Stellung des Gastes sich darin äußerte, ob und wie viele Stufen der gastgebende Monarch dem Gesandten entgegenging. Der Prunk der Treppe mit seinen Stuckaturen und illusionistischen Fresken kündete von der Macht des französischen Königs. Anschließend mussten die Besucher eine Kette von prachtvollen Salons und den 73 Meter langen Spiegelsaal (*Galerie des Glaces*) durchschreiten; der mit allegorischen Bildfolgen und malerischen Überhöhungen von Ludwigs Kriegstaten dekorierte sowie mit Silbermobiliar und einem silbernen Thron ausgestattete Saal bildete den Höhepunkt der königlichen Propagandakunst.

Die Architektur war auf das Schlafzimmer des Königs ausgerichtet, das in der Mittelachse des Schlosses lag – sogar die umliegende Stadt war auf das königliche Schlafgemach ausgerichtet. Das königliche Baldachin-Bett war ein politisches Manifest: Hier sah Ludwig der Sonne entgegen, hier nahm die Zeremonie von *Lever* und *Coucher* ihren täglichen Lauf, bei der der König seine Höflinge mit wohldosierten Gunstbeweisen bedachte. Selbst wenn der König verreist war oder im Park promenierte, musste jeder Diener und Edelmann, der am Schlafzimmer vorbeikam, sich verbeugen und dem königlichen Bett seine Referenz erweisen.

Schätzungsweise lebten rund 3000 Adelige ständig am Hof; der gesamte Hofstaat mit seinen Bediensteten und Zulieferern umfasste wohl bis zu 20 000 Menschen – damit reichte Versailles mit seiner Einwohnerzahl fast an die Reichsstädte Nürnberg, Frankfurt oder Augsburg heran. Die Verhältnisse waren beengt, doch die Höflinge wetteiferten um die königliche Gunst; die eigene gesellschaftliche Stellung zeigte sich an der Größe und Ausstattung der zugewiesenen Räumlichkeiten. Die Wohnsituation und der Komfort waren tatsächlich weitaus geringer als in den heimischen Schlössern auf dem Land. Der Adel arrangierte sich mit der Situation und den nicht vorhandenen Toiletten, denn wer vom Hof verband wurde, fiel ins gesellschaftliche Nichts.

Versailles als Vorbild

Versailles, der prachtvolle Hof Ludwigs XIV., war mehr als nur ein Bauwerk, das als äußeres Zeichen für die Konsolidierung des französischen Königtums zu verstehen ist. Der Name Versailles wurde vor allem zum Inbegriff des französischen Stils der Herrschaftsrepräsentation und somit des Absolutismus schlechthin – es gab kaum einen europäischen Hof, der von der Intensität, mit der in Versailles politischer Anspruch und politische Realität in Kunst und Zeremoniell umgesetzt wurden, nicht fasziniert war. Ob in Wien, Berlin oder Würzburg, man orientierte sich am französischen Vorbild; selbst kritische Beobachter wie etwa Samuel von Pufendorf und Leibniz konnten sich der Ausstrahlung von Versailles nie ganz entziehen.

Versailles diente fast allen deutschen Fürstenhöfen als architektonisches Vorbild, selbst in der Gartengestaltung eiferte man Versailles nach. Französische Architekten waren gesucht und wirkten beispielsweise bei der Ausgestaltung der Schlösser von Dresden und Mannheim mit und gestalteten die Parkanlagen von Brühl und Metzingen. Andere Fürsten wie König Friedrich II. von Preußen oder Fürstbischof Johann Philipp Franz von Schönborn schickten ihre Architekten Georg Wenzeslaus von Knobelsdorff bzw. Baltasar Neumann nach Paris, damit sie sich von der französischen Baukunst inspirieren ließen. Der Erfolg stellte sich schnell ein: Reisende erblickten in den deutschen Schloss- und Parkanlagen ein preußisches, sächsisches oder bayerisches Versailles. Selbst das russische Peterhof, das königliche Palais in Stockholm und der Palast von Caserta bei Neapel orientieren sich am französischen Vorbild. Doch nicht nur die Architektur, auch das französische Hoftheater wurde stilbildend und europaweit adaptiert.

Als die Ära des Sonnenkönigs 1715 mit dessen Tod endete, atmete ganz Frankreich auf. Die öffentlichen Finanzen existierten im Wesentlichen nur noch als Staatsschuld; die kostspielige Hofhaltung auf der einen und die ebenso unzähligen wie unnötigen Kriege auf der anderen Seite hatten das reichste Land Europas ruiniert.

Schon wenige Jahrzehnte nach dem Bauabschluss verlor Versailles viel von seiner Anziehungskraft, brachte kritische Zeitgenossen zum

Gähnen und ließ sie Ablenkung in den Salons von Paris suchen. Dort fanden sich jene intellektuellen Kreise zusammen, die der Aufklärung den Weg bereiteten. Nach Ludwig, der sich für das Zentralgestirn hielt, folgte die Epoche des Lichts: das Zeitalter der Aufklärung. Ihren Abschluss fand die absolutistische Repräsentation, die schon unter Ludwig XIV. ihren Höhepunkt überschritten hatte, in einem Ereignis, für das heute die Jahreszahl 1789 steht.

Wenige Monate nach dem Sturm auf die Bastille zogen ein paar tausend wegen der hohen Brotpreise entrüstete Marktweiber von Paris nach Versailles und skandierten: „Jetzt holen wir den Bäcker, die Bäckersfrau und den kleinen Bäckerjungen.“ Die königliche Familie wurde genötigt, nach Paris umzuziehen – würde Versailles drei Tagesreisen von Paris entfernt liegen, hätte die Geschichte Frankreichs vielleicht einen anderen Verlauf genommen. Das Château wurde geplündert, das Tafelsilber eingeschmolzen, Bilder, Möbel und Teppiche wurden verhökert, doch der Mythos Versailles bewahrte das Schloss vor seiner Zerstörung: Während in den Wirren der Revolution in ganz Frankreich unzählige Klöster und Schlösser in Flammen aufgingen, blieb Versailles verschont.

Demütigung im Spiegelsaal

Seit der Revolution verwaist, rettete Napoleon das Schloss vor dem weiteren Verfall. Da Versailles weiterhin das Ancien Régime verkörperte, verwarf er Pläne, das Schloss als Sommerresidenz zu nutzen; auch die wieder auf den Thron zurückgekehrten Bourbonen mieden Versailles wie der Teufel das Weihwasser. Der Bürgerkönig Louis-Philippe hatte dann die befreiende Idee, das Schloss in ein „Museum der Geschichte Frankreichs“ zu verwandeln. Doch der Mythos von Versailles war größer als die den französischen Ruhmestaten gewidmeten Schlachtengemälde, die in seinen Zimmerfluchten präsentiert wurden.

Im Zuge des Deutsch-Französischen Krieges wurde in Versailles wieder Geschichte geschrieben. Nach der gewonnenen Schlacht von

Sedan stießen die deutschen Truppen weiter in Richtung Paris vor und kamen erst kurz vor den Toren der französischen Hauptstadt zum Stehen. Während der Belagerung von Paris richtete die deutsche Armee vom 5. Oktober 1870 bis zum 13. März 1871 ihr Hauptquartier in Versailles ein, wobei der berühmte Spiegelsaal anfänglich als Lazarett diente.

Am 18. Januar 1871 mussten die Verwundeten allerdings verlegt werden, da an diesem Tag der preußische König Wilhelm I. im Spiegelsaal zum Deutschen Kaiser ausgerufen wurde. Das Datum war bewusst gewählt worden, hatte sich doch genau 170 Jahre zuvor Friedrich I. zum preußischen König gekrönt. Den richtigen Ort für die von Otto von Bismarck favorisierte Kaiserkrönung zu finden war nicht einfach, da Berlin bei den deutschen Fürsten auf wenig Gegenliebe gestoßen wäre, Frankfurt und Regensburg hingegen wegen ihrer habsburgisch-katholischen Tradition ausschieden. So fiel die Wahl auf Versailles – eine von den deutschen Nationalisten bejubelte, aber letztlich unglückliche, ja geradezu tragische Entscheidung, denn die besiegte französische Nation fühlte sich durch diesen Akt zusätzlich gedemütigt. Da Frankreich im sogenannten Vorfrieden von Versailles wenige Wochen später zudem seine Ansprüche auf Elsass und Lothringen aufgeben musste, loderte seither das „Feuer der Rache" (*Feu de la Revanche*) in der französischen Seele.

Getreu dem Motto, man sehe sich immer zweimal im Leben, kam der Tag der Abrechnung wenige Monate nach dem Ende des Ersten Weltkriegs: Die Pariser Friedenskonferenz wurde von den Siegermächten symbolisch am 18. Januar 1919 in Versailles eröffnet und war ein Rückgriff auf die Ereignisse des Jahres 1871. Der verletzte Stolz der Franzosen schrie nach Wiedergutmachung, und die Rache war der Friedensvertrag von Versailles. Über Monate zogen sich die mündlichen Verhandlungen hin, von denen die deutsche Delegation ausgeschlossen war. Sie forderte Verbesserungen im Sinne Deutschlands, die von den Alliierten weitgehend abgelehnt wurden. In der Befürchtung, dass bei Nichtunterzeichnung Truppen in Deutschland einrücken würden, unterschrieben Außenminister Hermann Müller und Verkehrsminister Johannes Bell unter Protest am 28. Juni 1919 im Spiegelsaal den Vertrag, der Deutschland zu Gebietsabtretungen, zur Abrüstung und zu Reparationszahlungen an die Siegermächte verpflichtete.

Damit sollte ein Schlussstrich unter deutsches Machtstreben gezogen werden – doch wurden mit dem Vertrag von Versailles und seinen Bestimmungen die Grundlagen für jenen Revisionismus gelegt, der zwei Jahrzehnte später als Inferno Europa und der Welt erfasste. Versailles wurde zum Synonym für die deutsche Kriegsniederlage. Populistisch und publizistisch ausgeschlachtet, wurde der Vertrag für Revolution und Inflation, für außenpolitische Diskriminierung und innenpolitische Destabilisierung verantwortlich gemacht – die Unzulänglichkeiten der Weimarer Republik hatten damit einen Namen. So wurde nicht nur Versailles, sondern auch der als Schmach und Ungerechtigkeit empfundene Vertrag von Versailles zu einem Mythos.

IRRTUM 16:

Frankreichs Provinz ist eine kulturelle Wüste

„Paris ist eigentlich Frankreich; dieses ist nur die umliegende Gegend von Paris“, befand Heinrich Heine 1832 und fügte erläuternd hinzu: „Abgerechnet die schönen Landschaften und den liebenswürdigen Sinn des Volks im allgemeinen, so ist Frankreich ganz öde, geistig öde, alles, was sich in der Provinz ausgezeichnet, wandert früh nach der Hauptstadt, dem Foyer alles Lichts und alles Glanzes.“

Heines Befund hat bis heute Bestand. In Paris laufen die Fäden von Macht und Kultur zusammen. Wer in Frankreich Erfolg haben will als Musiker oder Literat, als Wissenschaftler oder Politiker, der muss sich in Paris beweisen. Kein Professor ist mit einem Lehrstuhl an einer Provinzuniversität zufrieden, kein ambitionierter Architekt mit dem Entwurf eines Schulgebäudes in Villedieu-les-Poêles. Man träumt von einem Lehrstuhl am Collège de France oder vom Auftrag zu einem Museumsneubau in Paris, so dass man sich wie Jean Nouvel mit dem *Musée du Quai Branly* oder dem *Institut du Monde Arabe* selbst ein Denkmal setzen kann. Alle wichtigen Redaktionen, alle wichtigen Theaterbühnen befinden sich in Paris, von der Modewelt ganz zu schweigen. Kurzum: Der Ehrgeiz ist nicht in der Provinz zu Hause.

Je monte à Paris – wer aus der Provinz nach Paris reist, egal, ob er aus Amiens oder Dijon kommt, der fährt also nach Paris „hinauf“. Viele setzen wie Balzacs Rastignac ihre ganzen Hoffnungen auf Paris. *Je monte à Paris* lässt sich in diesem Sinne auch mit dem erhofften beruflichen Aufstieg gleichsetzen. In Paris knüpft man Kontakte, in Paris macht man Karriere, in Paris repräsentiert man. Im Gegensatz dazu wird die Provinz gern als das „wahre Frankreich" verklärt.

Paris und die französische Wüste

Die Entmachtung der Provinzen war das erklärte Ziel des Kardinals Richelieu, und es ist ihm und seinen Nachfolgern nachhaltig gelungen, die Macht der oppositionellen Kräfte (*Fronde*) zu brechen und die Aufstände in den Provinzen zu unterdrücken. Fortan gab es nur noch eine politische Bühne: Paris respektive Versailles. Je größer die Entfernung zum Hof, desto größer das Ausmaß der Provinzialität. Wer in der Provinz lebte, fiel ins gesellschaftliche Nichts. Selbst die hehre Revolution von 1789 brachte für die Provinzen kaum Veränderungen, da auch die damals eingeführte Einteilung des Landes in Départements die Vormachtstellung von Paris nicht brechen konnte, im Gegenteil: Durch die nach Flüssen und Gebirgen benannten Départements konnte Paris das ländliche Frankreich leichter kontrollieren. Zwar wurde die allgemeine Schulpflicht eingeführt, doch war als einzige Unterrichtssprache Französisch zugelassen. In einem modernen französischen Nationalstaat war kein Platz für Regionalsprachen wie das Okzitanische, das Bretonische oder das Korsische, die zu Dialekten herabsanken und in der Folgezeit fast ohne schriftliche Zeugnisse auskommen mussten.

Der Zentralismus Frankreichs wurde unter Napoleon nicht nur beibehalten, sondern verstärkt: In jedem Département sorgte ein in Paris ernannter Präfekt dafür, dass die Gesetze und Beschlüsse der Regierung umgesetzt wurden, mehr noch: Selbst die Bürgermeister wurden von der Regierung ernannt. Erst 1882 durften die Franzosen ihr Gemeindeoberhaupt selbst wählen; die Pariser mussten sich gar bis 1977 gedulden, bis sie zur Wahlurne schreiten konnten. Aus Furcht vor Unruhen und Aufständen wurde die französische Hauptstadt bis dahin von einem Präfekten regiert, den der Staatspräsident per Dekret ernannte.

Auffälliger Ausdruck des Zentralismus ist auch, dass alle Verkehrswege auf Paris orientiert sind – wie eine Spinne sitzt die Metropole im Zentrum des französischen Straßen- und Schienennetzes. Es ist oft leichter und schneller, über Paris zu fahren, wenn man beispielsweise von Bordeaux nach Lyon möchte, als den „direkten" Weg zu wählen, da es vor allem im Süden Frankreichs an Ost-West-Verbindungen mangelt. Aus diesem Grund ist Paris nicht nur mit seinem Großmarkt in Rungis der Umschlagplatz für viele Waren geblieben.

Bedingt durch den jahrhundertealten Zentralismus herrschte zwischen der Hauptstadt und der Provinz in kultureller wie wirtschaftlicher Hinsicht eine tiefe Kluft, die sich oft in einer Hassliebe äußerte. Der Wirtschaftswissenschaftler Jean-François Gravier hat 1947 unter dem Titel „Paris und die französische Wüste" eine düstere Analyse der Verödung des ländlichen Frankreichs veröffentlicht.

Es sollte aber noch mehr als ein Jahrzehnt ins Land gehen, bevor die Politik die ersten Versuche unternahm, „die Wüste" zu beleben. Erst nach dem Zweiten Weltkrieg wurde die Provinz durch verschiedene Maßnahmen wie die Einrichtung lokaler Kulturzentren aufgewertet. Von den Briefkästen verschwanden die bis dahin üblichen Bezeichnungen „Paris" und „Provinz" der zwei vorhandenen Einwurfschlitze. Die Kommunen und Départements wurden als Gebietskörperschaften anerkannt, doch war es nicht einfach, die verschiedenen Interessen unter einen Hut zu bringen. Im Zuge der Raumplanung wurden die seit 1964 bestehenden Départements zu heute siebenundzwanzig sogenannten Regionen – fünf davon in Übersee – zusammengefasst, wobei man sich an den alten Provinzen orientierte, wie beispielsweise bei den Regionen Burgund oder Provence-Alpes-Côte d'Azur. An ihrer Spitze stand zunächst ein Regionalpräfekt (*Préfect de Région*), später wurde dieses Amt allerdings vom gewählten Präsidenten des Generalrats ausgeübt. Im Jahre 1982 erhielten die Regionen den Status von Gebietskörperschaften (*Collectivités Territoriales*), den bis dahin nur die Gemeinden und die Départements besessen hatten. Seither dürfen sie auch lokale Steuern erheben. Die wesentlichen Aufgabengebiete der Regionen sind Wirtschafts-, Bildungs- und Kulturpolitik sowie das gymnasiale Schulwesen, später wurden auch die Kompetenzen für den Gesundheitsbereich und den Straßenbau übertragen. Finanziell ist die Regionalverwaltung meist schwächer gestellt als die Verwaltung der Départements, deren Budget dreimal größer ist. Einige Städte wie Toulouse, Montpellier, Bordeaux oder Grenoble entwickelten sich durch diese Reformen zu regionalen Zentren mit enormer Wirtschaftskraft, die Einwohnerzahl wuchs, und die kulturelle Attraktivität steigerte sich erheblich.

La France profonde – die Seele Frankreichs

Es gibt wohl keinen anderen Maler, der von der Stille, Einsamkeit und dem verwunschenen Zauber der *France profonde* so sehr besessen war wie Camille Corot, der in nahezu allen Regionen Frankreichs gemalt hat. Schon vor Proust war Corot auf der Suche nach der „verlorenen Zeit", die nur jenseits der Pariser Stadtgrenzen zu finden sein konnte. Verheißungsvoll überstrahlten der Frieden und die Weite der französischen Provinzlandschaft das ruhelose Großstadtleben. Nicht nur in den Gemälden von Corot und anderen Vertretern der Schule von Barbizon sowie in den Bildern der Impressionisten wird dem beschaulichen Landleben gehuldigt, auch im Zentrum von Marcel Prousts Romanzyklus steht mit Combray das ländliche Frankreich. Aus dieser Quelle schöpft der Ich-Erzähler und erweckt die Vergangenheit zu neuem Leben. Viele französische Schriftsteller hatten ein Faible für das Landleben, so als würde die Weite des offenen Himmels das Schweifen der Gedanken begünstigen: Zola hatte in Medan ein Haus auf dem Land; Flaubert lebte weder in Paris noch in Rouen, sondern schrieb seine *Madame Bovary* in Croisset am Ufer der Seine; Alexandre Dumas dichtete in Port-Marly. Sie alle verankerten zusammen mit Balzac, George Sand und Maupassant das ländliche Milieu in der französischen Literatur.

Seither hat sich die Meinung verfestigt, dass das „echte" Frankreich nicht in Paris, sondern auf dem Land beheimatet sei – *la France profonde* ist zum Mythos geworden. Hier wohnt die viel beschworene Seele Frankreichs. Das ländliche, das ursprüngliche Frankreich wird nicht nur in konservativen Kreisen zum „wahren" Frankreich stilisiert, auch die Asterix-Comics dürfen als Huldigung an die *France profonde* gelesen werden. Und Claude Chabrol, der seine Filme vorzugsweise in idyllischen Kleinstädten der Provinz angesiedelt hat, wollte damit ein ganz bestimmtes Frankreichbild vermitteln.

Auch Politiker demonstrieren gern ihre Heimatverbundenheit. Charles de Gaulle zog sich in sein Schlösschen in Colombey-les-deux-Églises zurück, und Jacques Chirac wurde nicht müde zu betonen, dass er aus der Corrèze stammt. Zahlreiche Parlamentarier der Fünften Republik bekleiden auch regionale und lokale Ämter, um ihre regionale Verwurzelung unter Beweis zu stellen. Dieses Prinzip der *Cumul des Mandats* (Ämterkumulation) führt oft dazu, dass die Abgeordneten ihrer Heimatregion mehr Aufmerksamkeit widmen als ihren parlamentarischen Aufgaben.

Nicht nur François Mitterrand hat immer wieder das ländliche, provinzielle Frankreich beschworen, das von ihm immer wieder mit dem „ewigen Frankreich" gleichgesetzt wurde. So war Mitterrand Bürgermeister in der burgundischen Kleinstadt Château-Chinon, Gaston Deferre saß im Rathaus von Marseille auf dem Chefsessel, Alain Juppé im Rathaus von Bordeaux, Jean-Marc Ayrault im Rathaus von Nantes und Pierre Mauroy in Lille. Der Weg zu den höchsten Ämtern im Staat beruht oft auf Erfolgen in den ländlichen Regionen.

Frankreich ist ein Flächenstaat, der im Vergleich zu Deutschland relativ dünn besiedelt ist. Es gibt mit Paris, Lyon und Marseille nur drei Städte, die mehr als eine Million Einwohner haben. Die meisten Département-Hauptstädte zählen weniger als hunderttausend Einwohner, ein immer noch beträchtlicher Teil der Bevölkerung wohnt in ländlichen Regionen. Viele Franzosen sehen ihr Land noch immer als ein Land der Bauern und hängen am Besitz von Grund und Boden. Es überrascht stets aufs Neue, wie sehr sich die Franzosen mit ihrer Herkunftsregion identifizieren. Selbst Pariser, die seit mehreren Generationen in der Hauptstadt wohnen, bezeichnen sich noch stolz als Auvergnaten oder Bretonen. Der fortschreitenden Globalisierung zum Trotz ist die traditionelle Dorfgemeinschaft für die Franzosen eine idealisierte Lebensform und zugleich Ausdruck von Fortschrittsmüdigkeit. Der Mythos von der *France profonde*, dem bäuerlichen, ursprünglichen Frankreich, wird als Gegenentwurf gepflegt: Regionalität und Kontinuität statt Globalisierung und Modernität.

Viele Franzosen besitzen einen Zweitwohnsitz auf dem Lande, wo sie die Ferien oder die Wochenenden verbringen. Nicht nur Pariser halten so Verbindung zu ihren Herkunftsregionen, auch viele Franzosen, die in anderen größeren Städten wohnen, besitzen ein – oftmals geerbtes – *Maison à la Campagne*, wo das Landleben zelebriert wird. Und wer kein eigenes Landhaus besitzt, besucht in den Sommerferien die Verwandtschaft. Oft kommt die ganze Familie vom Großvater bis zum Cousin für ein paar Tage vorbei – das ist auch der Grund dafür, dass die Franzosen ihre Ferien vorzugsweise innerhalb der eigenen Landesgrenzen verbringen. Vier von fünf Franzosen bleiben in den Sommerferien in Frankreich, während es vier von fünf Deutschen ins Ausland zieht. Zur Not wird das Bedürfnis nach ländlichem Flair auch auf einem Campingplatz befriedigt. Dieser Drang, seine Ferien auf dem Land zu verbringen, führt allerdings dazu, dass in besonders beliebten Regionen wie der Côte d'Azur oder der Provence auf hundert Hauptwohnsitze vielerorts deutlich mehr als fünfundzwanzig Zweitwohnsitze kommen. In manchen Gemeinden wie in den provenzalischen Bilderbuchdörfern Gordes und Bonnieux überwiegen sogar die Zweitwohnsitze, und es gibt mehr Immobilienmakler als Cafés. Der Wunsch nach dem saisonalen Landleben hat auch seine Schattenseiten: Es gibt kleinere Gemeinden, die in den Wintermonaten fast ausgestorben sind. Und in Lacoste im Luberon befürchten die Einheimischen den Ausverkauf, nachdem der Designer Pierre Cardin nicht nur das Schloss des berüchtigten Marquis de Sade, sondern inzwischen auch das halbe Dorf erworben hat.

La France profonde ist Sehnsuchtsregion und Erinnerungsort zugleich. Diese kleinen Dörfer, die sich über Hügelkuppen erstrecken oder sich an die Biegung eines Flusses schmiegen, bewahren mit ihren stolzen Kirchen und markanten Schlössern die Vorstellung von einer besseren Zeit. Frankreich hatte Glück: Sieht man einmal von der Normandie ab, so hat das Land den Zweiten Weltkrieg ohne große Zerstörungen überstanden, die Bausubstanz in den Dörfern und Kleinstädten ist seit Jahrzehnten unverändert geblieben. Zwar gibt es auch

Bausünden, doch ist der Dorfkern noch intakt, wobei das obligatorische Denkmal für die Gefallenen des Ersten Weltkriegs als martialisch-pathetische Steinskulptur ebenso wenig fehlen darf wie ein munter vor sich hin plätschernder steinerner Brunnen. Es gibt den wöchentlichen Markt mit vielen Möglichkeiten zum kurzen Plausch, die Cafés und Restaurants am gepflasterten Dorfplatz, und der nächste Weinberg ist auch nicht weit. Dieses liebliche Frankreich (*douce France*) erinnert an ein begehbares Stillleben mit den regionaltypischen Ingredienzien, eingerahmt von den Düften der Kindheit, genährt von der Sehnsucht nach Glück und Ruhe.

Kulturelle Glanzlichter in der Provinz

Während Paris sich im Glanz einer Weltstadt sonnte, galt die Provinz lange Zeit als kulturelles Niemandsland. Dabei stand die Wiege der französischen Kultur nicht an der Seine, sondern im Tal der Vézère. Dort im Herzen des Périgord befindet sich die berühmte Grotte von Lascaux, die wahrlich als „Sixtinische Kapelle der Frühgeschichte" gepriesen werden kann; die ebenso faszinierende Grotte Cosquer liegt bei Cassis an den Gestaden des Mittelmeers. Und das wahrscheinlich älteste Bauerndorf Frankreichs – Spuren von Getreideanbau konnten eindeutig nachgewiesen werden – wurde in Courthézon zwischen Orange und Avignon im Tal der Rhône entdeckt; es handelt sich um eine Gruppe von Hütten mit jeweils rund fünfzehn Quadratmetern Grundfläche, die mehr als sechstausendfünfhundert Jahre alt sind.

Die kulturellen Hinterlassenschaften konzentrieren sich glücklicherweise nicht auf Paris, so besitzt Frankreich vierunddreißig Stätten, die von der UNESCO zum Weltkulturerbe erklärt wurden. Von diesen befinden sich mit der Kathedrale Notre-Dame und den Ufern der Seine nur zwei in Paris – alle anderen wie der Mont-Saint-Michel, die Kathedrale von Bourges, der Canal du Midi oder der Hafen von Bordeaux sind über ganz Frankreich verteilt.

Keine Frage: Nirgendwo sonst in Frankreich ist das kulturelle Leben so verdichtet wie in Paris, dennoch hat sich auch in Lyon, Marseille oder Toulouse eine bunte Kulturszene etabliert. Nicht zu vergessen die berühmten Theaterfestspiele in Avignon, die Opernfestspiele in Aix-en-Provence, das Tanzfestival von Montpellier und die Filmfestspiele von Cannes. Vor allen André Malraux hat von 1959 bis 1969 als Kulturminister die Dezentralisierung vorangetrieben. Der Schöngeist ließ mehrere Kulturhäuser (*Maisons de la Culture*) errichten und träumte davon, dass es „in zehn Jahren das widerliche Wort Provinz in Frankreich nicht mehr geben wird". Malraux wollte die Kultur demokratisieren, den Zugang zu ihr regional und sozial verbessern.

Nach dem Ende der Ära Malraux konzentrierte sich die französische Kulturpolitik mit Projekten wie dem *Centre Pompidou*, dem *Musée d'Orsay* oder der Erweiterung des Louvre wieder verstärkt auf die Hauptstadt. Erst zu Beginn des 21. Jahrhunderts wurde erneut der Versuch unternommen, strukturschwache Regionen durch Kultur zu beleben: Das Centre Pompidou eröffnete eine Filiale in Metz, der Louvre zog mit einer Zweigstelle nach Lens, und im Zusammenhang mit der Ernennung von Marseille zur Europäischen Kulturhauptstadt wurde 2013 mit dem *Musée des Civilisations de l'Europe et de la Méditerranée* das erste französische Nationalmuseum außerhalb von Paris eingerichtet.

Weiterführende Literatur

ALTRICHTER, Helmut/HERBERS, Klaus/NEUHAUS, Helmut (Hgg.): Mythen in der Geschichte. Freiburg/Br. 2004.

BARNES, Julian: Tour de France. Köln 2003.

BARTHES, Roland: Mythen des Alltags, Berlin 2010.

BIZEUL, Yves (Hg.): Politische Mythen und Rituale in Deutschland, Frankreich und Polen. Berlin 2000.

BRÄNDLE, Stefan: Mythos Frankreich. Das „alte Europa“ verliert seine Illusionen. Zürich 2004.

BURKE, Peter: Ludwig XIV. Die Inszenierung des Sonnenkönigs. Berlin 1993.

CEPL-KAUFMANN, Getrude/JOHANNING, Antje: Mythos Rhein. Kulturgeschichte eines Stroms. Darmstadt 2003.

CHAO, Ramón/RAMONET, Ignacio: Paris – Stadt der Rebellen. Zürich 2010.

CLARKE, Stephen: Liberté, Egalité, Fritten zum Tee, München 2011.

FAVIER, Jean: Frankreich im Zeitalter der Lehensherrschaft 1000–1515. Stuttgart 1989.

FEBVRE, Lucien: Der Rhein und seine Geschichte. Frankfurt/Main 1994.

FLACKE, Monika (Hg.): Mythen der Nationen. Ein europäisches Panorama. Berlin 1998.

GEORGE, Marion/RUDOLPH, Andrea (Hgg.): Napoleons langer Schatten. Dettelbach 2008.

GERSMANN, Gudrun/WERNER, Michael (Hgg.): Deutsch-Französische Geschichte (11 Bände). Darmstadt 2005 ff.

GÖTZE, Karl Heinz: Les Chefs. Frankfurt/Main 1999.

GÖTZE, Karl Heinz: Süßes Frankreich? Frankfurt/Main 2010.

HARPPRECHT, Klaus. Mein Frankreich. Eine schwierige Liebe. Hamburg 1999.

HAZAN, Eric: Die Erfindung von Paris. Zürich 2006.

HIMMEL, Stephanie: Von der „bonne Lorraine“ zum globalen „magic girl“. Göttingen 2007.

HINRICHS, Ernst (Hg.): Kleine Geschichte Frankreichs. Stuttgart 1994.

JEISMANN, Michael: Das Vaterland der Feinde: Studien zum nationalen Feindbegriff und Selbstverständnis in Deutschland und Frankreich 1792–1918. Stuttgart 1992.

KERNER, Max: Karl der Große. Entschleierung eines Mythos. Köln, 2000.

KIMMEL, Adolf/UTERWEDDE, Henrik (Hg.): Länderbericht Frankreich. Bonn 2005.

KOPPMANN, Helmut (Hg.): Mythos und Mythologie in der Literatur des 19. Jahrhunderts. Frankfurt/Main 1979.

LEENHARDT, Jacques/PICHT, Robert (Hgg.). Esprit/Geist. 100 Schlüsselbegriffe für Deutsche und Franzosen. München 1989.
LIEHR, Günter: Frankreich. Eine Nachbarschaftskunde. Berlin 2007.
LOTH, Wilfried: Geschichte Frankreichs im 20. Jahrhundert. Frankfurt/Main 1992.
MASO, Benjo: Der Schweiß der Götter. Die Geschichte des Radsports. Bielefeld 2011.
MENNELL, Stephen: Die Kultivierung des Appetits. Frankfurt/Main 1988.
MEYER, Jean: Frankreich im Zeitalter des Absolutismus 1515–1789, Stuttgart 1990.
MÜNCHHAUSEN, Thankmar von: Paris. Geschichte einer Stadt. Von 1800 bis heute. München 2007.
MÜNKLER, Herfried: Die Deutschen und ihre Mythen. Berlin 2008.
NESTMEYER, Ralf: Französische Dichter und ihre Häuser. Frankfurt/Main 2005.
NEUMANN, Michael u.a.: Mythen Europas. Schlüsselfiguren der Imagination, 7 Bände. Regensburg 2004 ff.
NORA, Pierre (Hg.): Erinnersorte Frankreichs. München 2005.
PORAK, Ulrich: Memorialkultur in Frankreich. Die Jeanne-d' Arc-Feste in Orléans und ihre politischen Konnotationen 1803–1921. Bonn 2008.
RÉMOND, René: Frankreich im 20. Jahrhundert. Stuttgart 1994.
ROUSSO, Henry: Frankreich und die „dunklen Jahre". Göttingen 2010.
ROVAN, Joseph: Zwei Völker, eine Zukunft. Deutsche und Franzosen an der Schwelle des 21. Jahrhunderts. München 1986.
SCHUBERT, Klaus: Nation und Modernität als Mythen: Eine Studie Zur Politischen Identität der Franzosen. Wiesbaden 2004.
SCHULTZ, Uwe: Der Herrscher von Versailles. Ludwig XIV. und seine Zeit. München 2006.
STAËL, Madame de: Über Deutschland. Frankfurt 1984.
STIERLE, Karlheinz: Der Mythos Paris. München 1993.
TULARD, Jean: Napoleon oder der Mythos des Retters. Stuttgart 1989.
WEISENFELD, Ernst: Geschichte Frankreichs seit 1945: Von de Gaulle bis zur Gegenwart. München 1997.
WERNER, Karl Ferdinand: Die Ursprünge Frankreichs bis zum Jahr 1000. Stuttgart 1989.
WERNER, Karl Ferdinand: Karl der Große oder Charlemagne? München 1995.
WAECHTER, Matthias: Der Mythos des Gaullismus. Heldenkult, Geschichtspolitik und Ideologie 1940–1958. Göttingen 2006.
WICKERT, Ulrich: Frankreich. Die wunderbare Illusion. München 2000.
WILLMS, Johannes: Paris. Hauptstadt Europas 1789–1914. München 1988.
WILLMS, Johannes: Frankreich. München 2009.
WILLMS, Johannes: Napoleon. Verbannung und Verklärung. München 2000.

Register

Aachen (Aix-la-Chapelle) 38, 41f., 45, 76, 108
Académie française 69
Adenauer, Konrad 51, 104–06
Adjani, Isabelle 31
Adler, Alfred 91
Ägypten 92, 171f.
Aigues-Mortes 26
Ajaccio 86, 91
Algerien 19, 27, 31, 113, 122, 171f., 175, 177
Algerienfranzosen 23
Altfranzösisch 39
Althusser, Louis 23
Ancien Régime 125, 157, 171, 196
Annales 84
Apollinaire, Guillaume 31
Aquitanien 36
Arc de Triomphe 51, 87f., 106, 129, 146
Arndt, Ernst Moritz 81, 100–02
Arte 108
Arverner 15, 18
Asterix und Obelix 10
Atget, Eugène 148f.
Aufklärung 20, 64, 99f., 124, 196
Auriol, Vincent 68
Austerlitz 86f., 93, 96
Automobile Club de France 48
Avignon 181, 183, 205f.
Aznavour, Charles 31

Baedeker, Karl 101f.
Baladour, Édouard 31, 71
Baltard, Pierre 159
Balzac, Honoré de 34, 140f., 143f., 149, 158, 199, 202
Banlieue 29f., 50, 130, 151, 188
Barbie, Klaus 115, 119
Barthes, Roland 7, 47, 57f., 109
Bastille 21, 125–27, 129–32, 138, 140, 145, 196
Baudelaire, Charles 141, 146, 149
Beauvoir, Simone de 109f., 140, 144
Becker, Nikolaus 81
Beethoven, Ludwig van 90
Begag, Azouz 31
Bell, Johannes 197
Belle Époque 145, 162, 167
Belmondo, Jean 31, 150
Benjamin, Walter 22, 141f.
Berlin 44, 99f., 102, 106, 108f., 144, 195, 197
Bertrada 37, 41
Besson, Éric 32
Besson, Luc 62
Bistro 165–67
Bistum Metz 76f.
Bistum Toul 76f.
Bistum Verdun 76f.
Blanc, Honoré 160
Bloch, Marc 84
Blücher, Gebhard Leberecht von 93
Blutige Maiwoche 135
Bocuse, Paul 109, 152, 164
Börne, Ludwig 20, 139
Bokassa, Kaiser 178f.
Bongo, Omar 179
Bonnefons, Nicolas de 156
Bové, José 10
Brandt, Willy 106
Brasillach, Robert 117
Braudel, Fernand 39
Brecht, Bertolt 22, 61
Bretagne 9, 164, 167, 176
Brillat-Savarin, Jean Anthelme 158
Brissot, Jacques 78
Bruel, Patrick 23
Buisson, Ferdinand 187
Buñuel, Louis 150

Caen 50, 105
Caesar 11–17, 75, 90, 92

Camp, Maxime du 133
Campe, Joachim Heinrich 138
Camus, Albert 23, 31, 109, 117
Carême, Marie-Antoine 161
Cavalier de La Salle, Robert 169
Centre Pompidou 206
Champs-Élysées 51, 116, 129, 140, 180
Charlemagne 7f., 36f., 40f., 43–45, 92
Charles V. 131
Charles VII. 63
Chartres 50
Chateaubriand, François-René de 96f.
Chirac, Jacques 18, 33–35, 105, 123f., 145, 153, 176, 179, 203
Chlodwig 15, 41, 181–83
Churchill 119
Clair, René 150
Cité nationale de l'histoire de l'immigration 35
Clemens V. 183
Clement, Jean Baptiste 136
Clichy-sous-Bois 29
Cocteau, Jean 150
Code civil 91, 94f., 132
Cohn-Bendit, Daniel 109, 136
Colette 54, 140f.
Colonne Vendôme 87
Côte d'Azur 57, 108, 201, 204
Courbier, Marcel 120
Curie, Marie 31

Daguerre, Louis 148
Danton, Georges 78, 131
Darnand, Joseph 117
Dati, Rachida 32
Dauphin 63
Debbouze, Jamel 32
Debré, Michel 137
De Gaulle, Charles 8, 10, 26, 51, 68, 71, 83, 86, 104–06, 111–13, 116–22, 127, 137, 152, 168, 174f., 178f., 203
Delanoë, Bertrand 23, 27, 189
Département 78, 178, 188, 200–03
Derrida, Jacques 23
Desgrange, Henri 47f., 52, 54f., 57
Deutsch-Französischer Krieg 50, 196
Deutsch-Französisches Jugendwerk 107
Domenech, Raymond 32
Domrémy(-la-Pucelle) 62f., 72
Doping 7, 46, 56–59
Douce France 40, 205
Doumergue, Gaston 68, 173
Dreikaiserschlacht 93
Dreyfus, Alfred 187
Dritte Republik 121, 130
Droit du sang 24
Droit du sol 24
Ducasse, Alain 152, 164
Dumas, Alexandre 33f., 61, 149, 158, 202
Dupanloup, Félix 69

Éboué, Félix 113
Edikt von Fontainebleau 185
Edikt von Nantes 185
Eiffelturm 34, 129, 140, 145, 151
Einhard 37, 41
Eisenhower, Dwight D. 116
Elba 93, 95
Elmaleh, Gad 32
Elsass 50, 67, 77, 81, 83, 99, 101–03, 107, 166f., 169, 172, 188, 197
Elsass-Lothringen 50, 67, 103
Élysée-Vertrag 107
Engels, Friedrich 16, 139
Enzensberger, Hans Magnus 109
Erbfeind 8, 98, 100, 102
Erdöl 178
Ernst, Max 22, 147
Erster Weltkrieg 21f., 43, 68f., 83f., 103, 106, 113, 173, 197, 205
Escoffier, Auguste 162f.
Existentialismus 109

Faure, Félix 187
Fauvismus 147
Februarrevolution 133
Febvre, Lucien 25, 84f.
Ferry, Jules 173, 187
Festina-Affäre 58
Fichte, Johann Gottlieb 101
Fillon, François 28
Flammarion 144
Forster, Georg 20, 80, 139

Fouquet, Nicolas 153, 192f.
Foyer, Jean 24
Françafrique 178f.
France, Anatole 61, 70
France Libre 112–14
Franken 15, 36–40, 43, 45, 76, 182
Französische Revolution 15, 20, 64, 78, 80, 91, 94, 97, 129, 131, 138, 145, 181, 185, 191
Frieden von Frankfurt 82
Frieden von Tilsit 93
Friedrich Barbarossa 42
Friedrich II. 77, 195
Friedrich Wilhelm IV. 82
Front National 26, 28, 71f., 114

Gainsbourg, Serge 31, 140
Gallia cisalpina 12
Gallia Narbonensis 12f., 182
Gallia transalpina 12
Gallier 7, 9–17, 19, 53, 85
Gallimard 144
Gambetta, Léon 172
Gascogne 36
Gastarbeiter 23, 25
Gault-Millau 153, 161
Gerlier, Pierre-Marie 113
Germania 83
Gillray, James 91
Giono, Jean 31, 103
Giscard d'Estaing, Valéry 18, 28, 105, 123, 145
Glaser, Antoine 179
Gleim, Johann Wilhelm Ludwig 80, 90
Godard, Jean-Luc 150
Goethe, Johann Wolfgang von 90, 99
Goscinny, René 9, 19
Grame, Karl Friedrich 20
Grande Arche 129, 145
Grande Armée 86
Grande Nation 87, 168
Gravier, Jean-François 201
Gregor von Tours 183
Grenze 7, 23, 25, 37, 39, 49f., 55, 74–81, 83–85, 87, 94, 98, 100, 107, 114, 125, 138, 166, 171, 202, 204
Grenzfluss 75

Griechen 11f.
Griechenland 12, 24
Grimm, Jacob und Wilhelm 100
Grimod de la Reynière, Alexandre Balthazar 157, 159
Grotte Cosquer 205
Grouchy, Emmanuel de 93
Guide Michelin 160
Guillotine 131, 157, 186

Haiti 33f., 171
Hampe, Karl 43
Harkis 23, 27
Haussmann, Baron Georges-Eugène 128, 145f., 148
Hazan, Eric 126
Hebbel, Friedrich 97
Hegel, Georg Wilhelm Friedrich 90, 138
Heidelberg 98
Heine, Heinrich 20, 82, 90, 139, 199
Heinrich II. 76, 169
Hemingway, Ernest 22, 141, 151
Hermann der Cherusker 15, 17, 101
Hessel, Franz 22, 103
Hirschfeld, Magnus 22
Hitler, Adolf 22, 43f., 70f., 83, 111, 130
Ho Chi Minh 126, 176
Hölderlin, Friedrich 90, 138
Hoffmann von Fallersleben, Heinrich 82
Honoratus, hl. 182
Hugenotten 99, 181, 183–85

Île de la Cité 143
Immigration zéro 28
Impressionismus 147
Indochina 24, 113, 173, 176, 179
Institut du Monde Arabe 145, 199
Invalidendom 88
Islam 25, 29, 180, 182, 188f.

Jahn, Friedrich Ludwig 101
Jeanne d'Arc 8, 60–73, 113, 183
Jena und Auerstedt 93
Jenis, Alexis 30
Johannes XXII. 183
Jospin, Lionel 28, 33
Julimonarchie 67, 87

Julirevolution 126, 139, 172
Jungfrau von Orléans 61–64, 71–73
Justinus 12

Kamerun 19, 32, 173, 179
Karabati , Nikola 32
Kardinal Richelieu 77, 156, 200
Karl der Große 36–38, 40–45, 97
Karl X. 132
Katharina, hl. 63
Kelten 11f.
Kesten, Hermann 22
Koeppen, Wolfgang 27
Kohl, Helmut 45, 105
Konkordat 186, 188
Konrad II. 42
Korsika 52
Kubismus 147
Küche 109, 152–58, 160–64, 166
Kühne, Otto 115

La France profonde 202, 204
Laizismus 8, 130, 182f., 186f., 189f.
Lamartine, Alphonse de 81
Landung in der Normandie 105, 115
Las Cases, Emmanuel de 97
La Varenne, François Pierre de 154f., 161
Lascaux, Grotte von 205
L'Auto 47f., 53–55, 58
Laval, Pierre 117
Le Brun, Charles 192
Leclerc, Philippe 71, 116
Lenin 126
Le Nôtre, André 192
Le Parisien 29
Le Pen, Jean-Marie 33f., 71
Le Pen, Marine 28, 71
Le Vau, Louis 192f.
Lévy, Bernard-Henri 23
Loi Combes 187f.
Loiseau, Bernard 153
London 71, 111, 113, 118, 144, 162
Lotharingien 76
Lothringen 42, 50, 60, 77, 172, 197
Louisiana 169–71
Louis-Philippe 87f., 133, 196
Louvre 71, 129, 145, 206
Luchaire, Jean 117
Ludwig XIII. 77, 192
Ludwig XIV. 155, 169f., 185, 191–93, 196
Ludwig der Fromme 76
Luxemburg, Rosa 126

MacMahon, Patrice de 67
Madame de Staël 78f.
Maghreb 19, 24, 31
Magnum 149
Mainzer Republik 80
Mali 173, 180
Malraux, André 66, 68, 120, 137, 206
Mann, Golo 22, 106
Mann, Heinrich 22
Marcel, Étienne 131
Marcuse, Ludwig 22
Margareta, hl. 63
Marianne 83
Marokko 23, 32, 122, 172, 176f.
Marseille 26, 32, 52, 108, 115, 129, 132, 171, 173, 203, 206
Martinique 19, 170, 177
Martins, Henri 16
Marx, Karl 20, 126, 134, 139
Medici, Maria de 154
Mélac, Ezéchiel de 98
Mercier, Sébastian 141, 158
Merkel, Angela 105f.
Michael, Erzengel 63
Michel, Louise 136
Michelet, Jules 16, 65f., 75
Miller, Henry 141
Millet, Aimé 16
Mitterrand, François 17f., 45, 61, 68, 105–07, 123f., 129, 145, 153, 175, 177, 203
Modiano, Patrick 121
Monet, Claude 147
Montaigne, Michel de 72, 153f.
Montand, Yves 31
Montmartre 144, 146, 151
Montparnasse 17, 144, 146
Morgan, Sydney 161
Mosel 76, 78, 83

Moselfränkisch 37
Moulin, Jean 118–20
Moustaki, Georges 31
Münzenberg, Willi 22
Mundt, Theodor 128
Musée de l'Armée 89
Musée des Civilisations de l'Europe et de la Méditerranée, Marseille 206
Musée d'Orsay 62, 145, 206
Musée du Quai Branly 34, 199
MuséoParc Alésia 11
Muslim 25, 30, 188–90
Musset, Alfred de 82

Nadar 147, 149
Nanterre 136
Napoleon Bonaparte 64, 67, 86, 92, 186
Napoleon III. 16, 67, 87, 134, 143, 145, 186
Nationalwerkstätten 134
Neustrien 37
New Orleans 170
Ney, Michel 86, 93
Niederwalddenkmal 83
Nietzsche, Friedrich 90
Noah, Yannick 32
Normandie 50, 105, 108, 115, 147, 167, 204
Notre-Dame 41, 69, 92, 140, 142, 205
Nouvel, Jean 199
Nouvel Observateur 110
Nouvelle Cuisine 156, 161, 164
Nouvelle Vague 109, 150

Opéra de la Bastille 129, 145
Ophüls, Marcel 121
Oradour-sur-Glane 115
Ortolan 153
Otto der Große 42
Otto III. 42

Panthéon 33, 113, 119, 138
Papon, Maurice 27, 122–24
Parc Asterix 11
Pariser Frieden von 1815 81
Pariser Friedenskonferenz 197
Pariser Kommune 89, 126, 130, 134
Pariser Mai 1968 109, 136f.
Paxton, Robert 121
Père Lachaise 119, 135
Perrault, Charles 100
Pétain, Philippe 71, 111–13, 121, 123f., 130
Pfälzischer Erbfolgekrieg 98
Philipp II., Herzog von Orléans 170
Photographie 35, 140, 148–50
Picasso, Pablo 22, 147
Pieds noirs 20, 23, 26, 177
Pippin d. J. 41
Pitt, William 91
Pius VI. 186
Pius VII. 92, 186
Pius X. 69
Platen, August Graf von 90
Platini, Michel 32, 152
Plinius d. Ä. 12
Point, Fernand 163f.
Pompidou, Georges 106, 145
Preußen 77, 93, 102, 134, 185, 195
Prinz von Condé 153, 157
Prost, Alain 31
Provence 120, 153, 165, 167, 182, 184, 201, 204, 206
Proust, Marcel 140, 149, 202
Prüm 37, 76
Pyrenäen 20, 23, 36, 40, 46, 49, 54, 78, 159

Quartier Belleville 30
Quartier Latin 122, 127, 136, 144
Quicherat, Jules 66
Quinet, Edgar 81

Rebmann, Georg Friedrich 20
Regnum Francorum 40
Reims 14, 37, 40, 63, 71, 104, 108, 183
Résistance 7, 61, 71, 111f., 114–23
Réunion 19, 177
Rhein 7, 12f., 15, 36f., 39, 41f., 45, 51, 61, 74–85, 95, 100, 102f., 107, 159, 207
Rheinbund 78
Rhône 14, 95, 205
Rilke, Rainer Maria 22, 103

Rive Gauche 144
Robespierre 131
Rohmer, Eric 150
Rolandslied 40, 42
Rom 12, 14f., 31, 38, 69, 76, 87, 145, 183
Roth, Joseph 22
Rouen 50, 60, 62, 64, 69, 72f., 202
Route Napoléon 95
Royer, Lionel 17

Sachsen 36, 38, 45
Saint Denis 41
Saint-Germain-des-Prés 136, 144
Saint Laurent, Yves 23
Sanary-sur-Mer 22
Sarkozy, Nicolas 19, 28f., 32, 68, 72, 105f., 131, 145, 180, 190
Sartre, Jean-Paul 109, 144
Schenkendorf, Max von 83
Schmidt, Helmut 105
Schneckenburger, Max 82
Schopenhauer, Arthur 102
Schröder, Gerhard 105f.
Scott Fitzgerald, Francis 57, 151
Sedan 21, 97, 102, 134, 197
Seghers, Anna 22, 61
Seine 14, 27, 64, 73, 80, 86, 88, 122, 126, 138, 141, 143–45, 147, 150, 165f., 172, 202, 205
Senegal 19, 21, 32, 171, 180
Senegalische Infanterie 22
Sorbonne 136, 144
Spengler, Oswald 90
Speyer 82, 98
Spiegelsaal von Versailles 102f., 194, 196–98
St. Denis 30
St. Helena 88, 93, 95f.
Stein, Gertrude 22, 151
Stendhal 33, 89f., 95
Stierle, Karlheinz 141
Straßburg 39, 77, 104
Surrealismus 147
Sy, Omar 32
Syrien 113, 172

Talbot, Fox 148
Tati, Jacques 31
Taubira, Christiane 32
Thiers, Adolphe 81, 135
Tocqueville, Alexis de 133
Tour de France 7, 9, 46–49, 51–53, 55f., 58f.
Trikolore 22, 67, 129, 173
Trotzki, Leo 126
Tunesien 23, 172, 176f.

Uderzo, Albert 9, 19
UNESCO-Weltkulturerbe 152, 191, 205

Vatel, François 153
Vaux-le-Vicomte 192
Véfour, Jean 158
Vercingetorix 11, 13–18
Verdun 39, 44, 50, 76f., 105, 112
Versailler Vertrag 83
Versailles 102f., 132, 135, 155, 191–98, 200
Vertrag von Paris 170
Vertrag von Ribemont 39, 76
Vertrag von Utrecht 170
Vertrag von Verdun 39, 76
Vichy 48, 112, 114, 117–24, 130
Vietnam 109, 136, 171, 173, 176
Villepin, Dominique de 89
Voltaire 41, 61, 99, 170

Wagner, Cosima 102
Wagner, Richard 149
Wagram 86, 97
Waterloo 86, 93, 96, 132
Wellington, General 93, 97
Westfälischer Friede 77
Widukind 43
Wilhelm I. 102, 197
Worms 80, 98

Zidane, Zinédine 27, 32, 152
Zola, Émile 31, 141, 146, 158f., 187, 202
Zweiter Weltkrieg 10, 23, 44, 70, 72, 74, 98, 103f., 147, 149f., 174, 176, 201, 204